交通工程教学指导分委员会"十三五"规划教材
高等学校交通运输与工程类专业规划教材

Planning and Design of Modern Traffic Hub

现代交通港站枢纽规划与设计

牟振华 主 编
于晓桦 卢小林 王文蕊 张 辉 副主编
陈艳艳 主 审

人民交通出版社股份有限公司
北京

内 容 提 要

本书共分为九章,主要内容包括:交通港站与枢纽概述、交通枢纽规划基础调查、交通枢纽需求预测分析、交通枢纽的布局规划原理、交通流线分析与设计、综合交通枢纽规划设计方案评价、货运枢纽与物流中心规划、客运交通枢纽功能布局与设施规划、城市公共交通枢纽功能布局设计。作为教材,本书着重阐述基本思想、理论和方法,力求做到深入浅出,通俗易懂,适于教学和自学。每一章末配置了适当的思考题,便于读者理解、消化章节内容。

本书可作为交通工程类专业高年级本科生和研究生教材,也可供从事与交通运输规划相关工作的交通规划与管理部门、规划设计研究院、相关科研部门、咨询公司、公益组织以及其他相关机构的人员参考。

图书在版编目(CIP)数据

现代交通港站枢纽规划与设计 / 牟振华主编. — 北京:人民交通出版社股份有限公司,2019.6 (2025.1重印)
ISBN 978-7-114-15599-4

Ⅰ.①现… Ⅱ.①牟… Ⅲ.①交通运输中心—规划②交通运输中心—设计 Ⅳ.①U115

中国版本图书馆 CIP 数据核字(2019)第 111518 号

交通工程教学指导分委员会"十三五"规划教材
高等学校交通运输与工程类专业规划教材

书　　名:	现代交通港站枢纽规划与设计
著 作 者:	牟振华
责任编辑:	李　晴
责任校对:	赵媛媛
责任印制:	张　凯
出版发行:	人民交通出版社股份有限公司
地　　址:	(100011)北京市朝阳区安定门外外馆斜街 3 号
网　　址:	http://www.ccpcl.com.cn
销售电话:	(010) 85285911
总 经 销:	人民交通出版社股份有限公司发行部
经　　销:	各地新华书店
印　　刷:	北京科印技术咨询服务有限公司数码印刷分部
开　　本:	787×1092　1/16
印　　张:	14.5
字　　数:	336 千
版　　次:	2019 年 6 月　第 1 版
印　　次:	2025 年 1 月　第 4 次印刷
书　　号:	ISBN 978-7-114-15599-4
定　　价:	42.00 元

(有印刷、装订质量问题的图书由本公司负责调换)

高等学校交通运输与工程(道路、桥梁、隧道与交通工程)教材建设委员会

主 任 委 员：沙爱民　（长安大学）

副主任委员：梁乃兴　（重庆交通大学）

　　　　　　陈艾荣　（同济大学）

　　　　　　徐　岳　（长安大学）

　　　　　　黄晓明　（东南大学）

　　　　　　韩　敏　（人民交通出版社股份有限公司）

委　　　员：(按姓氏笔画排序)

马松林　（哈尔滨工业大学）	王云鹏　（北京航空航天大学）
石　京　（清华大学）	申爱琴　（长安大学）
朱合华　（同济大学）	任伟新　（合肥工业大学）
向中富　（重庆交通大学）	刘　扬　（长沙理工大学）
刘朝晖　（长沙理工大学）	刘寒冰　（吉林大学）
关宏志　（北京工业大学）	李亚东　（西南交通大学）
杨晓光　（同济大学）	吴瑞麟　（华中科技大学）
何　民　（昆明理工大学）	何东坡　（东北林业大学）
张顶立　（北京交通大学）	张金喜　（北京工业大学）
陈　红　（长安大学）	陈　峻　（东南大学）
陈宝春　（福州大学）	陈静云　（大连理工大学）
邵旭东　（湖南大学）	项贻强　（浙江大学）
胡志坚　（武汉理工大学）	郭忠印　（同济大学）
黄　侨　（东南大学）	黄立葵　（湖南大学）
黄亚新　（解放军理工大学）	符锌砂　（华南理工大学）
葛耀君　（同济大学）	裴玉龙　（东北林业大学）
戴公连　（中南大学）	

秘　书　长：孙　玺　（人民交通出版社股份有限公司）

序

在我教学生涯的后期,二〇〇六年,六十五岁以后,接受了给研究生开设两门新课的任务,其中一门就是"交通枢纽规划设计理论与实践",一直教授到七十岁。当时的心情是既感到任务重要,也感到压力巨大。交通枢纽是设在同一种交通运输方式多条线路之间,或者多种交通运输方式之间交会衔接之处的交通综合体,担负着协同办理客、货运输的中转、发送、到达以及协调运营、组织联合运输的任务,一般由复杂的交通设备与建筑物(包括室外静态和动态交通场地)组成。它在客货运交通运输系统中的关键作用是毋庸置疑的,历来为城市规划设计和交通系统规划设计部门所重视。

我国在改革开放之前,客货运量并不大,而且转换模式相对简单,逐步建设起来的交通港站与枢纽大致能满足交通运输的要求。相应地,应用多年的交通港站及枢纽规划设计传统理论与技术指导性文件也都为大家所熟悉,并行之有效。但随后,突飞猛进的经济发展带来了我国城市化进程的超常规发展和交通运输需求的快速增长。在全国范围内,尤其在最早大力推行改革开放政策的东部沿海城市和南部沿海城市,航空运输、海洋和内河运输、铁路运输、公路汽车运输,以及管道运输和城市公共交通的发展日新月异。这些看似传统的交通运输方式在国民经济和人们日常工作、生活中的地位日益提高,因此,对它们的建设投入也与日俱增,建设规模与速度更是飞速发展。然而与此同时,航空港、水运港口、铁路场站、公路场站、公交场站,尤其是综合交通枢纽、物流中心等的规划设计理论明显地落后于客观需求。诚然,理论落后于实践是工程类科学技术发展的常态,但在世界科技发展史上,可能很少遇到我国当代经济建设独具特点的持续快速发展模式。这种发展模式迫使我们急切地吸取、应用世界工业发达国家的一系列理念、理论和科学技术成果来指导我们的实践活动。现实中的问题看似得到了解决,但新的问题也相伴产生。这种现象在交通场站、交通枢纽的规划、设计、建设实践中同样十分严重。刚建好的交通场站、枢纽很快就不能满足需求,面临扩建甚至拆除重建的局面;预计作用显著的新建交通场站、枢纽在建成后却长期闲弃搁置;已经开工的场站、枢纽由于功能或需求的变化,规划设计不停地改来改去;建了拆,拆了建的场站、枢纽不断出现……显然,理论大幅度落后于实践带来的物质、劳力和资金浪费,以及带给国民经济的损失再也不能被忽视。无疑,应该十分重视总结实践经验,形成科学、系统、完整的理论,并通过种种途径将理论向社会传播、推广,以科学理论为支撑去指导社会实践。高等院校,理所应当地要在这种"实践-理论-实践-再理论-再实践"的社会活动中走在前列。教授们参与社会实践,在实践中总结经验和教训,上升并形成相对科学合理的理论,向社会、向自己的学生们传播新的理论,用以指导社会新的实践活动,可以说是他们的天职。看了手头上这本供我国高等院校交通工程类专业本科生和研究生学习的教材《现代交通港站枢纽规划与设计》,我以为,以牟振华副教授为主编的这个编写组的各位老师正是这样做的。他们完成了这本教科书的编写任务,我得祝贺他们,也得感谢他们,尤其他们中还有我的学生,这令我由衷地欣喜。

当初,我为华中科技大学交通运输与交通工程专业研究生讲授"交通枢纽规划设计理论与实践"这门专业课的时候,如果能有这本《现代交通港站枢纽规划与设计》,我想,我就不会那样吃力,那样忐忑,而且,教学效果也一定会更好些。同时,有了这本书,在一些涉及交通港站与枢纽的规划设计项目评审会上,我作为一位年长专家,底气一定会更足,且更有信心,所提建议也会更有价值。

这本《现代交通港站枢纽规划与设计》有一个特点,就是内容全。我在以往教学中参考过的同类教材,往往偏重论述某一种或某几种交通方式交会衔接的港站与枢纽,而这本书对于航空交通、铁路交通、水运交通、公路交通,乃至城市公共交通、公共交通中的轨道交通的港站与枢纽,以及物流中心等交通枢纽都有比较完整的论述,这为各高校的教师在选用教材时提供了方便。毕竟,各高校在种类多样的交通方式研究中,是各有所长、各有特点、各有传统的。这本书的另一个特点是系统性强。这里的系统性,指的是本书对于交通港站枢纽规划设计全过程的系统论述。交通项目的规划设计全过程包括交通现状调查与分析、交通预测与组织、方案前期评价与后评估,而不仅只是出具规划设计说明书与图纸。《现代交通港站枢纽规划与设计》对以上各部分都有研究与论述,这是难能可贵的。这本书还有一个特点在于它的实用参考价值高。本书收集了国内外不少现代交通港站枢纽规划设计案例、数据和各类参数,这对于工作在规划设计第一线的科学技术人员是有益的。

也正是因为本书的完整性、系统性和实用性特点,各高校教师在选用本书作为教材时,也需要针对学生的特点,按各自的教学计划选取要点,重点授课。根据我的教学经验,教师应充分了解到当代大学生的自学能力和广泛兴趣,鼓励同学们自己学、自己讲,提倡教师启发式教学,师生交流式授课。这对于研究生阶段的教学,显得尤为重要。

最后还想说一点,那就是希望本书的读者和作者都不要将本书的这一版当成最终版本。学海无涯,科学技术的进步是没有止境的。本书在当前具有它的先进性,但随着实践的一步步向前,随着科学技术的不断进步和发展,新的设备、新的技术、新的理念、新的理论、新的案例必然不断涌现。在利用这本教材进行教学和实践工作时,希望作者和读者共同努力,总结经验教训,将其上升到理论的高度,不断将更加完善、更加系统、更加先进、更加实用的内容充实到本书的下一版本中去,将本书提升为精品教材,成为一本经典专业书籍。

赵宪尧

2018 年 8 月 9 日于武汉

前言

交通枢纽是国家或区域交通运输系统的重要组成部分,是不同运输方式的交通网络运输线路的交会点,是由若干种运输方式所连接的固定设备和移动设备组成的整体,共同承担着枢纽所在区域的直通作业、中转作业、枢纽作业以及城市对外交通的相关作业等功能。本书结合交通工程本科生、研究生知识结构的需要,系统介绍了交通枢纽的基本原理、常用规划方法等,尽力体现实用、新颖,力求跟上时代的步伐。

作为有一定针对性的教材,本书在内容的选择、例题的安排等方面注意专业知识的相关性,在写作手法上力求简明扼要、通俗易懂,并在每章最后配置适当的思考题,便于读者理解、消化书中的内容。

为了节省篇幅,突出重点,避免过多重复,本书没有详述交通工程专业本科阶段交通规划、交通设计的内容,在学习时,应注重学科知识的串联。

全书共分为九章:第一章介绍交通港站与枢纽的概念、功能、内涵演变、发展模式;第二章介绍交通枢纽规划基础调查的内容、流程;第三章介绍交通枢纽需求预测的概念、方法、应用及案例分析;第四章介绍交通枢纽布局的内涵、思路、目标原则、构成要素、优化模型;第五章介绍交通流线的设计、疏解、标识布置;第六章介绍综合交通枢纽的评价指标、评价步骤和案例分析;第七章介绍铁路、公路货运枢纽的功能布局设计,物流中心选址的一般理论和方法;第八章介绍铁路、公路、港口、机场枢纽的功能布局和设施规划;第九章介绍常规公交、BRT换乘、轨道交通枢纽的功能布局设计。

本书主要针对交通工程类专业的本科生、研究生编写,对于从事与交通运输规划相关工作的交通规划与管理部门、规划设计研究院、相关科研部门、咨询公司、公益组织以及其他相关机构的人员,也具有一定的参考价值。

感谢北京交通大学邵春福教授对本教材在立项评审中提出的宝贵建议,感谢交通工程教学指导分委员会的专家们对本教材的推荐。感谢朱成明博士、马昌喜教授、王化盛先生在本教材编写过程中提供的案例和指导,感谢在本书编写过程中给予帮助和支持的同行们。特别感谢北京工业大学陈艳艳教授为本教材审稿并提出宝贵建议!特别感谢华中科技大学赵宪尧教授审阅并为本教材题写序言!特别感谢人民交通出版社股份有限公司的同仁们对本教材出版的大力支持!

本教材从构思到定稿,前后花费近一年时间,研究生刘华伟、黄白、张兴雅、梁维维、于浩等参与了编写及资料整理工作,李美玲、时柏营对本教材进行了统一排版和校订。本教材虽然在内容上力求涵盖交通枢纽的基本原理、规划方法并包纳最新的研究成果,写作上力求精简,但限于编著者水平,书中难免有不当或错误之处,请广大读者批评指正。

牟振华

2018年6月

目录

第一章 交通港站与枢纽概述 ·········· 1
  第一节 交通枢纽的概念与功能 ·········· 1
  第二节 交通枢纽的分类 ·········· 2
  第三节 综合交通枢纽的内涵演变与发展模式 ·········· 4
  思考题 ·········· 21

第二章 交通枢纽规划基础调查 ·········· 22
  第一节 交通枢纽基础调查流程 ·········· 22
  第二节 社会经济调查 ·········· 23
  第三节 城市土地使用规划调查 ·········· 25
  第四节 城市交通运输发展状况调查 ·········· 26
  第五节 OD需求调查 ·········· 26
  思考题 ·········· 26

第三章 交通枢纽需求预测分析 ·········· 27
  第一节 枢纽交通需求分析概述 ·········· 27
  第二节 枢纽交通需求预测方法 ·········· 30
  第三节 大数据在枢纽分析中的应用 ·········· 39
  第四节 通道运输需求分析 ·········· 44
  第五节 客运枢纽需求分析案例 ·········· 46
  思考题 ·········· 51

第四章 交通枢纽的布局规划原理 ·········· 52
  第一节 交通枢纽规划概述 ·········· 52
  第二节 现代交通枢纽功能与布局要素 ·········· 56
  第三节 自然条件要素的影响 ·········· 62
  第四节 现代交通枢纽布局方法与优化模型 ·········· 63
  第五节 现代综合交通枢纽的构成要素与换乘体系 ·········· 69

思考题 71
第五章　交通流线分析与设计 72
　　第一节　流线的定义与描述 72
　　第二节　交通流线分析与设计 75
　　第三节　交通流线疏解 84
　　第四节　交通流线的标识布置 91
　　第五节　基于微观仿真的枢纽人行流线分析 93
　　思考题 95
第六章　综合交通枢纽规划设计方案评价 96
　　第一节　设计方案综合评价的步骤 96
　　第二节　评价指标体系的建立原则 97
　　第三节　综合评价指标体系的建立 98
　　第四节　综合交通枢纽规划设计方案评价实例分析 107
　　思考题 116
第七章　货运枢纽与物流中心规划 117
　　第一节　铁路货运枢纽功能布局设计 117
　　第二节　公路货运枢纽功能布局设计 129
　　第三节　物流中心选址的一般理论与方法 145
　　思考题 153
第八章　客运交通枢纽功能布局与设施规划 154
　　第一节　铁路客运站 154
　　第二节　公路客运站 163
　　第三节　港口枢纽 175
　　第四节　机场枢纽 183
　　思考题 194
第九章　城市公共交通枢纽功能布局设计 195
　　第一节　城市公共交通枢纽概述 195
　　第二节　常规公交场站设施及功能布局设计 197
　　第三节　BRT换乘枢纽设施及功能布局设计 202
　　第四节　轨道交通枢纽设施及平面布局设计 204
　　思考题 216
参考文献 217

第一章
交通港站与枢纽概述

第一节 交通枢纽的概念与功能

一、交通港站与枢纽的概念

交通港站一般指车站、港口、机场等交通节点。交通枢纽则是国家综合交通运输体系的重要节点,是协调运营、组织联合运输的结合部。

交通枢纽又称交通运输枢纽,是由一种或多种运输方式的两条或两条以上交通运输线路交会与衔接而成的能够办理客货运输作业的多种运输设施的综合体,具有运输组织与管理、中转换乘及换装、装卸存储、多式联运、信息流通和辅助服务六大功能。

交通枢纽的定义有狭义与广义之分。狭义的交通枢纽强调枢纽的形式特征及功能,特指某一种或多种交通方式的枢纽,例如北京首都国际机场、上海虹桥枢纽等。广义的交通枢纽强调枢纽的定位及经济社会等作用,一个区域、一座城市乃至一个省(自治区、直辖市)都可以称为交通枢纽,例如国家发改委《综合交通网中长期发展规划(2007年)》规划了42个全国性综合交通枢纽(节点城市),国务院《关于进一步促进贵州经济社会又好又快发展的若干意见》将贵州定位为"西南重要陆路交通枢纽"。

交通枢纽与交通港站既有联系又有区别。首先,交通港站是交通枢纽构成的基本要素之一。交通港站可以是铁路场站、公路场站、港口或航空港等,它们通过铁路、公路、航道、航空线等相互连接,从而实现综合交通枢纽的功能。交通港站是交通枢纽实现其功能的载体,交通枢纽的各项功能都要在交通港站中得以实现。其次,交通枢纽是交通港站发展的高级形式。只有当交通港站的客货运量达到某个阶段,当其在综合交通运输中占据非常重要的地位时才可能成为交通枢纽。

二、交通港站与枢纽的功能

交通港站与枢纽集中了综合交通系统的多种运输方式,其基本功能是将一个或几个方向的各种运输方式的客货流分送到其他运输方式或方向,具体体现在以下5个方面:

(1)交通港站与枢纽是多种运输方式的交会点,是大宗客货流中转、换乘、换装与集散的场所,是各种运输方式衔接和联运的主要基地。

(2)交通港站与枢纽是同一种运输方式多条干线相互衔接,进行客货中转及对营运车辆、船舶、飞机等进行技术作业和调节的重要基地。

(3)从旅客到达交通港站与枢纽到离开交通港站与枢纽的一段时间内,为他们提供舒适的候车(船、机)环境,包括餐饮、住宿、娱乐服务;提供货物堆放、存储场所,提供包装、处理等服务;办理运输手续,货物称重,路线选择,路单填写和收费;办理旅客购票、检票;实现运输工具的停放、技术维护和调度。

(4)交通港站与枢纽大多依托于一个城市,对城市的发展具有很大的作用,是城市实现内外联系的桥梁和纽带。

(5)为旅客出行换乘、货物配载及联运提供信息服务,即通过计算机及信息通信设施,形成信息网络,提供车、客、货信息和通信服务。

综上所述,从运输全过程中所承担的主要作业来看,交通港站与枢纽的基本功能就是保证4种主流作业:直通作业、中转作业、枢纽地方作业以及城市对外联系作业。

第二节 交通枢纽的分类

交通枢纽可以按照不同方式进行分类。

一、按所在地区的主要交通方式划分

交通枢纽可以划分为铁路枢纽、公路枢纽、航空枢纽、水运枢纽和管道枢纽。其中,铁路枢纽是两条及以上铁路线路交会形成的铁路设施设备的综合体;公路枢纽是两条及以上公路线路交会形成的公路设施设备的综合体;航空枢纽是两条及以上的航空线路交会形成的航空设施设备的综合体;水运枢纽是通过两条及以上航路连接多个港口的水运设备的综合体;管道枢纽是多条管道交会形成的设备的综合体。

二、按地理位置划分

交通枢纽的形成与发展受地理位置因素影响很大,按地理位置划分,可分为陆路枢纽、滨海枢纽和通航江河枢纽。

陆路枢纽主要是内陆城市依托于公路、铁路运输,具有交通运输中转、换乘、换装等多种功

能,如北京枢纽、西安枢纽等都属于这一类型枢纽。滨海枢纽是集中在沿海地带,以海运为主的枢纽,如青岛枢纽、大连枢纽、宁波枢纽等就属于这一类型枢纽。在国际远洋运输方面,滨海枢纽发挥了极大的作用,而且随着我国物流业和远洋运输与国际市场的进一步接轨,其作用将进一步得到体现。通航江河枢纽依托的是国内的大江、大河、运河等内河境岸,以内河水运配合其他交通运输方式的工作,发挥枢纽的作用,其规模一般比前两种类型要小,但作用也不可忽视,如长江干流沿岸的宜昌枢纽、重庆枢纽、宜宾枢纽等都属于这一类型枢纽。

三、按服务的主要对象划分

交通枢纽包括客运枢纽、货运枢纽、客货运枢纽等。客运枢纽是以客运作业为主的枢纽,如华盛顿枢纽等。货运枢纽是以货运作业为主的枢纽,如秦皇岛枢纽、徐州枢纽、山海关枢纽等。客货运枢纽是客货运作业都较多的枢纽,如北京枢纽、上海枢纽、广州枢纽和武汉枢纽等。

四、按交通方式的组合形式划分

按交通方式的组合形式划分,交通枢纽可分为单式交通枢纽和综合交通枢纽。

单式交通枢纽是由同种运输方式的两条或两条以上线路交叉、分岔或衔接形成的交通枢纽,按枢纽处的运输方式划分,可分为铁路枢纽、水运枢纽、公路主枢纽、航空枢纽、城市公共交通枢纽、城市轨道交通枢纽、城市管道交通枢纽等。

综合交通枢纽是全国或区域交通运输系统的重要组成部分,是两种或两种以上运输方式组成的交通网络的交叉点、分岔点或衔接点,是为运输服务所设置的,可分为铁路-公路、铁路-水路、水路-公路、公路-铁路-水路等枢纽。综合交通枢纽具有融铁路、公路、水运、航空、管道等多种运输方式的固定设备和活动设备为一体的空间结构,对区域运输网络的高效运转意义重大。同时,综合交通枢纽对城市发展具有很大的带动作用,往往既是城市对外交通的纽带,又与城市内部交通有着密切联系。

随着社会经济的发展,与单式交通枢纽相比,综合交通枢纽更能合理、优化地使用交通资源,降低运输成本,提高运输效益。多种运输方式的有机衔接和协作,能够有效提高运输效能,并有利于运输结构的调整。

五、按服务市场范围划分

按服务市场范围不同,交通枢纽可分为国际枢纽、全国性枢纽、区域性枢纽和城市枢纽。

国际枢纽、全国性枢纽的服务范围进一步扩大,涵盖了整个国家甚至进一步辐射国际。国际性港站与枢纽一般是区域经济的中心枢纽,如上海、北京、香港。在经济全球化的大趋势下,这些服务范围大、运输效率高的枢纽发挥着愈加重要的作用。

区域性枢纽主要为往来于某一经济、行政区域的客货流提供中转、换乘、集散等服务。例如,日照作为鲁南经济带唯一的海港枢纽,承担着整个鲁南经济带海运工业原材料、产品及人员周转的重要功能。

城市枢纽主要提供城市内部及城市对外的客货运输服务,包括中小城市的客、货运站,以及大城市的辅助港站,如北京北站。

六、按承担客货运输业务的状况划分

按承担客货运输业务的状况划分,交通枢纽可分为中转枢纽、地方性枢纽和混合性枢纽。

中转枢纽,以办理中转或直通客货运输业务为主,地方运量较少。地方性枢纽以办理地方作业为主,中转运量较少。混合性枢纽不仅有大量的地方业务,同时还办理相当数量的直通客货运输业务。

七、按交通枢纽的位置特性划分

按交通枢纽的位置特性划分,交通枢纽可分为已定型、半定型和全定型枢纽。

所谓已定型枢纽,是指该类型枢纽依附于已经建成的较大的建筑实体或地理实体存在,其位置是由该点所具有的经济、社会特性所确定的,或由与本交通枢纽相衔接的规模更大的枢纽确定。例如,在一个国家范围内,这个国家的首都一般是各种远程运输网络的枢纽,大型港口城市一般也是一个国家各种远程运输网络的枢纽,通常把这些已经建成的诸如首都、大型港口城市称为国家内远程运输网络的"网先城市";又如,一个城市范围内,已经建成的火车站、机场、码头、长途汽车站等都是城市交通的枢纽,通常把它们称为"网先建筑"。网先城市和网先建筑一般是先于对象网络而存在的,统称为"网先枢纽"。网先枢纽就是位置"已定型"的枢纽,不存在选址问题。

如果某个大型枢纽还没建成,那就仍然存在选址问题,而且其选址在一定程度上要依靠对象网络(目前正选择枢纽位置的运输网络)的结构特征和之外的社会经济因素,这类枢纽就是"半定型"枢纽。

还有一类枢纽,它们的位置全部或主要由对象网络本身的特征及其上的交通流量的分布情况来决定,这类枢纽称为"全定型"枢纽。

交通枢纽按此分类有极为重要的作用,交通枢纽的选址就是确定半定型、全定型枢纽在交通网络上的位置。

八、按交通运输干线与场站空间分布形态划分

按交通运输干线与场站空间分布形态划分,交通枢纽可分为终端式枢纽、伸长式枢纽、辐射式枢纽、辐射环形枢纽、辐射半环形枢纽和组团式枢纽等。其中,终端式枢纽分布于陆上干线的尽端或陆地的边缘处,如乌鲁木齐、青岛枢纽。伸长式枢纽,干线从两端引入,呈延长式布局,如兰州枢纽。辐射式枢纽,各种干线可以从各个方向引入,如徐州枢纽。辐射环形枢纽,由多条放射干线和将其连接起来的环形线构成,如北京、巴黎枢纽等。辐射半环形枢纽,由多条放射干线和将其连接起来的半环线构成,多分布于海、河、湖岸边。组团式枢纽,是由交通干线将若干个主要区域连接起来的枢纽,如华盛顿枢纽。

第三节 综合交通枢纽的内涵演变与发展模式

交通运输枢纽经历了从无到有、从简单到复杂、由低级到高级的形成与发展过程,各种交通运输枢纽的形成与发展过程可分为以下4个阶段。

第一阶段:形成枢纽的雏形。这一阶段线路的引入多采用Y字形或十字形(辐射式,最简单的情况),设施布局一般采用集中配置。受地形条件制约时,除引入端外,枢纽内部各种设备呈链形分布,表现为伸长式特征。

第二阶段:有更多的线路引入。在空间疏解可行条件下,引入枢纽线路表现为多放射线特征,且开始出现枢纽设施设备的专门化分工与分离,如客货设施并列配置、普速与高速设施的专门化分工等。

第三阶段:为加强不同放射线交通运输流之间的交流,在放射线之间修建半环线或环线枢纽,枢纽内部通过直径线或对角线加强重要区域之间的联系。当枢纽规模进一步扩大时,甚至可修建多重环线,以分流内部交通与过境交通。

第四阶段:随着城市或区域规划由单中心向多中心或者网络化发展,枢纽布局由原来的单中心放射式向多中心主通道连接式发展,表现为星形拓扑或者星形加环状拓扑枢纽。目前,这类枢纽的形式仍在不断演化与发展中。

一、枢纽形成与发展的推动因素

枢纽的形成与发展受到自然条件、技术因素、经济因素、交通网的既有基础与发展条件、城市或区域的发展等影响,也受到政治、国土开发及国防建设等影响。

(一)自然条件

自然条件是交通枢纽形成的重要基础。交通枢纽涉及的设施设备众多且复杂,占地大且必须相互衔接,因此通常形成和发展于有一定有利条件的地点。地理位置、地形和水文等自然条件都对枢纽与港站的形成和发展产生影响。

1. 陆路枢纽

陆路枢纽一般形成于以下地点:

(1)平原、高原、盆地的中心部位,如郑州枢纽位于豫中平原甚至中原地区中心、西安枢纽位于关中平原中心、沈阳枢纽形成于东北大平原南部中心、成都枢纽位于四川盆地的川西平原中心等。值得指出的是,枢纽并不一定产生于其几何中心处,而是受人类主要聚集地域的政治、经济区域的影响,在最有利于交通干线汇集与客货流集散的地点形成。当这些地区分布有便于通航的江河湖泊时,枢纽不仅在陆路干线汇聚,而且会在水陆衔接的中心部位形成,如哈尔滨枢纽位于东北平原北部的松花江滨、莫斯科枢纽位于俄罗斯东欧平原中心的莫斯科河畔、芝加哥枢纽位于美国中部平原偏北处(它不仅是美国铁路中心之一,而且濒临五大湖之一的密歇根湖,建有大型港口,成为美国东部与中西部联系的大门)。

(2)连接山脉两侧,广大地域的重要垭口山前平原处,并有利于交通干线汇聚的地点。例如,石家庄枢纽位处华北平原,面对通向山西的太行山垭口,是山西对外交通干线与南北交通主干线——京广铁路的衔接点;乌鲁木齐位于天山中段达坂城垭口之北,扼南北疆交通之咽喉;包头枢纽位于河套平原,是通向阴山北侧内蒙古高原广大牧区的必经之地,同时又是跨黄河通向鄂尔多斯高原的要津;斯维尔德洛夫斯克和车里雅宾斯克两个枢纽靠近乌拉尔山口,是连接俄罗斯欧亚两部分地区的交通干线汇集点;美国的丹佛位处美国中西部通往西海岸的山前口位置。

(3)走廊地带的中心。在连接相邻区域的走廊地带,因多条干线交会而成为枢纽。例如,兰州枢纽地处黄河河谷地带,是内地通往河西地区、新疆与青海的必经之地和干线的分岔地点;宝鸡枢纽位于关中平原的西端,地处宽仅2~4km的狭长河谷地带,是西北地区通向西南地区以及西北腹地的干线分岔地点。

2. 水陆枢纽

水陆枢纽一般都形成于通航主干江河或沿海有利于建港、又便于与陆上交通干线相衔接的地点。

(1)重要的通航支流汇入干流的地点,又沟通了强大的陆上交通干线,从而形成水陆交通枢纽,实际上多是由水运为主枢纽发展而成。我国长江干流上有许多这种类型的枢纽,如宜宾、泸州、重庆、九江、芜湖等。

(2)由单一水运枢纽发展而成。如我国的宜昌即为此种情况。宜昌是由于位于支流汇入干流处,而且因进出险要的三峡航道而发展起来的船舶停靠与中转地,随着铁路的通达与三峡大坝的修建而成为重要的水陆枢纽。

(3)老的陆上交通干道通过江河的要津和水陆交通衔接的枢纽,逐渐发展成为现代的水陆交通枢纽,如我国的南京、武汉,英国的伦敦等。

(4)通航江河入海口附近的早期海港沟通铁路或多条公路干线后而成为水陆枢纽。通达铁路者极大可能会成为大型枢纽,如我国的上海、广州,俄罗斯的圣彼得堡,荷兰的鹿特丹,美国的新奥尔良等。

(5)在有良好水域条件(水位深、波浪小、不结冰等)和陆域条件(地形开阔、工程地质条件好、有通向腹地的筑路条件)的沿海地点建设现代港口和强大的铁路线、管道、公路,是现代许多大型水陆枢纽的主要兴起地点,如我国的大连、青岛、连云港、湛江,美国的旧金山、洛杉矶,印度的孟买等。

(二)技术因素

自然条件对枢纽的形成固然有着重大影响,但技术的进步,为枢纽克服不利条件、利用有利条件创造了可能性。技术因素对交通枢纽的推动作用体现在载运工具的发明和工程技术的进步上。

在载运工具方面,工业革命后,随着火车、轮船、汽车、飞机、管道的出现,这些交通运输的客货运输线路的交会点形成了新的交通枢纽。新的载运工具具有很高的运输效率和很好的适应性,例如被江河湖海分割的枢纽,利用轮渡可将运行车辆(包括承载的旅客与货物)分批运过江河湖海,减少了换乘倒装环节(如我国的烟大轮渡)。

在工程技术方面,水陆交通枢纽布局的演变和发展表现最为突出,跨江河建设大型桥梁和水下隧道,使车辆无须待渡,可直接驶过江河,运行时间大大缩短,运输能力则成倍提高,对气候的抵抗性更强,而且把江河两岸原来相对独立的枢纽设备联成一体,能更好地实行专业化分工,提高运输效率。如我国武汉枢纽天兴洲长江大桥,建成时不仅在技术上创造了世界公铁两用斜拉桥中跨度第一(主跨达504m)、承载能力最大(可以同时承载2万t)、列车运营时速最高(列车时速可达250km)、铁路桥最宽(4条轨道并行)四项世界纪录,而且该桥建成后,京广高速客运专线穿越该桥,与武汉长江大桥形成一个铁路环线,可使铁路过江能力提高2~3倍。加上沪汉蓉快速客运通道也经过武汉,以及武汉火车站的新建、武昌站和汉口站的改造,为武汉成为我国四大铁路枢纽之一创造了良好的条件。

技术进步对陆路枢纽的布局影响也很大,如修建在"世界屋脊"青藏高原的青藏铁路,沿线海拔在3000m左右,最高达5000m,是目前世界上海拔最高的铁路。青藏铁路的修建,克服了高原地区恶劣气候、脆弱生态、高原冻土等关键技术问题。该线建成后,彻底改变了我国西藏自治区不通铁路的历史,也使拉萨成为集公路、铁路和航空于一体的高原综合交通枢纽。高速铁路的修建,使陆路枢纽增加了高速铁路等新运输方式,陆路枢纽的服务能力与范围进一步扩大。对于城市交通枢纽而言,轨道交通技术的发展以及立体枢纽开发技术的广泛使用,使城市交通立体枢纽得到了很大的发展,为城市居民的出行与换乘创造了更为方便的条件。

工程技术的进步也影响着海陆联运枢纽的布局。近代海港,为了利用具有深水岸线的地点,往往要选择沿岸地段或伸入海中的半岛,而其陆上运输干线的建设条件有时并不好,但利用先进的工程技术可以修建强大的铁路、管道乃至高速公路。如大连和青岛两个海陆枢纽都是于20世纪初从原渔村而迅速发展成为大型港口,既与筑港技术进步有关,也与陆路交通的技术进步有直接关系。

(三)经济因素

枢纽的形成与发展主要取决于经济联系的方向与规模的大小。

(1)在国家和区际主要联系方向上会形成强大的客流与货流,这些客、货流的汇集与疏散是枢纽形成与发展的最直接因素和决定枢纽布局的主要条件。我国的货流特点是由北向南、由西向东,两个大的货流方向构成了客、货运输的主流,它们主要经由十条南北向综合运输大通道、十条东西向综合运输大通道进行运输。我国主要交通枢纽分布于这"十纵十横"综合运输通道上,位于大宗客流和货流汇聚、分流、转换交通方向的地点。

(2)枢纽是区域客流与货流集散的中心,又是区域之间交流的转运中心,因此枢纽不仅形成于集散的中心部位,而且还会靠向主要对外联系的方向,或者说在一个区域一系列的枢纽中,必是位处这种地点的枢纽才能成为该区域交通网的中心。例如,西南地区重要的交通枢纽重庆,有利用长江对外交流的方便条件,是便于西南地区特别是川渝地区物资集散,又有利于川渝地区对外联系的地点;作为东北交通网中心的沈阳枢纽,其位置偏于中南部,这是由于东北地域的主要经济联系方向为关内,因位于既便于全地域聚集,又利于对外交通的地点,即纵穿东北地区的哈大铁路干线与联系关内、关外的沈山线交会处,发展成为东北地区的中心枢纽。

(3)新的经济联系方向的开拓和原有经济联系方向货流的猛增,会促使新枢纽的出现和既有枢纽的迅速发展。上海宝钢对国外进口矿石的需求量很大,为此,在浙江宁波沿海兴建了北矿石转运码头,构成宁波交通枢纽的有机组成部分。随着内蒙古西部煤炭基地的大力开发,外运煤炭快速增长,在其各条外运通道上的大同枢纽等陆上枢纽和秦皇岛、连云港、唐山枢纽等水陆枢纽,都扩大了规模和改善了布局。

(4)以海运为主的水陆枢纽,其兴衰发展更容易受到国家对外经济联系演变的决定性影响,如我国的上海,曾经是远东地区进出口量最大的交通枢纽,后受西方国家封锁的影响,进出口集装箱吞吐量远远落后于香港。改革开放后,上海的对外交通枢纽地位得以恢复,目前其集装箱吞吐量已排名世界第一位。我国作为世界上最大的制造业大国,大量的进出口贸易也推动了沿海港口枢纽的发展,出现了包括上海、深圳、宁波、大连、青岛等一批世界集装箱吞吐量排名居前的港口枢纽。再如,美国太平洋沿岸港口枢纽,由于与太平洋沿岸国家的贸易剧增,因此太平洋沿岸(如长滩、洛杉矶、西雅图等)港口枢纽得以快速发展。

(5)区域经济一体化对枢纽的发展有重要的影响。我国东部沿海的长三角、珠三角、京津冀城市群都是倚靠着便利的海、陆、空交通条件发展起来的,便利的交通条件,方便了客流和货物的运输,也形成了大小的交通枢纽。随着城市群的进一步发展,城市之间的联系更加密切,大小交通枢纽的分工更加明确,如作为经济区域中心的国际性交通枢纽北京、上海都形成了多机场的格局,而天津、秦皇岛等地物流中心发展迅速。

在国际层面,中国-东盟自由贸易区启动后,我国对东盟的平均关税从之前的9.8%降至0.1%,而东盟6个老成员国(文莱、印度尼西亚、马来西亚、菲律宾、新加坡、泰国)对我国的平均关税从12.8%降低到了0.6%,4个新成员国越南、老挝、柬埔寨和缅甸,于2015年实现了90%商品零关税的目标。我国与东盟的互补性贸易将极大地丰富双边国内市场,区域性人流与货流的交换量会有更大的增长。随着泛亚铁路(东线方案)的修建,昆明、南宁、桂林、柳州等枢纽的地位和作用将得到更大的加强。

在"十三五"规划中,我国提出"一带一路"倡议。"一带一路"分别指的是丝绸之路经济带和21世纪海上丝绸之路,是规模空前的区域经济战略平台,交通的建设将是各国之间经济交流的必要条件。"一带一路"倡议将对我国的交通枢纽与港站的建设与发展产生重大的影响。《中欧班列建设发展规划(2016—2020年)》按照铁路"干支结合、枢纽集散"的班列组织方式,在内陆主要货源地、主要铁路枢纽、沿海重要港口、沿边陆路口岸等地规划设立43个枢纽节点,建设发展43条运行线。西线包括昆明、贵阳、成都、重庆、西安、厦门、合肥、连云港、呼和浩特等城市;中线涵盖了京广线上的主要城市,如广州、武汉、石家庄;东线上的枢纽节点,则包括南昌、福州、上海、济南、天津、大连等。

二、交通枢纽的空间形态演变

交通枢纽的形成条件深刻影响着交通枢纽的空间演变历程,而交通枢纽的空间演变是区域社会经济发展水平的直观体现,是社会发展对交通发展需求的直接反映。从最初的单运输方式交通枢纽到多方式综合交通枢纽,再到交通枢纽网络,交通枢纽的发展经历了漫长的演变过程。从交通枢纽的布局演变形态来看,中国科学院的丁金学博士将其形成和发展划分为4个阶段,如图1-1所示。

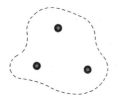 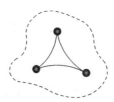 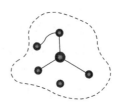 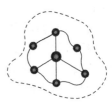

a)交通枢纽据点培育阶段　b)单式交通枢纽形成与发展阶段　c)综合交通枢纽形成与发展阶段　d)交通枢纽系统化阶段

图1-1　交通枢纽空间体系演变图

(1)交通枢纽据点培育阶段。交通枢纽的形成主要依托于城市的发展,在自然条件和交通区位优越的地点,率先出现经济增长极,对周围产生巨大的集聚力,吸引大量的人流、物流和资金流,这些地点逐渐发展成为地区经济中心,成为交通枢纽形成的基础。从中国的时空格局来看,1842年以后,上海、青岛、天津、大连、广州等沿海港口城市相继开始发展轻纺工业,逐步发展成为区域经济中心;新中国成立后,中国的工业技术主要从苏联引进,新的工业建设都集中选址在内地铁路和内河的交通便利地点以及传统的物资集散地或矿物资源集散地。一大批工业企业在这些地点得以建立,使它们逐渐成为新的经济增长极,如沈阳、哈尔滨、长春、西安、洛阳、郑州、武汉等。所有这些地区的经济发展为交通枢纽的孕育形成奠定了基础。从区域开发角度来讲，这一阶段属于据点培育阶段。

(2) 单式交通枢纽形成与发展阶段。在社会经济发展较好的区域，由增长极带动，经济沿着主要交通线路向外扩散，经济中心成为交通线路的主要交会处，逐渐形成交通枢纽的雏形。随着经济中心的逐步强大和对外联系线路的逐步完善，经济沿着交通线路向较远的城镇扩散。在这个过程中，一方面经济中心的交通枢纽规模迅速提升；另一方面经济中心外围城镇的交通枢纽地位也得以形成，交通枢纽在空间上的发展突破地域限制，等级层次性逐渐显现。但是，这一时期城市的数量少、规模小，大部分临近江河、海洋，交通运输方式比较单一，不同交通运输方式之间并无交叉。因此，早期形成的交通枢纽主要是各单种交通方式的枢纽，不同交通方式的枢纽之间各自为政，彼此之间并无过多关联，其在空间上的分布是一种无序的状态。

(3) 综合交通枢纽形成与发展阶段。随着城市规模的迅速扩大，交通线路继续完善，主要交通轴线发展成为复合式的运输通道，并且建设了高速交通线，新的运输方式出现，多种交通运输方式在空间上的并存发展为综合交通枢纽的形成创造了条件。当区域社会经济发展到一定阶段，对交通运输需求渐趋多元化，某单一运输方式再也难以满足经济社会发展的需求，而不同交通方式的运输优势为客货换乘提供了可能。在原经济中心形成的单方式交通枢纽逐渐成为不同交通方式运输线路的交会处，枢纽的规模进一步扩展，功能朝着综合性方向发展，综合交通枢纽初现端倪。但初期形成的综合交通枢纽中各交通方式间的协调性较差，衔接不紧密；受此影响，交通枢纽朝着无缝衔接和零距离换乘的综合化大型综合交通枢纽的方向发展。此时，单方式交通枢纽和综合交通枢纽在空间上并存，部分具备条件的单方式交通枢纽日渐向综合交通枢纽转变。

(4) 交通枢纽系统化阶段。在全球经济一体化以及网络经济不断发展的背景下，综合交通枢纽的功能突破了单一地为旅客或货物集散服务，成为为客货运输提供全程服务的中心和物流后勤基地，是物流、资金流和信息流的集散基地，其建设也渐呈立体化和综合化。交通枢纽的系统化不但体现为枢纽内部功能的多元化，还体现为枢纽区域等级结构的有序化。交通网络的进一步发展，为产业向远距离扩散创造了条件。经济带沿着交通干线进一步扩散，各大经济区域呈现出互相衔接、归并、融合的趋势，城市界限逐渐消失。交通枢纽依托所在城市和交通干线向外辐射的能力大大增强，各枢纽之间服务的范围开始重叠，系统化趋势日趋明显。受市场的影响，交通枢纽的空间布局逐步走向合理，等级体系逐渐完善和有序。不同等级交通枢纽在服务空间和功能上互为补充，逐渐形成"轴-辐"发展模式。

纵观世界上重要的交通枢纽，无不经历长达几十年的发展历程，其形成发展的基本规律可简要概括为：规模由小到大、交通方式由单一到多种、功能由一般到综合、空间组织由独立走向联合。

三、交通枢纽的基本发展模式与布局形态

交通枢纽的空间发展模式是推动交通枢纽空间演变的内在动力。在不同的区域和发展阶段，交通枢纽既表现出一定的共性，也存在差异，呈现出各种发展模式；其在空间上的布局虽具有历史的继承性，但并非一成不变。交通枢纽是一个不断发展变化的地理空间实体。分析国内外主要交通枢纽的发展过程，可以总结出交通枢纽主要有以下发展模式：

(1) 传统发展型。交通枢纽最早主要形成于经济中心，依托城市而发展。在各历史时期，

经济发展最迅速的地区也往往是交通枢纽率先形成与发展的地区，这些地区较之其他地区更具备交通枢纽形成与发展的条件。因此，传统上的交通枢纽多与经济中心相伴相生。以传统模式发展起来的交通枢纽多为大型综合交通枢纽，在空间布局中占有相当大的比例。

(2)交通方式引导型。当交通运输方式发生变化、新的运输方式出现的时候，特别是新出现的交通运输方式较原来传统的方式更为重要的时候，如某地在原有水路运输的基础上，增加了高等级公路运输、铁路运输或航空运输中的一种或多种，可能形成新的交通枢纽。以交通方式引导发展起来的交通枢纽均为综合性的交通枢纽，在空间上多形成于沿江、沿海和主要铁路干线。

(3)交通干线引导型。这类交通枢纽的形成与交通运输干线的发展程度密切相关。当交通干线上产生新的分岔点的时候，即铁路和公路干线上形成新的分岔点或新的主导性运输方向，则可能形成新的交通枢纽。以交通干线引导发展起来的交通枢纽主要形成于主要交通干线的交会处，多为单式交通枢纽，且多为低等级交通枢纽，其功能和服务范围均受限。

(4)运输干线等级引导型。这类交通枢纽是在原有线路节点的基础上发展起来的。当干线交通的等级发生重大提升，或各种线路汇集时，使原来的干线和支线交通通行量大为增加，以前某些不太重要的节点在区域交通中的地位迅速提升，形成新的交通枢纽。以干线等级引导发展起来的交通枢纽具有一定的发展基础，类似节点在我国道路网络中占有相当大的比重。

(5)经济发展引导型。同传统发展型类似，这类交通枢纽的形成与区域经济发展密切相关。当区域经济发展不平衡导致出现新的经济增长极或经济中心，或由于某种原因，如新的矿产资源的发现和矿产开发，导致区域内新的经济中心出现时，形成了新的经济流向和交通运输方向，从而形成新的交通枢纽。由经济引导发展起来的交通枢纽多形成于自然资源丰富的地区，对于扩大枢纽服务范围，消除枢纽服务盲区具有重要作用。

因形成演变过程以及发展模式的不同，交通枢纽具有不同的等级，不同级别的交通枢纽在空间中互相联系，随着历史的演进，其在空间上的布局从无序逐渐走向有序，其空间形态大致可以分为以下4种，如图1-2所示。

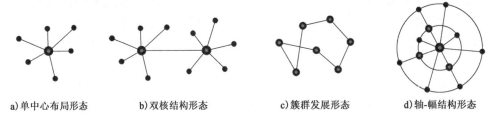

a)单中心布局形态　　b)双核结构形态　　c)簇群发展形态　　d)轴-幅结构形态

图1-2　交通枢纽的空间形态图

(1)单中心布局形态。在某一地域范围内拥有一个高等级的综合交通枢纽中心(主枢纽)，该中心对周边的吸附能力较强，各低等级交通枢纽(子枢纽)同主枢纽联系密切，依附主枢纽而存在，而子枢纽之间的联系相对较弱。子枢纽从主枢纽汲取生存的"养料"，在空间上形成"众星拱月"的形态。这一布局形态的交通枢纽主要存在于中西部欠发达地区，主枢纽通常为省会城市，而子枢纽多为同省会城市有密切经济联系和发达交通线路的地级城市，如以西安为中心的关中地区枢纽布局。

(2)双核结构形态。与单中心布局形态不同,区域上存在两个高等级的综合交通枢纽中心(主枢纽)和众多为枢纽中心服务的低等级交通枢纽(子枢纽),其中两个主枢纽的等级相当,而且两者之间有极其发达的交通进行联系,同时每个主枢纽各自存在多个子枢纽与其保持密切联系。这一布局形态的交通枢纽主要形成于在一定距离范围内有两个强经济中心的地区,例如成渝地区。

(3)簇群发展形态。交通枢纽之间没有主次之分,在空间上呈均匀分布格局。主要有两种存在类型:其一是各交通枢纽规模相当,在空间上各有自己的优势服务区域,表现在经济和交通条件类似的城市枢纽之间;其二是各交通枢纽功能有所区别,在空间上各有自己的优势服务对象,表现在不同交通运输方式枢纽之间。这一布局形态的交通枢纽主要形成于发展条件类似的连片地区,或者集中存在多种交通方式的地区,例如我国的东北地区。

(4)轴-辐结构形态。主要存在于发达地区,是交通枢纽空间布局的高级形态。同单中心布局形态相似,轴-辐结构形态存在一个大型的、高等级的综合交通枢纽中心,围绕该枢纽中心,均匀分布有不同层级的低级交通枢纽,各枢纽不但同中心枢纽有发达的交通联系,而且各枢纽之间交通联系也较为便捷。这一布局形态的交通枢纽层级分明,各枢纽之间联系密切,低层级交通枢纽围绕高层级交通枢纽发展,在空间布局上呈现"蛛网"状发展的"轴-辐"结构形态。该布局形态的枢纽主要存在于经济和交通基础设施均较为发达的地区,例如以北京为中心的京津冀地区、以上海为中心的长三角地区以及以广州为中心的珠三角地区。

四、交通网的既有基础与发展条件

枢纽分布与交通网既有基础关系十分密切,枢纽的多少及其分布直接取决于交通网的发展程度。在枢纽的形成与发展方面有两个特点:一是枢纽数量的增加慢于交通线的发展,交通网的发展主要导致枢纽布局和结构越来越复杂;二是主要枢纽大多集中于早期修建的主干线路上,这是因为每个地域早期修建的许多干线,都处于重要的区际联系方向上,并且成为工业和人口聚集的地带。

既有枢纽的设备条件往往成为吸引新交通干线的主要依据,利用既有设备比新建枢纽,无论是在时间上还是在投资上,都更加经济,因此许多枢纽规模不断扩大,结构发生变化。新的长大交通干线的修建,使得它与原有干线的交会点形成一系列枢纽,如我国纵贯南北的京九铁路、焦柳铁路等新干线,沿线形成了多处新交通枢纽。

交通网布局的变化,有时会使一个区域的主要交通中心发生转移,新枢纽发展速度甚至超过了老枢纽,如我国郑州枢纽一直是中部地区最重要的货运枢纽,而地处京广铁路与武九、汉丹铁路交会点的武汉枢纽随着沪汉蓉铁路大通道,京广高铁,武黄、武咸、汉孝城际铁路以及石武客运专线、江北阳逻港等铁路的修建,其客运枢纽的地位进一步提升,成为我国四大客运枢纽之一,同时其也和郑州枢纽一起成为我国中部地区重要的货运枢纽。

有时枢纽本身布局虽无变化,但由于交通网的延伸发展,会使一些枢纽的地位上升,联系范围扩大。例如,随着我国中长期综合运输网规划的实施,更多的干线通道联通后,将使枢纽的客货运量不断增加;再如,莫斯科枢纽原通过伏尔加河通达里海,由于伏尔加河-顿河运河的兴建,又与黑海直接相连,使其枢纽地位进一步提升。

目前,我国交通运输网正处于快速发展时期,对交通枢纽的发展将产生重大影响,主要表现在:

(1) 高速公路网建设的影响

2004年12月,国务院常务会议审议通过了《国家高速公路网规划》,标志着我国高速公路进入了系统化、网络化发展的新阶段。《国家高速公路网规划》简称"71118网",由7条首都放射线、11条纵线、18条横线共36条主线以及5条地区环线、2条并行线、37条联络线组成,总里程11.8万km。在此背景下制订了《国家公路运输枢纽布局规划》,根据此规划方案,国家公路运输枢纽总数为179个,其中12个为组合枢纽,共计196个城市。原规划确定的45个公路主枢纽已全部纳入布局规划方案,是国家公路运输枢纽的重要组成部分,并居主导地位。

(2) 铁路网发展规划和高速客运专线建设的影响

根据中长期铁路网规划,到2020年,我国将建成12万km以上的铁路(高速客运专线1.2万km以上),其中新建铁路4万km(截至2018年底,全国铁路营业里程已达13.1万km,其中高速铁路2.9万km,提前实现原规划目标);由于这些铁路特别是高速铁路引入城市,将新建和改建548个高速铁路新客站。我国主要城市将形成多客运枢纽站格局,如北京市有北京西站、北京站、北京南站、北京北站、丰台站5个主要客运大枢纽站,还有北京东站等辅助客运站,这导致需要对铁路枢纽内的客运站选址与布局进行全面论证,同时还需要对货运系统场站布局进行全面调整。

(3) 城市交通线网建设的影响

我国城市轨道交通建设速度很快,截至2017年末,中国大陆地区(以下文中涉及全国数据均指中国大陆地区,不含港澳台)共34个城市开通城市轨道(以下简称城轨)交通运营,共计165条线路,运营线路总长度达5033km。其中,地铁运营线路长度达3884km,占77.2%;其他制式城轨交通运营线路长度达1149km,占22.8%。全年累计完成客运量185亿人次,同比增长14.9%。拥有两条及以上城轨交通运营线路的城市已增加至26个。运营线路增多、客流持续增长、系统制式多元化、运营线路网络化的发展趋势更加明显。2017年,中国大陆城市城轨交通完成投资4762亿元,在建线路总长6246km,均创历史新高。截至2017年末,共有62个城市的城轨线网规划获批(含地方政府批复的18个城市),规划线路总长达7424km。在建、规划线路规模进一步扩大,投资额持续增长。随着轨道交通线路的建设,产生了一系列的轨道交通换乘枢纽,轨道交通与地面公交、轨道交通与大铁路、机场等,综合交通枢纽等。

而轨道交通的建设与发展,与城市化水平紧密相关。现阶段,我国申报发展地铁的城市应达到的基本条件:地方财政一般预算收入在100亿元以上,国内生产总值达到1000亿元以上,城区人口在300万人以上,规划线路的客流规模达到单向高峰小时3万人以上;申报建设轻轨的城市应达到的基本条件:地方财政一般预算收入在60亿元以上,国内生产总值达到600亿元以上,城区人口在150万人以上,规划线路客流规模达到单向高峰小时1万人以上。对经济条件较好,交通拥堵问题比较严重的特大城市,其城轨交通项目予以优先支持。目前全国有近50个城市达标,近20年来我国城市化进程明显加快,城市化率由1979年的17.9%提高到2017年的58.62%;到2017年底,全国城市总数达657个,预计到2020年,我国的城市化率将达到60%。可见,我国轨道交通建设的未来发展有着巨大潜力,这也是推动交通枢纽特别是城市综合交通枢纽发展的重要原因。

(4) 新建与改造机场的影响

根据民航发展规划,到2030年,我国民用运输机场将达370个左右,68%的规划新增机场位于中西部地区,96%的县级行政区域能够在直线距离100km内(车程约1.5h)享受到航空服务,所服务区域的人口数量和地区生产总值(GDP)均占全国总量的99%,基本覆盖AAAAA级旅游景区和国家一类口岸。我国特大城市,如上海,已形成浦东、虹桥两机场格局;北京,已形成多机场格局,进一步提高了对外航空服务的能力,同时加强航空枢纽与北京市及津、冀地区交通系统的联系。

(5)新建与扩建港口的影响

根据港口发展规划,全国沿海港口划分为环渤海、长江三角洲、东南沿海、珠江三角洲和西南沿海5个港口群体,强化群体内综合性、大型港口的主体作用,形成煤炭、石油、铁矿石、集装箱、粮食、商品汽车、陆岛滚装和旅客运输8个运输系统的布局,这些港口枢纽所在城市都需要建设配套设施。

(6)管道运输的发展

我国是一个油气资源分布极不平均的国家,而管道运输在输送石油和天然气等物资时具有无可比拟的优势,为了将这些资源(能源)运送到东部经济发达区域,我国实行了"西气东输"等一系列的国内乃至国际能源运输策略,修建了大量的运输管道,在这些管道的交会处也形成了许多管道交通枢纽,如靖边、大庆等。

五、城市化与城市发展

交通枢纽与城市相共生,并在相互促进中不断发展。在早期阶段,许多城市依托交通枢纽的便利交通条件发展壮大,随着城市规模不断扩大,人口的不断增加,对交通枢纽的运输需求提出了更高的要求,枢纽的性质、功能及规模随之升级。

国外大规模的城市化现象发端于工业革命时期。工业革命所带来的大规模使用机器的生产活动,要求劳动要素相对集中,使得以满足工业运输为目的的交通枢纽不断发展。另外,工业区域劳动市场价格的吸引作用,造成了农村人口向某些中心区域的迅速集中,人群的集中也带来了市场活动、商业经营以及服务业的发展。这导致大型的客运交通枢纽与场站的出现与形成,在欧美国家,这些大型的客运场站多集中在城市的中心区域,如美国纽约的中央铁路车站,英国伦敦的滑铁卢、查灵克罗斯铁路客运站等。从18世纪中叶开始到20世纪中叶的将近200年的时间里,多数西方发达国家基本上实现了城市化,形成了多数人口聚集居住的格局。20世纪中叶,一些西方国家的城市人口占全国人口的比例分别为:美国72%,英国87%,荷兰86%,加拿大77%,澳大利亚83%。改革开放以来,随着社会经济的发展,我国城市化水平不断提高。我国城市人口比重在新中国成立初期只有10.6%,仅0.58亿人生活在城市。调查数据显示,2017年我国城市人口已经达到8.13亿人,城市人口比重为58.5%,同2000年人口普查相比,上升22.3个百分点。进入21世纪以来,城市人口每年以3%~4%的速度递增,远远超过同期1%的总人口年增长速度。

《城市规划大纲》(《雅典宪章》)指出,现代城市的四大基本功能为交通、居住、工作、游憩。其中,居住、工作、游憩在乡村中也是存在的,只有交通才是城市所特有的。交通的集散带来了交通枢纽地区人口和产业的聚集,带来了贸易,从而带来了城市和城市的发展。

更进一步观察发达国家城市化的演进过程与交通枢纽的关系可以看到,在城市化快速发展时期,对劳动力的需求以及便捷的生活条件使得市中心吸引力空前强大,这一时期的交通枢纽位置一般深入市区,靠近工业区和市场,呈集中化格局,枢纽多兼具客运和货运的功能,方便劳动力和工业原料及产品的集散。

然而,城市规模的无序扩大,城市人口的迅猛增长,城市化过程中出现了严重的问题。具体表现在几个方面:①环境污染严重,原有生态环境改变,环境质量下降,趋于恶化;②中心区人口密集;③交通拥挤;④地价、房租昂贵,居住条件差;⑤失业人口增多,社会秩序混乱。

为了解决上述城市问题,各国城市规划学者相继提出一系列城市规划构想:

田园城市(Garden City)的规划理念是19世纪末英国人霍华德(E. Howard)提出的,如图1-3所示。其基本构思立足于建设城乡结合、环境优美的新型城市。他认为城市人口的过分集中是由于其有着吸引人口的"磁性",如果把这种"磁性"进行有意识的移植和控制,人口就不会盲目膨胀。"田园城市"规划了一系列同心圆,通过不同性质用地沿直径方向分层布局,使城市功能及用地按平面方式发散与分解开来,从而有效地避免城市人口和功能的过度集中,试图通过平面空间布局疏解的方式解决在工业化条件下,城市与适宜居住条件之间的矛盾,大城市与自然隔离而产生的矛盾和问题。

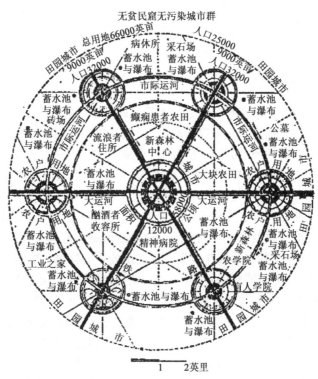

图1-3 霍华德提出的"田园城市"

注:1英亩=4046.856m²。

恩维发展了"田园城市"理论,提出了"卫星城镇"规划的理论,通过在大城市的周围建立卫星城镇,以疏散人口,控制大城市规模。卫星城理论是"田园城市"理论的发展,而有机疏散理论又进一步发展了卫星城理论。早期为了疏散过于稠密的大城市人口而开始建设卫星城的实践只不过是"卧城",后来卫星城的规模越来越大,人口逐渐增多,基础设施愈加完善,居民可以在卫星城中实现就业,对母城的依赖逐渐降低,进一步形成城市的多中心格局。

以法国的勒·柯布西埃(Le Corbusier)等为代表的立体建筑学派,主张以技术手段维护城市的集中与繁荣,解决传统城市集中导致的拥堵、低效和"田园城市"导致的城市发散问题。

其代表性观点是在城市中心区设计若干栋摩天大楼,在大楼内部通过合理的设计,利用垂直疏解的办法解决人们的工作、休闲、生活等一系列的问题,同时在大楼外面设计绿地和隔离空间等,利用大容量的交通工具如地铁、轻轨等解决中心区摩天大楼之间及与外部地区的交通疏解问题。勒·柯布西埃的观点在巴黎中心区设计中得以验证,至今仍然在很多城市运用,如北京的 CBD 及其东扩区域的摩天大楼群设计等。

芬兰人沙里宁(Eero Saarinen)在《城市——它的发展、衰败与未来》一书中提出了"有机疏散理论"。他利用人体血液循环理论来研究城市交通系统,针对城市集中型发展造成的拥挤、混乱,城市的衰败与贫民区的扩散,提出"只有用有机的方法解决城市的分散问题,才能使城市恢复有机秩序"。其主要含义就是要像人的机体一样有生命地疏散过于拥挤的城市,成组成团地组织城市生活。按照有机疏散的原则,城市通过规划组成居住区的"细胞",以相应道路系统为骨架,公共服务设施分级布置,集中工业区安排在交通干线附近,无害工业可靠居住区就近布置,城市各部分之间形成有机联系。这种城市有机组织的形态既具有安宁的生活环境,又具有良好的交通关系。"有机疏散理论"在第二次世界大战后的一些新城规划中得到了广泛的应用和发展,它在某种程度上兼顾了田园城市和立体建筑学派的优点,具有较强的可操作性,至今仍有很重要的影响。

以上各种城市规划思想,都对现代城市建设和发展及城市化发展产生了重要影响,田园城市、卫星城镇、有机疏散理论将城市用地分散,需要建立快速、大运量的城市公共交通网络,以实现发散的组团与中心区的交通连接。而立体建筑学派的观点,也提出建设和发展城市轨道交通或者大容量交通,在城市群之间或者大城市与卫星城之间修建快速通道或者大运量的交通方式,在通道的终端,修建大型交通换乘枢纽,实现不同组团之间及其组团内部的交通联系。此外,为解决发散区域的居民自驾车进入城市中心区导致的交通拥挤问题,在中心区外围修建停车换乘枢纽,方便居民停车并缓解城市交通中心交通压力。

20 世纪 90 年代,美国建筑师彼得·卡尔索普(Peter Calthorpe)提出的以公共交通为导向的开发模式(Transit-Oriented Development,TOD)有效指导了城市空间的合理布局和土地开发利用,适中或更高密度的土地利用,将居住、就业、商业混合布置在一个大型的公共交通车站周围适于步行的范围内,鼓励步行交通同时不排斥私人小汽车交通,如图 1-4 所示。TOD 理念的出现及其在城市建设中的广泛实践,体现了规划工作者对枢纽和城市关系的再认识,以及枢纽在城市规划中的重要地位。

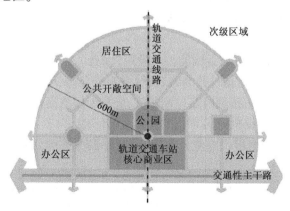

图 1-4 典型的城市型 TOD 模式

近年来,我国高速铁路、城际铁路及城市轨道交通大力发展,区域铁路网、城市轨道交通网络越来越密集,围绕高铁车站和城际铁路车站进行高强度开发成为我国学术界和地方政府的共识。我国几乎所有城市轨道交通车站周边地区的开发都以TOD规划理论为指导,围绕高铁车站和城际铁路车站进行的TOD开发可以定义为区域型TOD社区,是我国特有的TOD社区类型。

在这样的背景下,发挥枢纽的区位价值,耦合枢纽与城市中心,与所在区域交通的外部连接性、接驳交通的便利性、空间开发和城市设计将是下一步港站与枢纽设计和规划的重要内容。

六、我国交通港站与枢纽的发展规划

(一)公路枢纽

公路运输枢纽是在公路运输网络的节点上形成的货物流、旅客流及客货信息流的转换中心。近年来,交通运输的发展,特别是公路运输的发展有效地促进了我国经济持续、快速的发展。

上述成绩的取得与交通部制定和实施的"三主一支持"❶长远发展战略构想是密不可分的。诸如"五纵七横"国道主干线和45个公路主枢纽的规划实施,对促进和发展公路运输起到了至关重要的作用。

早在1992年,在公路、水路交通"三主一支持"长远发展规划的指导下,交通部组织编制了《全国公路主枢纽布局规划》,确定了全国45个公路主枢纽的布局方案。经过十几年的努力,我国公路运输枢纽建设取得了很大进展,有效缓解了公路运输场站设施严重落后的状况,显著提升了公路运输枢纽的服务能力和水平。

2004年12月,国务院常务会议审议通过了《国家高速公路网规划》。为适应新时期公路交通发展的要求,加快与国家高速公路网相协调,与铁路、港口等其他运输方式紧密衔接,布局合理、运转高效的国家公路运输枢纽的建设,2007年,交通部在《全国公路主枢纽布局规划》的基础上,制定了《国家公路运输枢纽布局规划》。

国家公路运输枢纽是位于重要节点城市的国家级公路运输中心,与国家高速公路网共同构成国家最高层次的公路运输基础设施网络。国家公路运输枢纽主要由提供与周边国家之间、区域之间、省际以及大中城市之间公路客货运输组织及相关服务的客货运输场站组成,是保障公路运输便捷、安全、经济、可靠的重要基础设施,是国家综合交通运输体系的重要组成部分。国家公路运输枢纽由客运枢纽场站和货运枢纽场站组成,提供公共交通运输服务,其核心功能包括:

(1)支持经济社会发展。提高运输能力和效率,促进工业化,加快信息化,服务现代化;服务于现代综合交通运输,强化运输过程的无缝衔接;服务公路快速客货运输,强化快速客货运输组织功能;服务集装箱运输,拓展内陆口岸功能;服务现代物流业发展,强化货运枢纽的物流功能;服务交通信息化建设,提供及时有效的客货运输信息。

(2)服务公众便捷安全出行。方便公众出行,加强源头安全管理,提升运输服务水平,为

---

❶ "三主一支持"是1989年2月27日在全国交通工作会议上正式提出的,从"八五"开始用了几个五年计划实施的交通基础设施建设长远规划。所谓"三主",就是公路主骨架、水运主通道、港站主枢纽;"一支持"就是交通支持保障系统。其中,公路主骨架指的是"五纵七横"国道主干线;水运主通道由沿海及内河"两纵三横"组成。

公众提供便捷、安全、可靠的出行条件。

(3)保障国家安全。加强运输组织,协调运力,保障国家重点物资和紧急物资运输,保障"春运""黄金周"旅客运输,确保社会稳定,维护经济安全。

(4)服务可持续发展。有效提高运输装备的利用效率,合理组织多式联运,发挥综合运输优势,提高综合运输能力,集约利用土地,降低能源消耗,促进交通与环境的和谐发展。

我国国家公路运输枢纽共计179个,其中12个为组合枢纽,涉及196个城市。原45个公路主枢纽已全部纳入布局规划方案,是国家公路运输枢纽的重要组成部分,并居主导地位,国家公路运输枢纽布局规划总体上贯彻了"依托国家高速公路网,完善综合交通运输体系,覆盖主要城市、服务全国城乡"的布局思路,其作用和效果表现在:

(1)体现了"以人为本"。国家公路运输枢纽覆盖了所有直辖市、省会城市和计划单列市及地级城市137个,覆盖城市占全国地级以上城市总数的60%,覆盖总人口占全国总人口的60%;该网络覆盖了78个国家AAAA级旅游景点,为公众旅游、休闲出行提供了便利。

(2)突出了"服务经济"。国家公路运输枢纽覆盖城市的地区生产总值约占全国国内生产总值的87%;该网络覆盖了84%的国家开放口岸、56%的陆路边境口岸和98%的国家级经济技术开发区,加大了长江三角洲、珠江三角洲、环渤海等经济发达地区的枢纽覆盖密度,充分考虑了支持西部大开发、振兴东北老工业基地、促进中部地区崛起等战略的需要。

(3)强化了"综合运输"。该网络覆盖了100%的沿海主要港口和93%的内河主要港口、全部的大中型枢纽机场、所有特等火车站和铁路集装箱中心站,有助于充分发挥公路运输的集散作用,进一步提高我国综合交通运输的整体效率。

(二)铁路枢纽

铁路是国民经济大动脉、关键基础设施和重大民生工程,是综合交通运输体系的骨干和主要交通方式之一,在我国经济社会发展中的地位和作用至关重要。截至2018年底,全国铁路营运里程达到13.1万km,其中高速铁路2.9万km,覆盖全国的基础网络初步形成。

自2004年国务院批准实施《中长期铁路网规划》以来,我国铁路实现了快速发展。为加快构建布局合理、覆盖广泛、高效便捷、安全经济的现代铁路网络,更好地发挥铁路骨干优势作用,推进综合交通运输体系建设,支撑引领我国经济社会发展,2016年,国家发展改革委、交通运输部、中国铁路总公司在深入总结原规划实施情况的基础上,结合发展新形势新要求,修编了《中长期铁路网规划》。该规划是我国铁路基础设施的中长期空间布局规划,是推进铁路建设的基本依据,是指导我国铁路发展的纲领性文件。规划期为2016—2025年,远期展望到2030年。

《中长期铁路网规划》指出,要统筹运输网络格局,按照"客内货外"的原则,优化铁路枢纽布局,完善系统配套设施,修编铁路枢纽总图。创新体制机制,统筹建设运营,促进同步建设、协同管理,形成系统配套、一体便捷、站城融合的现代化综合枢纽。研究制定综合枢纽建设、运营、服务等标准规范。构建北京、上海、广州、武汉、成都、沈阳、西安、郑州、天津、南京、深圳、合肥、贵阳、重庆、杭州、福州、南宁、昆明、乌鲁木齐等综合铁路枢纽。

1. 铁路客运枢纽

按照"零距离"换乘要求,同站规划建设以铁路客站为中心、与其他交通方式有机衔接的综合交通体,特大城市要强化铁路客运枢纽、机场、城市轨道交通的便捷连接。实施站区地上地下立体综合开发,打造高效便捷的综合客运枢纽和产城融合发展的临站经济区。同步强化客运枢纽场站设施,完善动车段(所)、客运机车车辆以及维修设施,完善客运枢纽(高铁车站)快件集散等快捷货物服务功能设施。

2. 铁路货运枢纽

合理布局铁路物流中心、铁路集装箱中心站及末端配送服务设施,扩大货物集散服务网络。按照"无缝化"衔接要求,完善货运枢纽多式联运、集装箱运输、邮政快递运输、国际联运以及集疏运等"一站式"服务设施,提升枢纽集散能力和服务效率。优化货运枢纽编组站,完善货运机车车辆设施。布局建设综合维修基地、应急救援基地以及配套完善铁路战备设施等。以发展枢纽型园区经济为导向,推进传统货运场站向城市物流配送中心、现代物流园区转型发展。

(三)港口枢纽

按港口所在区域归属于内地还是沿海岸线区域,进行区分沿海港口和内河港口。如果港口是沿海岸线建立的,就是沿海港口;如果港口是在除沿海港口岸线以外的河流、湖泊、水库等水域内建造的,就是内河港口。

根据交通运输部发布的《关于发布全国主要港口名录的公告》,全国主要港口中沿海港口有25个,内河主要港口有28个。

1. 沿海港口

沿海岸线特别是深水岸线是一种不可再生的稀缺资源。据统计,我国拥有大陆海岸线1.8万km,岛屿海岸线1.4万km。

作为重要的交通基础设施,港口的布局与建设关系到国家经济大局。据统计,我国90%以上的外贸进出口货物是通过港口实现的,每100万t吞吐量可以创造1亿元人民币以上的GDP以及约2000人的就业机会。应该说,现行的全国沿海港口布局为国家经济建设、原材料与能源供应、对外贸易的发展、区域经济发展与中心城市建设提供了强大的基础性支撑。

2006年8月16日,国务院审议通过由国家发改委和交通部联合组织编制的《全国沿海港口布局规划》,这是在科学发展观指导下,根据《中华人民共和国港口法》所制定的目前我国最高级别的港口布局规划。《全国沿海港口布局规划》的出台对我国港口全面、协调和可持续发展具有重要规范意义。

《全国沿海港口规划》在我国大陆沿海明确布局全面、协调和可持续发展的环渤海、长江三角洲、东南沿海、珠江三角洲、西南沿海五大沿海港口群体,其地域覆盖我国整个东部和西南沿海地区,并可以通过交通运输网络将其功能辐射到全国所有地区。

环渤海地区港口群体通过亚欧大陆桥及其他运输方式延伸到中部及西北地区,有利于我国北方沿海地区社会经济的发展。其中的辽宁沿海港口群有利于促进东北三省和内蒙古东部地区社会经济发展,有利于东北老工业基地的振兴;津冀沿海港口群有利于京津、华北及向西延伸部分地区的社会经济发展。

长江三角洲港口群体通过长江及其他运输方式,延伸到长江沿线的中部及西部地区,有利于我国长江三角洲地区的社会经济发展。

东南沿海港口群体有利于江西等内陆省份部分地区的社会经济发展,有利于台湾海峡两岸的经贸交流,有利于台海地区的和平稳定以及祖国统一大业。

珠江三角洲地区港口群体有利于泛珠江三角洲地区的社会经济发展,有利于华南、西南、西北部分地区的社会经济发展,有利于加强广东和内陆地区与港澳地区的交流。

西南沿海地区港口群体有利于广西等西部地区的开发,为海南省扩大与岛外的物资交流提供运输保障,也有利于中国-东盟自由贸易区的建设。

2. 内河港口

内河水运是国家综合运输体系和水资源综合利用的重要组成部分,具有运能大、占地少、能耗低、污染小、安全可靠等特点,是我国实现经济社会可持续发展的重要战略资源。截至2017年底,我国内河航道通航里程达12.7万km,主要分布在长江、珠江和淮河水系。

为充分发挥内河水运占地少、运能大、能耗低、污染小的优势,完善综合运输体系,促进水资源综合开发利用,2007年,交通部和国家发展改革委根据《中华人民共和国港口法》和《中华人民共和国航道管理条例》,组织编制了《全国内河航道与港口布局规划》。

《全国内河航道与港口布局规划》指出,全国内河主要港口规划布局方案是:形成由28个内河港口组成、以区域主要城市对外辐射的主要港口体系,包括泸州港、重庆港、宜昌港、荆州港、武汉港、黄石港、长沙港、岳阳港、南昌港、九江港、芜湖港、安庆港、马鞍山港、合肥港、湖州港、嘉兴内河港、济宁港、徐州港、无锡港、杭州港、蚌埠港、南宁港、贵港港、梧州港、肇庆港、佛山港、哈尔滨港、佳木斯港。

(四)机场枢纽

民用运输机场作为国家重要公共交通基础设施,是民航业发展的基础,在综合交通运输体系中发挥着重要作用。截至2017年底,我国共有民用运输机场229个,机场布点不断加密,民航运输能力不断提高,在支撑经济社会发展、应对突发事件等方面发挥了重要作用。具体体现在:机场枢纽的作用日益凸显,北京、上海、广州机场的国际枢纽地位明显提高,北京首都机场年旅客吞吐量已位居全球第二,上海浦东机场年货邮吞吐量位居全球第三,成都、深圳、昆明、西安、重庆、杭州、厦门、长沙、武汉、乌鲁木齐等机场的区域枢纽功能显著增强,上海虹桥机场和西安、郑州、武汉等一批大型机场成为重要的综合交通枢纽。机场在综合交通运输体系中的作用日益突出;机场枢纽的服务能力稳步提升,2017年,全国民用运输机场旅客吞吐量、货邮吞吐量和飞机起降量分别达11.5亿人次、1617.7万t和1024.9万架次,分别比上年增长12.9%、7.1%和10.9%。年旅客吞吐量超过1000万人次的机场达到32个,预计到2020年,我国机场旅客吞吐量将达到15亿人次,年均增长10.4%;2025年将达到22亿人次。

2017年2月,国家发展改革委、民航局结合"一带一路"倡议、京津冀协同发展战略、长江经济带战略,从综合交通运输体系发展考虑,印发了《全国民用运输机场布局规划》。《全国民用运输机场布局规划》对民用运输机场建设数量、空间布局等进行了调整和完善,提出了一体化衔接、绿色集约发展等政策措施,形成与高速铁路优势互补、协同发展的格局。

《全国民用运输机场布局规划规范》指出,到2020年,运输机场数量约260个左右,北京新机场、成都新机场等一批重大项目将建成投产,枢纽机场设施水平进一步提升,一批支线机场投入使用。2025年,建成覆盖广泛、分布合理、功能完善、集约环保的现代化机场体系,形成三大世界级机场群、10个国际枢纽、29个区域枢纽。京津冀、长三角、珠三角世界级机场群形成并快速发展,北京、上海、广州机场国际枢纽竞争力明显加强,成都、昆明、深圳、重庆、西安、乌鲁木齐、哈尔滨等国际枢纽作用显著增强,航空运输服务覆盖面进一步扩大。展望2030年,机场布局将进一步完善,覆盖面进一步扩大,服务水平持续提升。

(五)城市交通枢纽

自改革开放以来,我国的城市化进程明显加快。随着城市经济的迅速发展和城市间相互联系的加强,城市的常住人口和流动人口均迅猛增长。为了满足城市交通供给与交通需求之间的矛盾,使城市交通系统更好地为城市发展服务,需要建立以公共交通为主导,其他交通方式相配合的综合交通体系。

城市交通枢纽是整合了城市内外和城市内部交通的衔接系统,是城市综合交通体系的重要组成部分。城市交通枢纽是城市客、货流集散和转运的地方,可以分为城市客运交通枢纽和城市货运交通枢纽。城市客运交通枢纽包括作为内外衔接系统的铁路车站、公路长途汽车站、港口码头和机场,也包括作为城市内部交通系统的公交枢纽、交叉路口、轨道交通车站等。城市客运系统是城市交通系统的核心,城市客运交通不仅要保障完成日益增加的客运任务,还要满足乘客对于交通舒适度和速度的要求,城市交通枢纽的功能设置及其交通流组织是实现这些要求最重要的保证。北京西直门交通枢纽的客运交通方式如图1-5所示。

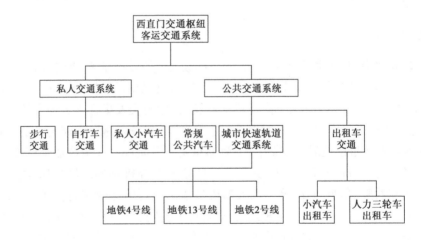

图1-5 西直门交通枢纽的客运交通方式组成图

(六)综合交通枢纽

综合交通枢纽为整合铁路、公路、航空、内河航运、海港和运输管道为一体的海陆空协同枢纽体系。综合交通枢纽是综合交通运输体系的重要组成部分,是衔接多种运输方式、辐射一定区域的客、货转运中心。

2009年,国家发改委正式批准武汉市为中国首个综合交通枢纽研究试点城市。2017年,国家发改委发布《国务院关于印发"十三五"现代综合交通运输体系规划的通知》,公布建设12个国际性综合交通枢纽和63个全国性综合交通枢纽,见表1-1。

综合交通枢纽布局 表1-1

国际性综合交通枢纽	重点打造北京-天津、上海、广州-深圳、成都-重庆国际性综合交通枢纽,建设昆明、乌鲁木齐、哈尔滨、西安、郑州、武汉、大连、厦门等国际性综合交通枢纽,强化国际人员往来、物流集散、中转服务等综合服务功能,打造通达全球、衔接高效、功能完善的交通中枢
全国性综合交通枢纽	全面提升长春、沈阳、石家庄、青岛、济南、南京、合肥、杭州、宁波、福州、海口、太原、长沙、南昌-九江、贵阳、南宁、兰州、呼和浩特、银川、西宁、拉萨、秦皇岛-唐山、连云港、徐州、湛江、大同等综合交通枢纽功能,提升部分重要枢纽的国际服务功能。推进烟台、潍坊、齐齐哈尔、吉林、营口、邯郸、包头、通辽、榆林、宝鸡、泉州、喀什、库尔勒、赣州、上饶、蚌埠、芜湖、洛阳、商丘、无锡、温州、金华-义乌、宜昌、襄阳、岳阳、怀化、泸州-宜宾、攀枝花、酒泉-嘉峪关、格尔木、大理、曲靖、遵义、桂林、柳州、汕头、三亚等综合交通枢纽建设,优化中转设施和集疏运网络,促进各种运输方式协调高效,扩大辐射范围。推进一批区域性综合交通枢纽建设,提升对周边的辐射带动能力,加强对综合运输大通道和全国性综合交通枢纽的支撑
区域性综合交通枢纽及口岸枢纽	推进丹东、珲春、绥芬河、黑河、满洲里、二连浩特、甘其毛都、策克、巴克图、吉木乃、阿拉山口、霍尔果斯、吐尔尕特、红其拉甫、樟木、亚东、瑞丽、磨憨、河口、龙邦、凭祥、东兴等沿边重要口岸枢纽建设

交通枢纽是不同运输方式的交通网络运输线路的交会点,是国家或区域交通运输系统的重要节点,是由港站、通道线路及配套附属设施有机组成的系统。交通枢纽承担着其服务范围内客流和货流的中转、换乘、换装和集散作业以及车、船等载运工具的检修、养护工作。交通枢纽依靠优越的地理位置和方便的交通运输条件,使得其所在的区域具有无可比拟的资源和人员优势,对区域经济的发展起着强大的带动作用。经济与技术的发展,带动了交通运输条件的进一步改善,又促进了区域工业、农业布局和商业贸易的发展。许多重要的交通枢纽城市逐渐发展成为各地区大型综合性经济中心或工业、商业、军事、行政、文化中心。

随着我国城市化、机动化进程的加快,城市交通问题日益严峻,交通供需矛盾越来越突出。解决交通供需矛盾最好的方式就是鼓励居民多采用公共交通方式。为了满足城市居民的出行需求,更好地提高公共交通的服务水平,做好各种交通方式的衔接组织工作,建设发展综合客运枢纽成为这一措施顺利实施的重要保障。建设综合客运枢纽,可以集合多种交通方式并对各种交通方式进行有效的换乘组织,各种交通方式集中在一个小区域内进行集中转换,提高了换乘效率、缩短了换乘时间,从而缓解城市交通拥挤,改善城市交通系统。城市综合客运枢纽的建设应成为城市交通建设的重点,而城市中心地区综合客运枢纽的建设更应该是重中之重。

思考题

1. 阐述港站及枢纽的概念。
2. 简述港站与枢纽在交通运输中的地位与作用。
3. 简述枢纽的分类。
4. 简述综合交通枢纽的内涵演变。

第二章
交通枢纽规划基础调查

第一节　交通枢纽基础调查流程

交通枢纽规划所要进行的基础调查,主要包括社会经济调查、城市土地使用规划调查、城市运输发展调查和OD需求调查等。各项基础调查的基本流程如下：

一、准备阶段

调查的第一个阶段是准备阶段包括：确定调查任务；设计调查方案,明确目的、设计项目、确定时间和空间、调查对象、调查方法、调查人员、工作安排、经费；组建调查队伍。

二、实施阶段

第二个阶段是实施阶段,亦即资料搜集阶段,如社会经济调查应包括历史及现状的资料数据,资料的来源可以是直接资料或间接资料。

（一）直接资料的收集

直接资料也称为一手资料,为调查人员通过实地调查获得的资料,即由调查者自己采用各种调查方法对社会经济信息进行搜集、整理和分析。

（二）间接资料的收集

间接资料也称为二手资料,包括内部资料与外部资料。企业相应可建立内部资料库与外部资料库。外部资料中的二手资料主要来自统计资料、业务资料、财务资料和其他资料。这些资料,一般可以从统计部门(如经济公报、情况简报、经济年鉴、统计年鉴)、交通部门等政府机构获得。获得这些资料后,再根据需要进行适当的加工。间接资料的收集工作一般遵循以下步骤:

(1)确定资料收集范围,包括内容、时间和类别。
(2)做好收集资料的准备,包括设计资料收集大纲、联系相关单位等。
(3)采用多种方法收集资料。利用索引收集文献;利用情报网络收集资料;专家咨询;阅读、记录资料,详而略地阅读,精而全地记录。

三、整理研究阶段

（一）原始资料的核实、校订与误差检验

资料核实和校订主要为了保证资料的完整性和可靠性。误差检验包括两类:一是抽样误差,即由样本推算总体时产生的误差;二是非抽样误差,包括汇总错误、记录错误、谈话记录不完整、调查对象前后回答矛盾等。这里主要指非抽样误差部分。

（二）资料汇总

凡经核实校订的资料,应当根据调查提纲或方案的要求进行分类汇总,并编号归档,以便查找、使用。如使用计算机还要做好资料录入工作。

四、总结阶段

运用统计分析方法对统计资料进行分析、综合,找出影响市场变化的客观因素,提出切实可行的解决方法。

第二节 社会经济调查

一、社会经济调查的基本概念与内容

无论单式交通枢纽规划或综合交通枢纽规划,都需要进行社会经济调查。社会经济调查是通过对事实的考察、现状的了解、材料的搜集来认识社会经济问题,以及探讨社会经济现象之间的相互联系。为交通枢纽规划而进行的社会经济调查正是指采用一定方法,为取得社会经济运行某一方面或者某一现象、问题的信息而进行的资料收集整理,并对资料进行统计分析的一种量化的社会研究方法,主要包括以下内容:

(1)人口:农业人口、非农业人口、城镇人口、外出务工人口等;
(2)国民经济:国民生产总值、工农业总产值、外贸进出口总额、居民消费水平、城镇居民家庭人均可支配收入、农民家庭人均纯收入、社会商品零售总额、主要投资方向等;

(3)产业:农林、矿产资源开发、产业分布、产品结构、对外贸易、加工业、商贸流通业、仓储业、物流业(包括物流企业、物流中心、物流园区)等的发展情况;

(4)区域内各城市的经济社会发展宏观政策、中长期规划、国土开发规划、城镇发展规划、城市总体规划、资源开发规划、物流发展规划以及其他有关行业发展规划等。

二、社会经济调查的方式与方法

调查方式有普查、重点调查、典型调查和抽样调查。

(一)普查

1.普查的含义

所谓普查,指为特定目的专门组织的统一的、普遍的、一次性全面调查,如第三产业普查、商品库存普查、工业企业普查等,以搜集一定时点下的信息。

2.普查的特点

普查涉及研究总体的全面资料或某一方面的全面资料,可获得调查对象的全面信息,调查结果可信度较高;调查对象多,调查范围广、规模大;成本较高;要求统一时间、统一项目、统一方法,因而对组织管理要求较高;速度慢,资料整理时间长,不适用于时间性强的调查项目。

3.普查的方式

一种是组织专门的普查机构和普查队伍,由该机构组织调查人员对调查对象直接进行登记。另一种是不专门设立统一的普查机构,也不配备专门的普查人员,而是利用企业(单位)的原始记录和核算资料进行登记,如商品或物资库存普查、图书馆藏书普查等。

(二)重点调查

1.含义

重点调查是指在研究总体中选取部分重点个体单位进行调查,依取得的资料估计总体基本情况的调查方式。通过重点调查,能够掌握调查对象的基本情况。

2.特点

重点调查的特点有:调查个体少、费用少、时间短;可集中了解对象总体状况,资料详细、全面;一般不采用标准化、程序化技术方法;数据精度不高。

3.组织方式

重点调查一般有两种组织方式:专门性调查,由调查人员到重点单位进行;重点单位布置定期报表的经常性调查。

(三)典型调查

1.含义

典型调查指调查者根据对调查目的的要求和总体的了解,主观地、有意识地选取少数有代表性的个体单位进行调查,以推算、估计总体状况。所谓"典型"即代表性,指这些单位能反映总体的一般情况和共性。如北京市统计局和各区计划部门都有一批比较固定的典型户,常年对它们进行购买力和家计调查。

2. 特点

典型调查的特点：调查对象少、资料全面可靠；代表性强、认识深入；节省费用；主观性强，调查结果一般不宜用以推断总体；对调查人员素质、水平、工作经验等要求较高。

3. 典型的选取

典型的选取一般有两种情况：总体中个体差异较小时，选取最能代表一般性情况的个体，亦称为一次性典型调查；总体中个体差异较大时，根据差异程度划分为若干层次，选取各层次最具代表性的个体，再汇总推算总体状况，亦称为系统性典型调查。

(四)抽样调查

1. 含义

抽样调查就是根据一定原则从总体中抽出一部分调查单位，并以调查结果推断总体的调查方法。

2. 特点

抽样调查方法是在概率论和数理论基础上建立的一种科学、规范的调查方法，具有如下特点：节约人力、节省费用、提高时效、并能由样本推断总体；按随机原则选取样本，使样本选择科学、有代表性；信息准确性高，随机误差可控，人为误差较小，抽样误差可控制，以保证调查结果的可靠性(置信度)。

3. 抽样调查的方式

根据抽样原则的不同，抽样调查方法包括概率抽样方法和非概率抽样方法。其中概率抽样方法，根据随机原则抽取样本，再以样本特征值推断总体特征值。具体方式有：简单随机抽样(纯随机抽样)、分层随机抽样、分群随机抽样、等距随机抽样和多阶段随机抽样等。非概率抽样方法是指按人的主观意志从调查总体中抽取样本，根据调查资料推断总体。具体方式有：便利抽样(任意抽样)、判断抽样、配额抽样、固定样本持续调查。

第三节　城市土地使用规划调查

土地资源紧缺是全国各地最突出的问题，也是未来经济发展的最大障碍。为了合理地使用土地资源，必须在枢纽的布局和规划之前进行土地使用规划调查，从而形成真正有效的交通运输枢纽。土地利用调查一般只在城市的交通规划中进行，在区域交通规划中不做这项工作。土地利用调查的内容包括整个城市各交通小区用地现状和规划的土地开发计划。具体应包括：特殊用地的用地量，主要包括交通用地和绿地等；基础产业用地，主要包括工业、政府机构和大学用地等；非基础产业用地，包括商业和医院用地等；住宅用地量及开发密度等。

土地利用调查资料一般可以从有关政府部门如规划部门、土地管理部门获得，这些部门一般都有统计好的数据和统计分析图标，获得资料后根据需要对其适当加工。统计分类的依据是我国《城市用地分类与规划建设用地标准》(GB 50137—2011)。

第四节　城市交通运输发展状况调查

可参考《交通规划》(第二版)相关内容,作者:王炜,陈学武。

第五节　OD需求调查

可参考《交通规划》(第二版)相关内容,作者:王炜,陈学武。

思考题

1. 简要分析规划交通枢纽需要进行的基础调查。
2. 简述交通枢纽规划过程中社会经济调查的主要阶段。
3. 客、货运枢纽规划调查主要进行哪些方面的调查?
4. 简述OD调查的主要内容及特点。
5. OD调查主要有哪些调查方法?
6. 以某市某区域为背景进行OD调查的方案组织,包括区域界定、样本的选取、可采取的调查方法和调查数据的处理方法等。

第三章
交通枢纽需求预测分析

第一节　枢纽交通需求分析概述

一、枢纽交通需求预测的目的及意义

　　交通需求分析是一项复杂、综合性的系统工程,一般是在现状分析的基础上,根据城市有关的发展战略、决策、城市规划、土地利用布局等,着眼于规划区域未来的发展,建立一种未来的、基于发展的交通供给与交通需求的动态平衡关系,即根据可能的交通供给水平预测交通需求的发展特征,并根据预测的交通需求发展水平反馈指导交通供给的改善(规划方案的制定),以期达到两者的动态平衡与和谐。

　　对于交通枢纽规划,交通需求分析同样是一项极为重要的工作,是解决现实交通问题及开展规划的基础。枢纽客流预测包括枢纽客流总量预测、各种交通方式客流量预测及各种交通方式间换乘客流量预测。客流量分日客流量和高峰小时客流量。日客流量用来控制枢纽建设规模、确定枢纽级别;高峰小时客流量、各种交通方式客流量以及各种交通方式间换乘客流量是枢纽设施(包括规模、形式与布局等)设计的依据。

二、枢纽需求预测年限与范围

　　枢纽预测年限需要在枢纽客流预测前确定。城市对外综合客运枢纽与城市内部综合客运

枢纽交通需求预测年限不同,主要是影响城市对外和内部综合客运枢纽交通需求预测的基础不同,导致两者存在一定的差异性。例如:航空枢纽为其跑道数,铁路枢纽为其轨道线路规模。而影响城市内部综合客运枢纽交通需求预测的决定性因素为城市总体规划。

城市对外交通枢纽中民航和铁路对于交通需求预测年限有明确规定,两者对于预测年限只规定了近期和远期。近期的规定相同,均为枢纽交付运营后第10年,民航远期规定为30年,铁路远期规定为20年,如表3-1所示。

城市对外综合客运枢纽预测年限规定　　　　　　　　　表3-1

类 型	来 源	初 期	近 期	远 期
民航	《民用机场总体规划规范》(2016征求意见稿)	—	10年	交付运营后第30年
铁路	《铁路车站及枢纽设计规范》(TB 10099—2017)	—	10年	交付运营后第20年

城市内部综合客运枢纽包括轨道交通枢纽和BRT或常规公交枢纽,综合考虑城市总体规划和目前既有的规范,规定轨道交通建设的交通需求预测分为初期(3年)、近期(10年)和远期(20年)三个年限。

枢纽需求预测范围一般分为两个层次:一是枢纽核心区,即枢纽主体所在地块,一般应涵盖枢纽主要客运方式设施及其衔接交通设施;二是枢纽研究区,考虑枢纽直接辐射和服务范围,以枢纽周边主要道路所围合的区域,该区域内交通状况受枢纽影响非常显著。

三、枢纽客流预测内容

(一)客流基本概念

1. 枢纽日客流量(Daily Passenger Flow Volume)

枢纽日客流量是衡量枢纽规模的重要指标,是枢纽内各种交通方式(含非机动化交通方式)全日集结和疏散客流量之和。

2. 枢纽客流集结量(Passenger Collecting Volume)

以各种交通方式(含非机动化交通方式)到达枢纽的客流总和,不含枢纽过境客流量。

3. 枢纽客流疏散量(Passenger Distributing Volume)

以各种交通方式(含非机动化交通方式)离开枢纽的客流总和,不含枢纽过境客流量。

4. 枢纽高峰小时客流量(Peak Hourly Passenger Volume)

枢纽日客流量中最大的小时客流量。

5. 旅客最高聚集人数 (Maximum Gather Passenger)

一年中,旅客发送量偏高期间内、每天最大同时在站人数的平均值。

(二)客流预测内容

枢纽预测客流量包括枢纽客流总量预测、各种交通方式客流量预测及各种交通方式间换乘客流量预测。

1. 枢纽客流总量

枢纽客流总量包括枢纽日客流量和枢纽高峰小时客流量。枢纽日客流量是枢纽全日全方式(包含机动化和非机动化方式)到达、离开与换乘客流之和。具体而言,对外客运枢纽客流总量包括对外交通方式客流量(含接送客流量)、对内交通方式之间换乘客流量、枢纽员工及周边土地开发产生的客流量等;对内客运枢纽客流总量包括对内交通方式之间换乘客流量、枢纽员工及周边土地开发产生的客流量等。枢纽高峰小时客流量是枢纽日客流量中最大的单位小时客流量,枢纽高峰小时客流量并不一定是枢纽内每种交通方式的高峰小时客流量,但若枢纽内某交通方式高峰小时与枢纽高峰小时差别较大,应进行单独交通方式的校核。

城市对外综合客运枢纽的接送客比例需要考虑枢纽的类型、所在城市、区位等因素,《城市客运交通枢纽设计规范》提供了机场、火车站、长途汽车站三类枢纽的接送客比例数据,供设计参考,如表3-2～表3-4所示。

机场接送客比例　　　　　　　　　　　　　　　　　　　　　　　表3-2

机　　场	接送客比例(%)	来　源
北京首都机场	19.5	《基于移动终端的居民出行调查技术应用可行性研究》,2012年
上海浦东、虹桥机场	44	《2009年上海综合交通调查》,2009年
广州白云机场	29.8	《2011年广州市交通发展年度报告》,2011年
深圳宝安机场	46.2	《深圳机场地区综合交通枢纽规划》,2008年
成都双流机场	22.5(送客30%、接客15%,平均22.5%)	《城市对外交通综合换乘枢纽布局规划与设计理论研究》,2009年

火车站接送客比例　　　　　　　　　　　　　　　　　　　　　　表3-3

火车站名称	接送客比例(%)	来　源
上海南站、上海站	6.5	《2009年上海综合交通调查》,2009年
哈尔滨火车站	22.5	《哈尔滨火车站改造汇报》,2013年

汽车客运站接送客比例　　　　　　　　　　　　　　　　　　　　表3-4

汽车客运站名称	接送客比例(%)	来　源
上海客运总站	6.4	《2009年上海综合交通调查》,2009年
上海浦东长途汽车站、虹桥机场长途汽车站	7.3	《2009年上海综合交通调查》,2009年
哈尔滨南岗客运站	29.5	《哈尔滨火车站改造汇报》,2013年
四惠枢纽	送客:12.5;接客:6.61	抽样调查,2014年
六里桥长途枢纽	送客:12.71	抽样调查,2014年
丽泽长途枢纽	送客:8.16	抽样调查,2014年
赵公口长途枢纽	送客:5.94	抽样调查,2014年

2.各种交通方式客流量

根据不同类型枢纽客流特征,结合城市交通发展情况及枢纽周边道路承载能力,分析不同类型枢纽各种交通方式分担率,预测各种交通方式客流量,包括全日客流集散量及高峰小时客流集散量,为各种交通方式设施需求规模计算提供依据。

3.各种交通方式间换乘客流量

各种交通方式间换乘客流量包括各种交通方式间全日换乘客流量、高峰小时换乘客流量等,为枢纽内部设施布局和流线设计提供依据。

(三)客流基本构成

交通枢纽客流生成量由两部分组成:一是客运场站自身产生的绝对交通量,即以客运站主体交通方式产生的客流发送量和到达量,可通过旅客运输的固定营运班次进行预测。二是客运场站所吸引的交通量,即客流集散所产生的附加交通量,这部分客流是由于枢纽地区城市功能(商业、办公、其他交通设施)而吸引的出行量。

四、枢纽客流预测流程与基础资料

城市综合客运枢纽客流预测流程一般包括城市与交通发展现状及趋势分析、预测模型构建、模型参数标定与校核、模型应用及结果分析、枢纽预测客流分析、突发客流分析、客流敏感性分析等几个阶段。城市与交通发展现状及趋势分析的重点是城市经济、人口、空间布局、土地使用现状与发展规划分析,城市交通网络现状与发展规划分析,交通出行特征现状及发展趋势分析。预测模型构建的重点是利用成熟的预测方法搭建模型体系、明确模型的函数形式和参数。模型参数标定与校核是对参数取值进行调整,以使现状交通需求预测结果与交通调查数据一致,规划目标年预测结果合理、可信。模型应用及结果分析是运行模型对规划目标年方案进行预测和模拟,分析预测范围内的总体交通需求特征。枢纽预测客流分析的重点是枢纽客流总量分析、各种交通方式客流量分析、各种交通方式之间换乘客流量分析。突发客流分析是针对大型社会活动期间、春节或其他节假日期间大客流情况,分析大客流对枢纽的影响。客流敏感性分析重点针对城市发展规模、交通发展政策、票价等因素开展敏感性测试。

第二节 枢纽交通需求预测方法

交通需求预测模型构建及其参数标定与校核是枢纽交通需求预测的核心内容。首先,通过枢纽影响(服务)范围分析,界定预测模型构建的合理范围;其次,在通用、成熟的预测方法中选择合适的预测方法,构建模型预测体系;最后,明确模型中各个模块的函数形式,并利用现状调查数据对模型参数进行循环的标定和校核,直至预测结果精度满足规划设计要求。

一、绝对交通量预测

绝对交通量是枢纽本身产生的交通量,一般用日旅客发送量表示。日旅客发送量是反映车站建设规模和生产能力的重要指标,也是确定各类设施规模和评定站级的主要依据。对于日旅客发送量,具体预测方法包括定性预测方法和定量预测方法。

(一)定性预测方法

定性预测方法主要有专家会议法、交叉影响法、类比法、比例法等。

(二)定量预测方法

定量预测方法常用的有增长率统计法、指数平滑法、回归分析法、弹性系数法和灰色模型等。

1. 增长率法

增长率法是根据预测对象(如客货运量)的预计增长速度进行预测的方法。其预测需要以历年预测对象的统计数据为基础。首先分析历史年度预测对象增长率的变化规律;其次根据对相关因素发展变化的分析,确定预测期增长率;最后进行未来值的预测。其一般式为:

$$Q_t = Q_0(1 + \alpha)^t \tag{3-1}$$

式中:Q_t——预测值;

　　Q_0——基年值;

　　α——确定的增长率;

　　t——预测年限。

2. 指数平滑法

指数平滑法简称平滑法。所谓平滑之意,是对反映变量历史变化情况的统计数据(时间序列)加以大致修匀平滑,以便分析变量的演变趋势。一般来说,最新的时间序列观察值往往包含最多的关于未来情况的信息。基于这种思想,指数平滑法认为,数据的重要程序按时间上的近远呈非线性递减,近期数据影响价值大,权数亦大,远期数据影响价值小,权数亦小。根据平滑次数的不同,有一次平滑、二次平滑、三次平滑和高次平滑之分。一次平滑一般用于呈现水平趋势的时间序列,二次平滑用于呈线性趋势的时间序列,三次平滑用于呈现非线性曲线趋势的斜率不断地增长变化。

(1) 一次指数平滑法

一次指数平滑法的计算公式为:

$$F_t^{(1)} = \alpha y_t + (1 - \alpha) F_{t-1}^{(1)} \tag{3-2}$$

式中:$F_t^{(1)}$——第 t 周期的一次指数平滑平均数;

　　y_t——第 t 周期的实际数;

　　α——加权系数;

　　$F_{t-1}^{(1)}$——第 $t-1$ 周期的一次指数平滑平均数。

指数平滑法是将第 t 周期的指数平滑数值原封不动地作为 $t+1$ 周期的预测值,即:

$$\hat{y}_{t+1} = F_t^{(1)}$$

指数平滑预测法是利用平滑平均数的计算对时间序列进行修正的一种有效方法。在被预测事物中,绝大多数都存在着周期的波动和不规则变动,利用指数平滑预测法就可以在计算时对其进行修正。在修正过程中,对过去的数据分别赋予不同的权数。数据越近,权数越大,数据越远,权数越小。式(3-2)可以改写为:

$$F_t^{(1)} = F_{t-1}^{(1)} + \alpha(y_t - F_{t-1}^{(1)}) \tag{3-3}$$

加权系数 α 的大小,也对原时间序列的修正程度有决定性的影响。α 的大小与修正程度成反比。但是,在反映最新数据的敏感性方面,与 α 取值的大小却成正比。因此,如果指数平滑的目的在于用新的指数平滑平均数去反映时间序列中所包含的长期趋势,那么,α 取值以择小者为好。在通常情况下,取 $\alpha = 0.1$ 即可将季节变动的影响基本消除,将循环变动和不规则变动的影响大部分消除。α 的取值范围为 $0 \leq \alpha \leq 1$。在长期预测中,α 一般在 $0.1 \sim 0.3$ 之间。

(2) 二次指数平滑法

为了提高指数平滑法对时间序列的吻合程度,可以在一次指数平滑的基础上再进行一次指数平滑,这就是二次指数平滑。其计算公式为:

$$F_t^{(2)} = \alpha F_t^{(1)} + (1-\alpha) F_{t-1}^{(2)} \tag{3-4}$$

式中:$F_t^{(2)}$——第 t 周期的二次指数平滑平均数;

α——加权系数;

$F_{t-1}^{(2)}$——第 $t-1$ 周期的二次指数平滑平均数。

二次指数平滑一般不直接用于预测,而是仿照二次移动平均法的原理,用来修正线性趋势变化的滞后现象。二次指数平滑后,即可建立预测公式。其公式为:

$$\hat{y}_{t+T} = a_t + b_t T \tag{3-5}$$

式中:T——时间序列;

$\hat{y}_{t+T}$——自第 t 周期起,到需要预测的以后第 T 周期预测数。

$$a_t = 2F_t^{(1)} - F_t^{(2)}$$

$$b_t = \frac{\alpha}{1-\alpha}(F_t^{(1)} - F_t^{(2)})$$

3. 回归分析预测法

回归分析预测法是根据事物内部因素变化的因果关系来预测事物未来的发展趋势。按照变量的个数,可以分为一元回归分析和多元回归分析;按照变量之间的关系,又可以分为线性回归分析和非线性回归分析。相关资料显示,客运量与其影响因素多呈现线性变化关系,因此这里主要讨论利用线性回归预测客运量。

(1) 一元回归分析

一元线性回归模型是用于分析一个自变量与一个因变量之间的线性关系的数学方程,其一般形式是:

$$Y = a + bX \tag{3-6}$$

式中:Y——因变量;

X——自变量;

a, b——参数。

按以下公式求出参数 a、b:

$$b = \frac{L_{xy}}{L_{xx}} = \frac{\sum_{i=1}^{n}(y_i - \bar{y})(x_i - \bar{x})}{\sum_{i=1}^{n}(x_i - \bar{x})^2}$$

$$a = \bar{y} - b\bar{x}$$

为检验模型拟合程度,要进行模型检验,常用检验指标如下:

①相关系数 r。相关系数 r 是研究两个变量 x、y 之间有无线性关系及其相关程度的系数。计算公式为:

$$r = \frac{n\sum xy - \sum x \cdot \sum y}{\sqrt{[n\sum x^2 (\sum x)^2][n\sum y^2 - (\sum y)^2]}}$$

相关系数 r 的取值范围为 $-1 \leq r \leq 1$。r 的绝对值越接近 1,说明 x 和 y 线性关系越好;否则线性关系越差;其值接近 0,就可认为二者完全没有线性关系。

②标准离差。各预测值的标准离差 $s(y)$ 表示回归直线周围个体数据点的密集程度。$s(y)$ 的计算公式为:

$$s(y) = \sqrt{\frac{\sum (y - \hat{y})^2}{n - 2}} \cdot \sqrt{1 + \frac{1}{n} + \frac{(x_0 - \bar{X})}{\sum (x - \bar{X})^2}}$$

式中:$n - 2$——统计量自由度;

x_0——预测点的自变量的数值。

③置信区间。通过回归方程可由 x 值预测 y 值。由于因变量 y 受自变量 x 以外其他因素的影响,实际观测值与其对应预测值之间常有误差存在。如果预测值 y 绕拟合回归线散布范围较大,那么,根据回归方程计算出的预测值与实际观测值的偏差也大,反之亦然。为了判断误差大小,必须弄清实际值的散布范围,需要用数理统计方法来计算置信区间。

置信区间上限:$\hat{y} + (t_{\alpha/2}, n - 2) \cdot s(y)$

置信区间下限:$\hat{y} - (t_{\alpha/2}, n - 2) \cdot s(y)$

式中:α——显著性水平;

$n - 2$——统计量自由度;

$(t_{\alpha/2}, n - 2)$——t 分布临界值,可由 t 分布表查得。

研究表明,公路客运量与各经济指标间存在正相关性。表 3-5 是利用回归分析法对某公路客运量与经济指标进行的相关分析,说明了公路客运交通需求与经济水平之间的基本规律。

某公路客运量与经济指标相关关系　　　　表3-5

类　　型	与当年价的关系	与1952年不变价的关系
公路客运量(HP)与社会总产值(SOV)	HP = 10427.3 + 5.35SOV ($r = 0.92, F = 72$)	HP = 6977.7 + 11.4SOVB ($r = 0.95, F = 115$)
公路客运量(HP)与国民生产总值(GNP)	HP = 8315.3 + 14.6GNP ($r = 0.95, F = 109$)	HP = 1563.3 + 36.8GNPB ($r = 0.98, F = 289$)
公路客运量(HP)与国民收入(NI)	HP = 7003.4 + 19.7NI ($r = 0.96, F = 145$)	HP = 142.1 + 53.9NIB ($r = 0.99, F = 608$)

注:资料来源于《交通枢纽与港站》,胡列格,刘中,杨明编著。

(2)多元回归分析

如果影响预测对象变动的主要因素不止一个,可以采用多元线性回归预测法。多元回归方程的一般形式为:

$$y = b_0 + b_1 x_1 + b_2 x_2 + \cdots + b_m x_m \tag{3-7}$$

式中:y——因变量(预测对象);

$x_1, x_2, \cdots, x_m$——互不相关的各个自变量;对变量 $x_1, x_2, \cdots, x_m, y$ 作 n 次观测,得 n 组观测值;

$b_0, b_1, b_2, \cdots, b_m$——回归系数,其中 $b_j (j = 1, 2, \cdots, m)$ 是 y 对 $x_1, x_2, \cdots, x_m$ 的偏回归系数。

$b_j (j = 1, 2, \cdots, m)$ 的值应为以下方程组的解:

$$\begin{cases} L_{11}b_1 + L_{12}b_2 + \cdots + L_{1m}b_m = L_{1y} \\ L_{21}b_1 + L_{22}b_2 + \cdots + L_{2m}b_m = L_{2y} \\ \quad\quad\quad\quad\quad\quad \vdots \\ L_{n1}b_1 + L_{n2}b_2 + \cdots + L_{nm}b_m = L_{ny} \end{cases}$$

式中：$L_{ij} = \sum_{t=1}^{n}(x_{it} - \bar{x}_i)(x_{jt} - \bar{x}_j)(i = 1,2,\cdots,n; j = 1,2,\cdots,m)$；

$L_{iy} = \sum_{t=1}^{n}(x_{it} - \bar{x}_i)(y_t - \bar{y})$；

$\bar{x}_i = \frac{1}{n}\sum_{t=1}^{n}x_{it}, \bar{y} = \frac{1}{n}\sum_{t=1}^{n}y_t$；

$b_0 = \bar{y} - \sum_{i=1}^{m}b_i\bar{x}_0$。

多元线性回归模型的相关检验可通过计算全相关系数进行计算，公式为：

$$R = \sqrt{\frac{U}{L_{yy}}}$$

式中：$L_{yy} = \sum_{i=1}^{n}(y_t - \bar{y})^2$；

$U = \sum_{i=1}^{m}L_{iy}b_i$。

R 值接近 1，表明回归模型的预测效果好。在取置信度 IA = 0.95 的情况下，对应于自变量 x_{i0} ($i = l,2,\cdots,m$) 的预测值 y_0 的置信区间近似为 $y_0 \pm 2S$。

$$S = \sqrt{\frac{Q}{n - k}}$$

式中：$k = m + 1$；

$Q = L_{xy} - U$。

4. 乘车系数法

乘车系数法又称原单位发生率法，类似城市交通预测中的类别发生率法。它用区域总人口平均每人年度乘车次数来预测客运量，乘车系数是区域旅客运量与人口之比。其一般式为：

$$Q_t = P_t \beta \tag{3-8}$$

式中：Q_t——预测期客运量值；

P_t——预测总人口；

β——乘车系数。

5. 产值系数法

产值系数法是根据预测期国民经济指标（如工农业总产值、社会总产值、国民收入等）和确定的每单位产值所引起的货运量或客运量来预测的方法。所采用的公式为：

$$Q_t = M_t \beta \tag{3-9}$$

式中：Q_t——预测期客运量值；

M_t——预测期经济指标；

β——产值系数。

产值系数法的关键在于把握产值系数的变动趋势。在货运量预测中，产值系数法又可称为运输强度法。国家(或区域)每生产一元产值所需要的运输量称为运输强度。运输强度通常由统计获得。

$$运输强度 = \frac{运输量}{同期生产总值}$$

$$运输量预测值 = 生产总值预测值 \times 运输强度$$

这里的运输强度即为上述中的产值系数。

6. 弹性系数法

交通运输业的货运量反映了国民经济发展对运输业的需求,它们之间存在着一定的对应关系。国民经济的增长速度常以工农业总产值的增长速度表示,运输增长速度以货运量和货物周转量的增长速度表示,其对应比例称为弹性系数,即:

$$货物运输弹性系数 K = \frac{货运量(或货物周转量)增长速度(\%)}{工农业生产总值增长速度(\%)}$$

用弹性系数预测货运量,要根据历史形成的弹性系数的变化趋势,并根据预测期内工农业总产值推算未来时期的货运量。计算公式为:

$$N = P \times (1 + n \times K)^t \tag{3-10}$$

式中:N——预测期货运量;

P——基础年货运量;

n——预测期内工农业总产值增长速度;

K——预测期弹性系数取值;

t——预测年限。

二、附加交通量预测

附加交通量是由于地块的城市功能而产生的交通吸引量,因近年来越来越注重客运站的综合开发,商业办公用地的增加诱发越来越多客流来地块进行日常活动,而不是长途出行。这部分客流量在增加了枢纽地区活力的同时,也加大了枢纽地区的交通压力,因此对这部分客流要进行合理的预测与分析。

枢纽地区附加交通预测,实际上是对枢纽地区的生成交通量的预测。由于枢纽的交通功能用地生成的交通量主要为绝对交通量,因此这里只计算枢纽其他城市功能用地生成的交通量。交通生成的预测方法主要有原单位法、增长率法、聚类分析法和回归分析法等。在工程实践中,最常用的方法是原单位法。

(一)原单位法

原单位法是将每人或每户平均产生的交通量作为原单位,或以不同用途的土地面积平均发生的交通量来预测交通生成。不同方法选取的原单位的指标也不同,主要有:

(1)根据人口属性以不同出行目的单位出行次数为原单位进行预测。

(2)以单位用地面积或单位经济指标为基准对原单位进行预测。

在居民出行预测中经常采用单位出行次数作为原单位预测未来居民出行量的方法。单位出行次数为人均或家庭平均每天的出行次数,由居民出行调查结果统计得出。

预测不同出行目的的交通生成量可以采用以下方法:

$$Q = \sum_k Q^k$$
$$Q^k = \sum_l a_l^k N_E \tag{3-11}$$

式中：a_l^k ——某出行目的和人口属性的平均出行生成量；

N_E ——某属性的人口；

l ——人口属性；

k ——出行目的；

Q^k ——出行目的为 k 时的生成交通量；

Q ——研究对象地区总的生成交通量。

原单位法预测的出行生成量除由人口属性按出行目的不同预测外，还可以用土地利用或经济指标来预测。

对于预测交通生成量来说，决定生成原单位将来值的方法通常有以下几种：

(1)直接使用现状调查中得到的原单位数据。

(2)将现状调查得到的原单位值乘以其他指标的增长率来推算。

(3)最常用的方法为函数，通常按照不同出行目的预测不同的原单位。其中，函数的影响因素多采用性别、年龄等指标。

(二)聚类分析法

聚类分析法是建立在各类型家庭的出行率在将来某一时刻也保持不变的假定的基础上的。所以，只需知道各类型家庭的出行率和将来时刻相应的家庭数，就可以求得预测值。该研究的基本假定为：

(1)家庭规模变化很小；

(2)一定时期内的出行率是稳定的；

(3)收入与车辆拥有量总是增长的；

(4)每种类型的家庭数量可用相应于该家庭收入、车辆拥有量和家庭结构等资料来估算。

构造聚类分析模型的步骤为：

①家庭的横向分类；

②把每个家庭定位到横向类别；

③对其所分的每一类，计算其平均出行率；

④计算各分区的出行发生量。

聚类分析法以估计给定出行目的每户家庭的出行量为基础，建立以家庭属性为变量的函数，并且突出家庭规模、收入、拥有车辆数，通过分类调查统计得出相应的出行产生率，由现状产生率得到现状出行量，由未来产生率得到未来出行量。

(三)回归分析法

回归分析是为了求得对象区域的独立变量与相关的说明变量 X_{rk} 之间的关系。表示这一关系的关系式中的回归系数 $a_0, a_1, \cdots, a_k$ 通常用最小二乘法算出。假定已得到的关系式为：

$$Q'_r = -0.48X_{r1} + 0.65X_{r2} + 0.89X_{r3} - 0.37X_{r4} + 110 \tag{3-12}$$

式中：Q'_r ——交通小区 r 的上下班出行次数；

X_{r1}——交通小区 r 的家庭数;

X_{r2}——交通小区 r 的就业人口数;

X_{r3}——交通小区 r 的汽车保有量;

X_{r4}——交通小区 r 与市中心的距离。

可以根据 X_{r1}、X_{r2}、X_{r3}、X_{r4} 目标年度的预测值求得目标年的 Q'_r。

回归分析法的缺点有:

(1)不能保证使用了真正有效的说明变量;

(2)假如得到了公式,也不能保证合理地描述交通现象。

通过绝对交通量与附加交通量求和,可以得到枢纽核心区的客流总量,但枢纽建设(改建)作为地区发展的引擎,将影响到周边地区,而不仅仅是枢纽核心区,因此要对枢纽研究范围内的交通进行合理预测与规划。

三、枢纽研究范围交通量预测

枢纽研究范围内交通量的预测,包括两方面任务,一方面是进行枢纽地区路网流量分配,作为道路网络优化调整的基础;另一方面预测各种交通方式的交通量,作为枢纽交通接驳设施规划设计的依据。采用交通需求预测四阶段法进行枢纽研究范围内的交通量预测。枢纽地块的交通生成量是枢纽绝对交通量和附加交通量之和,枢纽研究范围内其他地块的交通生成量同样可以采用上述的交通生成量预测方法得到。由此,交通需求预测四阶段法的第一阶段任务已经完成,即交通生成预测。在接下来的工作中,继续按照交通分布、方式划分与交通分配来完成枢纽地区交通量的预测。

(一)交通分布

交通分布中最常用的一个基本概念是 OD 表,O 表示出发地,D 表示目的地。交通分布预测方法包括增长系数法、重力模型法、插入机会模型法和最大熵法。由于枢纽新建(或扩建)是地区新元素的增加,重力模型法最为常用,因此这里仅简单介绍重力模型法,其他方法请参阅相关交通规划教材。

重力模型法出行分布预测认为两个交通小区间的出行吸引与其出行发生量、吸引量成正比,与小区之间的交通阻抗成反比。重力模型包括无约束重力模型、单约束重力模型与双约束重力模型三种常用形式。

1. 无约束重力模型

无约束重力模型的形式为:

$$Q_{rs} = K \frac{G_r^\alpha A_s^\beta}{R_{rs}^\gamma} \tag{3-13}$$

式中: Q_{rs}——交通小区 r 到交通小区 s 的交通分布量;

G_r——交通小区 r 的交通产生量;

A_s——交通小区 s 的交通吸引量;

R_{rs}——交通小区 r 与交通小区 s 之间的阻抗参数;

K、α、β、γ——待定参数。

此模型是早期的重力模型,模型本身不满足约束条件 $\sum_r Q_{rs} = A_s, \sum_s Q_{rs} = G_r$ 中的任何一个,因此称为无约束重力模型。

2. 单约束重力模型

为使模型更加精确,对重力模型进行修正,美国公路局模型(BPR)是一种常用的单约束重力模型,它导入了反映小区之间固有关系的调整系数 K_{rs},模型形式为:

$$Q'_{rs} = G_r \frac{A_s f(R_{rs}) K_{rs}}{\sum_s [A_s f(R_{rs}) K_{rs}]} \tag{3-14}$$

式中,$f(R_{rs})$ 叫作分布阻抗函数,可考虑的函数如下:

$$f(R_{rs}) = \begin{cases} R_{rs}^{-\gamma} \\ \exp(-bR_{rs}) \\ a\exp(-bR_{rs})R_{rs}^{-\gamma} \end{cases}$$

单约束重力模型虽然加上了 $\sum_s Q'_{rs} = G_r$,但未加上 $\sum_r Q'_{rs} = A_s$ 的条件,不能保证 Q_{rs} 对 r 求和的结果与已知的吸引交通量 A_s 相一致。

3. 双约束重力模型

$$Q'_{rs} = \frac{K_r K_s G_r A_s}{f(R_{rs})} \tag{3-15}$$

$$\text{s.t. } K_r = \{\sum_s [K_s A_s f(R_{rs})]\}^{-1}$$

$$K_s = \{\sum_r [K_r G_r f(R_{rs})]\}^{-1}$$

由于该模型满足 $\sum_s Q'_{rs} = G_r, \sum_r Q'_{rs} = A_s$ 两个约束条件,故称为双约束重力模型。

(二)交通方式划分

枢纽地区的交通方式划分,既要考虑整个研究范围的交通方式,也要考虑到达枢纽的交通方式,这是枢纽地区多模式交通设施配置的基础和依据。目前,区域交通方式划分方法主要有分担率曲线法(转移曲线)和函数模型法(线性模型、Logit 模型和 Probit 模型)。其中,最常用的是 Logit 模型,模型形式为:

$$P_i = \frac{\exp(U_i)}{\sum_j \exp(U_j)} \tag{3-16}$$

式中:P_i——第 i 类交通方式的出行分担率;

U_i——第 i 类交通方式的出行效用。

借助 Logit 模型法,预测到达枢纽的交通方式为:

$$Q_i = \sum_r Q_r \cdot P_{ir} \tag{3-17}$$

式中:Q_i——采用第 i 类交通方式到达枢纽的客流量;

Q_r——从 r 小区到达枢纽的客流量;

P_{ir}——从 r 小区采用 i 类交通方式到达枢纽的分担率。

(三)交通分配

交通分配是将不同方式的交通量,按照一定的规律分配到路网的各条路段上。交通分配模型通常可以分为平衡分配模型和非平衡分配模型两大类。平衡分配模型是建立在Wardrop两个著名原理基础上。Wardrop第一原理也称为用户平衡原理(User Optimized Equilibrium),可以表述为:在考虑拥挤对行驶时间影响的网络中,当网络达到平衡状态时,每个OD对的各条被使用的路径具有相等且最小的行驶时间;没有被使用的路径的行驶时间大于或等于最小行驶时间。Wardrop第二原理也称为系统最优原理(System Optimized Equilibrium),可以表述为:车辆在网络上的分配使得网络上所有的车辆的总出行时间最小。交通网络平衡意味着交通网络上的交通需求和交通供给达到某种状态下的稳定。平衡分配模型可参见相关交通规划教材,这里不再详细介绍。

第三节 大数据在枢纽分析中的应用

一、交通大数据概述

交通理论和模型是交通系统研究的基础。传统的交通需求预测,是借助于比较成熟的交通需求预测模型完成的。交通理论与技术的发展日新月异,随着大数据的发展与数据库的完善,利用大数据进行交通分析越来越受到关注。所谓大数据,是指数据量特别巨大,"超出了传统意义上的尺度,一般的软件工具难于捕捉、存储、管理和分析的数据"。这些数据不仅数量大,而且异质、复杂、来源不同、分散于各处。从城市交通领域来看,过去交通分析技术是建立在综合交通大调查数据基础之上,由于能力局限,只能获取小样本调查对象一天的出行行为,以及相关的宏观统计资料。因此,必须有一种基于小样本数据建立分析模型的技术——基于OD的模型体系,即常用的传统交通需求预测方法。大数据首先是大样本,因此可以更加精细地分析不同出行类型的群体时空分布结构;其次,大数据具有对研究对象进行追踪的能力,可以回答诸如"个体"经常去哪里这样具有累积特征的问题;大数据的第三个特点在于多角度,不仅可以回答与流量相关的问题,而且可以回答与"构成"有关的问题,例如"交通需求的时空分布"。然而,在学习和应用大数据分析问题时,必须注意到:大数据技术本身尚处于初期发展阶段,应用于城市交通领域更处于摸索阶段;城市交通的大数据分析既要强调"关联性",也不能放弃"因果"。在城市交通中,大数据不是作为单纯的数据分析技术,而是需要与专业逻辑分析紧密融合。

大数据分析技术的核心是从各种各样类型的数据中,快速获得有价值信息的能力。在目前的研究中,一般将其划分为五个基本方面:

(一)数据质量和数据管理

大数据分析离不开数据质量和数据管理,质量可靠的数据和有效的数据管理,无论是在学术研究还是在商业应用领域,都能够保证分析结果的真实和有价值。

(二)可视化

大数据分析的使用者包括数据分析工程师,同时还有普通用户,他们对于大数据分析最基本的要求就是可视化分析。可视化分析能够直观地呈现大数据特点,同时能够非常容易被使用者所接受。

(三) 数据挖掘

大数据分析的理论核心是数据挖掘,针对数据类型正确使用恰当挖掘算法才能更加科学地呈现出数据本身具备的特点,也正因为如此,各种统计方法才能深入数据内部,挖掘出公认的价值。同时,这些数据挖掘算法构建了更快速地处理大数据的能力。

(四) 预测性分析

数据挖掘可以让分析员更好地理解数据,而预测性分析可以让分析员根据可视化分析和数据挖掘的结果做出一些预测性的判断。

(五) 语义引擎

由于非结构化数据的多样性带来了数据分析的新的挑战,需要一系列的工具去解析、提取和分析数据。语义引擎需要被设计成能够从网络上散布的"文档"中智能地提取信息。

二、城市交通大数据环境

城市交通大数据的范畴非常广,可以运用到城市交通分析的各个部分,其中交通需求和行为特征分析是交通大数据运用的典型领域。利用大数据进行交通需求分析前,首先要清楚目前城市交通相关的大数据环境与采集手段如何。下面列举几个典型的大数据类型。

(一) 浮动车数据

浮动车数据(Floating Car Data,FCD)是一种重要的道路交通状态数据源,它与定点检测器一起构成了道路交通状态的基础检测环境。浮动车技术是指对车辆本身及驾驶员的驾驶行为不做任何要求,与一般社会车辆无异,完全利用跟踪车辆的瞬时位置、速度和时间达到对大范围网络交通流信息的动态获取的一种技术。使用的车辆可以是私家车辆、出租车、公交车辆或其他一些商业营运车辆。这些车辆的主要行驶目的不是交通信息采集,通过这些车辆的辅助仪器或远程传感器,在不妨碍本身行驶目的的情况下实时采集道路交通流信息,车辆与交通管理或监控中心通过各种无线通信技术实时通信。

目前我国城市一般采用出租车作为浮动车进行数据采集,这种采集方法具有独特的优势,同时也有其局限性。其优势是出租车出行率高,运行时间长(通常是全天候运行),行驶范围广,占交通流比例较高。以北京为例,全市出租车约有 6.7 万辆,占全市车辆数的 1.1%,但在整个北京市的城市交通流中超过 15%,对北京市路网的覆盖率超过 70%。其缺点首先在于空驶待客状态时一般较正常行驶速度低,其运行数据不能准确反映交通流总体状态;其次是出租车运营存在上下客停靠等状态,会对判别因交通信号、交通拥堵等原因的停车造成影响。

(二) 公交 IC 卡数据

从公交 IC 卡中可以获取公交乘客的多种相关信息,供客流分析及乘客行为分析使用。从公交 IC 卡中提取信息是一个递进的分析过程(图 3-1),可以直接从 IC 卡中提取的信息包括刷卡时间和刷卡终端号,由此可以得到用户乘坐公交的频次。在通过终端设备 ID 与公交线路、轨道线路和车站建立映射关系以后,将乘客乘坐公交时间与轨道交通车站、公交线路联系在一起,但这时只能明确乘客进入轨道交通的位置(车站),却无法确定常规公交的上车地点。单纯采用 IC 卡数据通过聚类分析寻找上车站点会带来很大的误差,这主要是由于并非每站均有上车刷卡用户,且刷卡时间存在离散性所致。采用常规公交车载 GPS 数据与 IC 卡数据一起进行上车站点推算准确率很高,但需要注意校准两个系统之间的时钟频率。而对于下车地点和换乘行为,则需要引入一些新的假设才能够确定,例如返程可能乘坐相同线路、两次刷卡时间小于某个阈值则是出现换乘等。

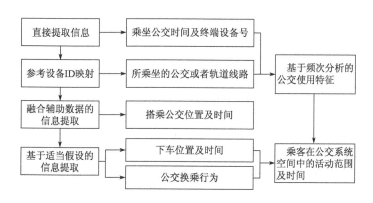

图 3-1　从公交 IC 卡中提取相关信息的过程示意

在上述信息提取的过程中,与 IC 卡数据产生配合的数据源还包括公交车载 GPS 数据、公交调度数据、公交基础设施数据等。其中公交系统的车辆自动定位系统通过车载 GPS 接收终端对车辆进行实时定位,获取公交车辆的位置、速度等信息,并以一定的时间间隔将这些信息通过通信网络传输至控制中心。公交调度数据包括计划数据和运行数据两部分,包括运行班次、发车时间、进站出站信息、停靠等待时间等控制信息。公交基础设施数据主要包括公交枢纽、站点、线路、路段、场站等空间信息,以及与公交设施相关的基础道路要素。利用车载 GPS 的时间信息与 IC 卡系统联动,可以获得乘客刷卡时的位置信息,将其与公交基础设施数据中的线路车站信息相对照,从而可确定刷卡时的上车车站。

(三)移动通信数据

移动通信数据中留下大量用户的电子"脚印",在屏蔽用户个人隐私信息(使用伪编码替换设备号码)后,能够提供大量的居民空间活动信息,这些信息是分析城市交通的重要数据源。利用移动通信数据获取居民空间信息的核心,是移动通信数据的定位技术。通信定位方法主要包括蜂窝基站定位、到达时间差定位、观测角度定位、辅助卫星定位和增强观测时间差定位等。

1. 蜂窝基站定位(Cell Identification)

蜂窝基站定位是最早、最简单的移动定位技术。通信网络通常被看作是蜂窝型的网络,蜂窝指的是基站周围无线电信号覆盖的蜂窝小区(Cell),每一个小区都有唯一的编号(Cell ID)。在移动终端和附近基站进行通信的过程中,会产生记录移动终端通信时间和所使用基站编号的数据。根据每个基站所在的地理位置及其信号的覆盖范围就可以大致推断使用移动终端的用户所在的位置。

2. 到达时间差定位(Time Difference of Arrival,TDOA)

到达时间差定位的基本思想,是通过在每个基站上加装一个位置测试单元,来测量移动终端发射信号到达不同基站的时间差,计算出移动终端到不同基站的距离。然后根据几何原理,由平面上的一个动点到两个定点的距离为一个常数的轨迹,是一条双曲线,如果距离的正负已知,则该曲线为双曲线的一支。为了确定移动终端的位置,至少必须有两条相交的双曲线,因此这种定位方法至少需要三个基站,且各个基站的时间必须同步。到达时间差定位是一种基于网络的定位技术,无须移动终端与基站时间同步,定位精度一般在30~50m。

3. 观测角度定位(Angle of Arrival,AOA)

观测角度定位技术由基站的天线阵列测出信号的入射角度,形成一条从基站到移动终端的方向线,由两个基站确定的两条方向线的交点即为终端位置。观测角度定位的精度在50~150m,为精确测定方位角,该技术需要在基站中配备强方向性天线阵列。

4. 辅助卫星定位(Assisted Global Positioning System,A-GPS)

辅助卫星定位技术结合了全球卫星定位系统(GPS)和蜂窝基站信息。普通的GPS是由GPS卫星和GPS接收器组成,而A-GPS在系统中还有一个辅助服务器。A-GPS通过手机定位服务器作为辅助服务器来协助GPS接收器完成测距和定位服务,辅助定位服务器有比GPS接收器更强大的信号接收能力。该技术需要在移动终端增加GPS接收器模块,同时要在移动网络上加建定位服务器、差分GPS基准站等设备。辅助卫星定位是目前最精确的定位技术,定位精度在空旷地区可以达到3m,即使在建筑密集区域也能达到。

5. 增强观测时间差定位(Enhanced-Observed Time Difference,E-OTD)

增强观测时间差定位技术类似于到达时间差定位技术(TDOA),通过测量移动终端发射信号到达不同基站的时间差,以此来计算终端到不同基站的距离。不同的是,该技术需要事先在移动终端的SIM卡中安装计算软件,并由终端来实现上述计算过程。增强观测时间差定位的精度一般在20~50m。

三、基于大数据的需求分析

大数据环境下交通需求及行为分析,涉及个体多维属性特征分析、时空领域内的集计与聚类分析、宏观需求特征的分解等多项研究内容。此处以移动通信数据(手机数据)为例,说明基于移动通信数据的特点描述用户空间活动。

手机数据实际的采样时间间隔取决于每个用户使用手机的习惯与频率以及无线运营商设定的周期性位置更新(Periodic Registration)的参数(中国移动通信为2h),采样空间间隔取决于用户的活动规律与基站位置分布密度和基站功率。同时,基于基站定位的活动点位置也会因通信网络的不稳定而产生漂移。

为了合理描述个体在时空中的活动,研究者提出了一种时间轴等间隔的数据离散化方法——分箱法(Binning)。该方法对数据在时间域上进行重新抽样,即对等宽时间间隔(10min)内的数据点,以停留时间为权重的坐标加权平均值而确定新样本点,作为该10min间隔内的等效样本点。通过对随机抽取个体的全样本点和等效样本点的对比分析,表明分箱法在保证数据原始特征的前提下,既可以平滑信令事件的位置信息、去除数据噪音、获得更多的数据信息,也可以缩减数据量,提高数据计算效率。

Candia 等在利用手机数据研究异常活动发生时认为,在研究大尺度空间下的集计行为时,以 1h 为间隔的数据构成的活动地图能够反映城市的固有规律和节奏。以手机数据对首都国际机场 1 天内的到达离开人员分布进行分析。参考 Golledge 在 1978 年提出的锚点理论,将枢纽地作为基本锚点,根据手机信令,获得到达机场与离开人员的分布。到达机场人员分布密度与数量如图 3-2、图 3-3 所示,离开机场人员分布密度与数量如图 3-4、图 3-5 所示。通过分布图,可以获得枢纽集聚客流的空间分布。同样,通过分时段信令数量变化,也可以得到集聚客流的时间分布。

图 3-2 以首都国际机场为终点的各小区人员密度分布

图 3-3 以首都国际机场为终点的各小区人员数量分布

图 3-4 从首都国际机场出发的各小区人员密度分布

图 3-5 从首都国际机场出发的各小区人员数量分布

此外,对枢纽集散人员还可以进行其他行为特征的提取,例如通信活动强度、轨道使用频率等。

通信活动强度:通过对个体原始数据中的通话与短讯信令进行统计,得到用户的通信强度属性。通信活动强度可以反映个体的社会联系活跃程度,因此可作为用户划分依据之一。

轨道使用频率:在移动通信数据中轨道交通基站具有独立的基站编码方式,为识别用户使用轨道交通的相关信息提供了极大的方便。

四、大数据在综合枢纽建设中的应用

作为城市多种交通方式集成的有机整体,综合交通枢纽在城市对外交通运输中发挥着中枢的作用。综合交通枢纽所带来的一系列市内交通需求,成为影响市内日常交通出行的重要因素。因此,枢纽信息化建设对综合交通管理、公众信息服务、各部门的协调与联动等愈发重要。从综合交通枢纽数据采集和信息汇聚模式来看,可以大体分为两种类型:一类是由综合交

通枢纽统一进行数据采集和信息化工程建设；另一类是由综合交通枢纽汇聚多个交通部门采集的数据和信息。两类模式各有利弊，但前提是枢纽信息化建设的管理体制与枢纽现行的管理机制相匹配。枢纽的信息化系统只有与枢纽现行的管理体制和管理模式匹配后，才能更好地为交通枢纽服务目标的实现和日常管理工作的开展发挥积极作用。

综合交通枢纽交通数据和信息的应用，主要在两个层面得以实现：一是多种交通相应管理和服务部门，这是满足最基本的应用需求，即保证相应管理部门实现内部业务管理和服务的需求，保证乘客在选择特定交通方式时得到最优质的信息服务，这是数据和信息应用的最低要求；二是由交通枢纽相应部门发挥协调作用，承担不同交通管理和服务间的桥梁纽带，即满足不同交通管理部门之间的合作和协同，为换乘乘客提供相应的信息化服务，并能在突发事故、事件出现时，实现跨部门的应急处置。其中，第一个层面是数据应用的基础和保障，第二个层面则是综合交通枢纽信息汇聚与应用的热点和难点。

综合交通枢纽作为城市的对外交通门户和窗口，数据资源的应用和分析不能仅局限于综合交通枢纽内部，更要与城市日常交通管理和服务关联与结合。因为综合交通的一体化发展，不仅在交通枢纽内部得到体现，由交通枢纽本身带给城市日常交通的巨大交通量，足以使已渐陷困境的城市交通难上加难。因此，综合交通枢纽有必要与城市日常交通管理和服务部门实现数据信息的互联互通、实时共享，这有利于从城市宏观层面上对交通进行协调和管理，进而更好地发挥交通枢纽和城市交通数据资源集中的优势。

第四节 通道运输需求分析

运输通道是指由公路、铁路、航空等多种运输方式线路组成的客货流密集地带，位于经济发达、人口密集、城市分布比较集中的经济走廊，是国家重要的交通要道，承担较大运量的中长途运输，例如京沪、京津、成渝、济青等区域性核心城市或者城市群内核心城市间的客货运通道。规划建设高效的综合运输通道是解决区域综合交通供需矛盾的关键技术之一。区域运输通道客运需求结构分析及预测，是优化通道运输结构、实现运输资源有效配置的依据。运输通道上的关键节点，大多为综合交通枢纽；综合枢纽的服务能力与管理水平在一定程度上制约着运输通道功能的发挥，因此运输通道的需求分析是进行综合交通枢纽规划设计的关键基础资料和必不可少的前期工作。客运通道需求预测，是一项系统工程，是对传统方法与新技术的综合运用。本节重点介绍在客运通道需求预测中常用的 MD 模型。

一、MD 模型的基本原理

消费者在进行某种消费行为之前，总是以以下原则对商品进行对比分析：购买同一种商品，希望以最低的价钱买入；或者用同等的价钱，购买到最好的商品。二者看似一致，但却蕴含着不同的思想：前者是希望付出代价最小，后者是希望实现的效用最大。

MD(Modal Demand)模型是从分析消费者的行为心理出发，以出行者个体为研究对象，分析 OD 潜在的旅客运输需求，认为只有当这些具有出行意愿的个体出行所产生的效用大于出行所付出的牺牲量时，个体出行行为才会发生；如果出行效用小于出行所必须支付的牺牲量，则出行行为会被否定。

二、MD 模型的计算思路

根据 MD 模型的假设条件,只有当出行者的出行效用 U_{ij} 大于选择某种交通方式 m 出行的牺牲量 $S_{m,ij}$ 时,潜在的客运需求才会被显化,即出行被实施,产生客流量;若出行者对于某次出行的评估效用小于出行牺牲量,就意味着若旅客出行,则要遭受一定量的损失,这样的出行对于旅客是无意义的,所以出行行为会被取消。MD 模型的计算思路如下:

MD 模型假定出行者的出行效用 U_{ij} 服从对数正态分布,即:

$$f(\ln u) = \frac{1}{\sigma_{\ln u}\sqrt{2\pi}} e^{\frac{1}{2\sigma_{\ln u}^2}(\ln u - \mu_{\ln u})} \tag{3-18}$$

式中:$\mu_{\ln u}$ ——出行效用的对数均值;

$\sigma_{\ln u}$ ——出行效用的对数方差。

出行牺牲量 $S_{m,ij}$ 由出行时间和出行费用表示:

$$S_{m,ij} = v \cdot T_{m,ij} + C_{m,ij} \tag{3-19}$$

式中:v ——出行者单位时间价值;

$T_{m,ij}$ ——出行者采用交通方式 m 在 OD 区间 ij 的旅行时间;

$C_{m,ij}$ ——出行者采用交通方式 m 在 OD 区间 ij 的旅行支付费用。

时间价值 v 服从对数正态分布,其概率函数为:

$$f(\ln v) = \frac{1}{\sigma_{\ln v}\sqrt{2\pi}} e^{\frac{1}{2\sigma_{\ln v}^2}(\ln v - \mu_{\ln v})} \tag{3-20}$$

式中:$\mu_{\ln v}$ ——时间价值的对数均值;

$\sigma_{\ln v}$ ——时间价值的对数方差。

为与出行效用相对应,对出行牺牲量 $S_{m,ij}$ 等式两边同时取对数函数:

$$\ln(S_{m,ij}) = \ln(v \cdot T_{m,ij} + C_{m,ij}) \tag{3-21}$$

由式(3-21)得到各交通方式的牺牲量曲线,如图 3-6 所示。

图 3-6 中:$v_{m,m-1}$ 称为交通方式 m 与 $m-1$ 的"界限代替率"或"分界点"。当时间价值取值为 $v_{m,m-1}$ 时,出行者可选二者之间的一种方式出行,即交通方式 m 与 $m-1$ 的出行牺牲量相等:

$$v \cdot T_{m,ij} + C_{m,ij} = v \cdot T_{m-1,ij} + C_{m-1,ij}$$

通过对式(3-21)进行变换,即可求得各种交通方式之间的界限代替率大小:

$$v_{m,m-1} = \frac{C_{m,ij} - C_{m-1,ij}}{T_{m-1,ij} - T_{m,ij}}$$

等式两边取对数函数:

$$\ln(v_{m,m-1}) = \ln \frac{C_{m,ij} - C_{m-1,ij}}{T_{m-1,ij} - T_{m,ij}} \tag{3-22}$$

求得各交通方式的界限替代率之后,便可根据出行效用 U_{ij} 与出行牺牲量 $S_{m,ij}$ 的大小关系,选择出行交通方式,并计算客运量。

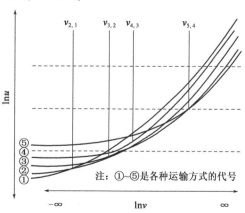

图 3-6 出行牺牲量曲线图

对于多种交通方式的选择和潜在显化率计算,原理类似,先求得各交通方式之间的界限替代率,进而获得时间价值分区,再根据时间价值分区计算每种交通方式的潜在客运需求显化率。潜在客运需求显化率计算公式如下:

$$R_{m,ij} = \int_{\ln(v_{m,m-1})}^{\ln(v_{m+1,m})} f(\ln v) \int_{\ln(v \cdot T_{m,ij}+C_{m,ij})}^{+\infty} f(\ln u) \, d(\ln v) \, d(\ln u) \quad (3\text{-}23)$$

式中: $R_{m,ij}$ ——OD 区间 ij 采用交通方式 m 的潜在客运需求显化率;

$v_{m,m-1}$、$v_{m+1,m}$ ——OD 区间 ij 采用交通方式 m 与其最近的交通方式 $m-1$、$m+1$ 的界限代替率;

$T_{m,ij}$ ——出行者选择交通方式 m 在 OD 区间 ij 的旅行时间;

$C_{m,ij}$ ——出行者选择交通方式 m 在 OD 区间 ij 的旅行支付费用;

v ——出行者单位时间价值;

u ——出行者的出行效用。

通过式(3-23)可以继续求出各 OD 间不同交通方式的运输市场占有率,在潜在客运需求已知的情况下,即可计算出各 OD 间每种交通方式的客运量 $q_{m,ij}$:

$$q_{m,ij} = Q_{ij} \cdot R_{m,ij}$$

式中: Q_{ij} ——OD 区间 ij 的潜在客运需求量。

以上是通过 MD 模型预测客运量的基本步骤,与其他预测方法相比,MD 的另一个特点就是对转移运量和诱增运量的计算。它无须另行建模来对转移运量和诱增运量进行求解,只需对运输结构变化前后的市场份额情况进行对比分析,通过简单的加减法即可得到从既有运输方式转移到新增运输方式的转移运量,和由于新增运输方式投入运营对 OD 间带来的诱增客运量。

第五节 客运枢纽需求分析案例

本节中案例以长沙汽车南站现状(2017 年)为基础,运用四阶段法,借助 TransCAD 分别进行 2020 年、2030 年的客流需求预测,并对枢纽用地及设施进行规划。

长沙汽车南站(以下简称南站)地处长沙市客运交通的南大门,是长株潭城市群核心位置的交通枢纽、湖南省最大的公路客运场站之一,承担了长沙市三分之一以上的公路客运量。

省府行政中心的辐射使得长沙城市重心逐渐南移,现状客运需求的增加使汽车南站呈现出运力不足、市内与市际交通衔接不良、进出站车辆与其他社会车辆相互干扰、多模式交通方式之间换乘不便、交通设施陈旧与管理不规范等问题(图 3-7)。

随着城际轨道的建设和城市地铁线的规划实施,长沙汽车南站成为同时服务于市内和市际出行需求,集结包括公路长途客运、城际轨道客运、地铁、常规公交、出租车和社会车辆共 6 种交通方式的大型综合交通枢纽,这对交通方式间的衔接换乘、客运车辆的快速集散、社会和公交车辆的进出站交通组织以及乘客的站内流线组织都提出了很高的要求。因此,南站用地与设施亟须重新定位与规划,规划范围如图 3-8 所示。

a) 公交停车场

b) 出租停靠带

c) 社会车停车场

图 3-7 规划前的南站交通设施

长沙南站客流需求规划的具体步骤如下：

一、绝对客流需求的预测

绝对客流量主要包括公路客流和城际轨道客流两部分。关于公路客流量，着重于从南站公路客运功能定位、历年资料与发展规划进行估算。南站位于长沙市最南端，与汽车东站、汽车西站、汽车北站和长株潭客运站一起构成长沙市公路客运交通体系（图 3-9）。各个方向汽车

图 3-8 南站项目研究范围

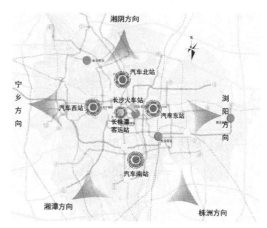

图 3-9 长沙 5 个公路客运枢纽的布局

客运站分布均衡,且都处在市中心区外围,在对外交通干道沿线上,与城市关系较为协调。长沙汽车南站功能着重于长沙以南城市的省域客运,特别是株洲、湘潭方向的客流。根据现状该方向发送客流比例(53.2%)以及超过3%的增长趋势(表3-6),综合"十三五"规划长株潭方向客流增长,再考虑未来与城际铁路,特别是武广高铁与沪昆高铁的分担,不难作出未来年南站的客运量定位(表3-7)。

长沙汽车南站近年来客运增长情况　　　　　表3-6

年份	2011年	2012年	2013年	2014年	2015年	2016年
每日发车线路	79	87	99	108	114	121
发车班次	756	852	876	891	927	985
实载率	63.8	59.8	64.8	64.2	64	67.8
全年发送量(人次)	7300384	8287749	8670267	8769468	8935524	9263816
日均发送量(万人次)	2.0	2.27	2.38	2.41	2.45	2.54
年增长率(%)	—	13.50	4.85	1.26	1.66	3.67

汽车南站公路客运量规划预测　　　　　表3-7

年份	2020年	2030年
汽车南站公路客运量(人次/d)	35792	43630

汽车南站是长株潭城际铁路上的重要的交通枢纽站。长株潭城际铁路客流预测是通过现状土地使用建立客运出行发生、吸引回归模型,采用"四步骤"交通需求预测方法完成,该站的城际铁路2020年日平均客流为26110人次,2030年日平均客流为33643人次。将发送量看成枢纽的交通发生量P,到达量看成枢纽的交通吸引量A,得到图3-10,诱增客流需求总量。

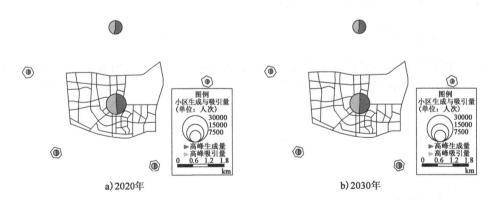

a) 2020年　　　　　　　　　　b) 2030年

图3-10　诱增客流需求(公路客流与城际铁路客流)

二、附加客流需求的规划

附加客流需求根据南站周边土地利用情况(图3-11)来推算。车站的综合开发将以商业开发为主,属于对外枢纽型的SID开发类型。但应以多大的强度进行开发,如何进行功能布局,尚存在诸多可调整因素;显然,开发强度过大,站点将带来更多的客流需求,站点的交通设施(主要是路网)可能无法满足负荷;如果开发强度较小,则难以使车站成为地区开发的"引擎",带动周边地区的开发,也难以与周边高强度住宅开发产生的交通发生量形成平衡状态。因此,在此背景交通需求规划中,首先拟定车站开发强度进行测试,遵循的原则为:保证枢纽的交通设施的基本用地功能规模;尽量达到交通吸引和发生的平衡;在整体影响区域内遵循"总体平衡,局部突破"的原则。

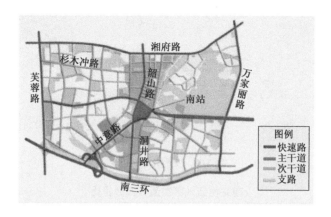

图 3-11　南站周围用地与道路网络初始方案

通过测试分析与多方商讨(包括控规文件、居住就业的平衡、地区规划与用地归属调整等,过程从简),初步确定南站最高的容积率为 5.0,其中商业面积约占 40%。按照"四阶段"需求预测的交通生成预测,以不同的生成率计算背景交通生成量,如图 3-12 所示。

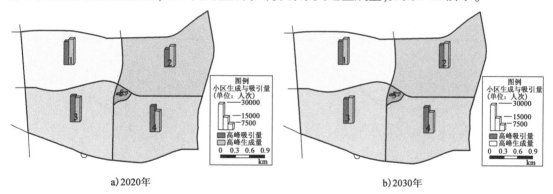

图 3-12　枢纽地区内部大区背景出行发生吸引量(高峰小时)

三、南站研究范围的交通需求

以上两部分的客流需求之和即为初步拟定的南站总客流需求。为了验证以上的客流量是否在南站交通设施供给的承受范围内,还要对规划的客流量进一步验证。此项验证工作是通过仿真平台完成的,主要步骤为:

首先是路网容量的验证。继续采用"四阶段"交通需求分析法,进行交通分布、方式划分和交通分配的步骤。其中,交通分布采用重力模型法,结果如图 3-13 所示;方式划分参照《长沙市城市综合交通体系规划(2010—2030)》,结果如表 3-8 所示;交通分配采用 SUE 方法(随机用户均衡分配法),结果显示如图 3-14 所示,整个过程都借助 TransCAD 交通仿真平台完成。

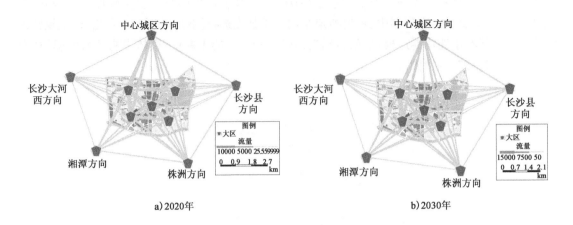

a) 2020年　　　　　　　　b) 2030年

图 3-13　交通分布期望线

南站枢纽地区交通方式分担比　　　　　表 3-8

预测年	2020 年				
交通方式	轨道交通	常规公交车	小汽车	慢行交通	出租车
分担比(%)	15	25	20	35	5
预测年	2030 年				
交通方式	轨道交通	常规公交车	小汽车	慢行交通	出租车
分担比(%)	25	25	15	30	5

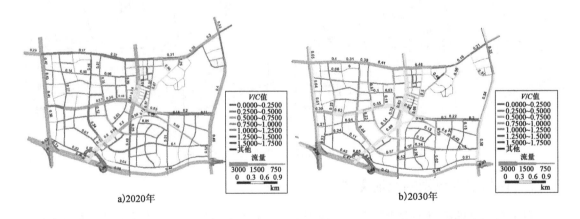

a) 2020年　　　　　　　　b) 2030年

图 3-14　交通分配图

由分配图(多轮测试)可以看出,调整过的路网条件基本可以满足南站及其周边地块的开发。

然后,根据方式划分,计算枢纽各设施的客流需求,如表 3-9 所示。

由此计算南站多模式交通设施的规模。

公路客运场站:2020 年发车位 36 个,停车位 290 个;2030 年发车位 45 个,停车位 360 个。

公交车:2020 年公交线路 30 条;2030 年公交线路 40 条。

长沙南站枢纽客运量集散情况表(单位：人次/h)　　　　　表3-9

预测年	高峰小时	公路客运量	轨道交通（城际铁路与地铁）	常规公交	小汽车	出租车	合　计
2020年	发送量	4295	3133	5663	1220	691	15002
	到达量	4019	2757	6639	1447	828	15690
	集散量	8314	5890	12302	2667	1519	30692
2030年	发送量	5236	4037	6496	1473	788	18030
	到达量	5826	3553	5146	1565	835	16925
	集散量	11062	7590	11642	3038	1623	34955

出租车：2020年5个上客位，9个下客位；2030年6个上客位，12个下客位。

社会车辆：2020年1000个停车泊位；2030年1200个停车泊位。

思考题

1. 简述枢纽交通需求预测的目的及意义。
2. 枢纽交通需求预测的方法是什么？
3. 什么是交通大数据？
4. 怎样基于交通大数据进行需求分析？
5. 如何进行通道运输需求分析？

第四章
交通枢纽的布局规划原理

第一节 交通枢纽规划概述

一、交通枢纽规划的内涵与思路

(一)交通枢纽规划(设计)的主要内容

交通枢纽的规划与设计是直接为运输服务的,在经济与交通事业快速发展的今天,交通网络的优化水平决定着交通运输行业的整体效率和水平,也是区域经济和其他关联产业平稳发展的关键和先导。交通枢纽的规划与设计包含三个层次,即:区域性的规划布局、整体枢纽规划布局与设计,以及枢纽内部分区规划布局与设计。

(二)区域性交通枢纽的规划布局

区域性交通枢纽的规划布局是指在一个既定的区域范围内,可能会有多个枢纽的选址与决策,其主要目标就是要进行区域性的整体分析,运用一定的规划布局模型,进行整体性的布局设计,属于宏观层面的规划设计问题。如在一个城市范围内要进行其汽车客运站的布局,要求在整个城市区域范畴内,考虑需求特性、城市布局、网络特征等,布局设计各种不同类别、不同等级、不同规模的汽车站的位置。这一类交通枢纽的规划布局常见于政府及行业部门宏观性规划中,属于宏观层面,选址布局的主要内容包括:区域内部行业发展环境分析;交通枢纽规划布局所依托的城市发展特征分析;交通枢纽规划布局调整的必要性分析;现状交通调查;未来交通需求预测;区域性新的布局分布方案;各交通枢纽的规模;整体枢纽规划布局与设计。

整体枢纽规划布局与设计是指对于某一个既定的交通枢纽(位置已经选定),其基本要求就是通过规划布局,设计整体规模的大小、内部各分区的协调布局与设计、整体流程设计等。如某物流园区的规划布局,要求对该物流园区的整体规模、占地面积、内部各分项设施的布局与相互衔接等问题进行布局与设计,该层次通常属于具体性的设计层次,在某节点的规划布局设计中常见。其主要内容包括:交通枢纽周边环境分析;交通枢纽与外部交通协调性分析;整体规模设计;主要分项设施的规模和占地面积确定;交通枢纽整体协调布局设计与内部流程设计;交通枢纽与外部协调设计。

二、交通枢纽内部分区规划布局与设计

交通枢纽内部分区规划布局与设计是指对于某一个既定的交通枢纽,其内部可能存在若干个相对独立的分区,项目开展的目的就是要对该独立分区进行布局设计,既要考虑本分区的独立性特征,又要考虑本分区与整个交通枢纽的从属关系,做好协调设计。如某航空港的航站楼的布局与设计问题,由于航空港是一个交通枢纽,本身已具备一个较为完善的运行系统,而新的航站楼只是属于该航空港的独立分区,其布局设计既要考虑作为独立航站楼的特定功能,又要考虑该航站楼与已存在的其他航空港设施之间的协作关系。其主要内容包括:分区在整个交通枢纽体系中的定位;分区规模的标定;分区与整体交通枢纽其他设施的协调性设计;分区的布局设计;分区与外部交通的协调设计。

三、交通枢纽规划与一般交通规划的关系

交通枢纽规划属于节点性的规划问题,而节点是依托于网络生存的,因此,不管哪个层面的交通枢纽规划与设计都必须结合交通网络进行。但在具体的开展中,不同层面交通枢纽规划布局设计对网络的要求不一样。一般交通规划是一个整体性的规划问题,既要考虑网络,又要考虑节点,二者同样重要,相辅相成。交通枢纽规划与一般交通规划既存在一定的差异性,也有较强的关联性。

(一)二者的相同性

(1)服务属性相同。交通枢纽规划与一般交通规划的最终目的都是为了构建一个合理的交通运输服务体系,优化区域交通网与节点系统,为运输服务,为行业发展服务。

(2)行业依赖性相同。交通枢纽规划与一般交通规划都是交通行业内部问题,其调研、数据分析、需求预测、方法与理念都依赖于整个行业。

(二)二者的差异性

(1)包容性差别。交通枢纽规划作为节点性的交通规划问题,属于一般交通规划的主要内容之一,因此,二者间应该是一个从属性的关系,即一般交通规划包含交通枢纽规划,交通枢纽规划是一般交通规划的专项规划。

(2)规划设计的目标不同。交通枢纽规划的重点在于网络的节点。尽管在设计过程中要

同时考虑网络与节点,但网络的设计的目的是为节点决策服务的,因此通常也将交通枢纽的规划看作交通设施设备的布局与设计问题,其侧重点在于在整个规划过程中需借助于交通网络。一般交通规划的目标是构建合理完善的交通网络结构,尽管交通枢纽也是一般交通规划的一个重点内容,但事实上,其规划理念是以网络设计为主导,网络优化与交通枢纽的规划在一般交通规划中是一个一体化的问题。

(3)网络属性存在一定的差异性。交通枢纽规划是为运输服务的,整个规划过程中所依赖的网络为运输网络,在规划方法求解过程中,一般以虚拟网络结构的形式标定,故节点之间通常用"点到点"的方式衔接,是一种直线的结构形式。而一般交通规划在需求特征与结构上,是一种理性的交通流问题,以实际交通网络结构为依赖,是一种实体网络态,网络设计是从路段阻抗的 OD 交通流出发,因此从此角度分析,二者存在一定的差异性。

四、交通枢纽规划目标与原则

(一)交通枢纽规划的目标

交通枢纽布局是指枢纽内部各种交通设施的合理配置,以实现整个交通枢纽的运输效率最大化的目的。交通枢纽所在区域,由于受到交通发生吸引源的分布、区域交通网特点和自然环境等因素的影响,使得在同样的地域范围和同样的区域交通网上,布局不同的枢纽场站会导致不同的交通运输效率和社会经济效益,因此,交通枢纽的合理布局,是根据对社会经济发展和交通需求的预测结果,利用交通规划和网络优化理论和方法,综合考虑交通发生吸引源的分布情况、交通运输条件及自然环境等因素,对枢纽场站的数目、地理位置、规模及与其他枢纽的相互关系进行优化和调控,实现整个交通枢纽运输效率的最大化。

(二)交通枢纽规划的原则

交通枢纽规划布局应遵循以下原则:

1. 与城市规划相协调,依托干线路网,保证有良好的出入条件

交通枢纽大多要依托城市而生存的,因此交通枢纽是整个城市建筑的一个基本元素,交通枢纽规划布局也相应地成为城市规划的一个组成部分,它不仅要为运输服务,而且还要符合和服务于城市的发展,充分考虑城市的发展战略及城市经济对外辐射的区域和辐射的方向,便于与其他运输方式的换装、联运和直达运输。同时,对城市的土地利用规划中的产业布局、居民区、商业区、商贸区等充分研究,使得枢纽的场站布局均衡合理,用地落实。

通枢纽规划布局应考虑到城市内外交通及运输需求的对接。当前我国很多大型交通枢纽事实上就是城市内外的衔接点,在进行交通枢纽规划布局时既要方便城市需求,不给城市交通引发压力,又要满足出入城市的良好通道要求,因此城市路网与外部道路的衔接是交通枢纽规划布局要考虑的重要因素,应结合城市内外主干线和干线路网的规划,方便对外联系和便捷运输,使得城市对外的客货运输合理、高效。

2. 强调多种交通方式的综合协调,遵从综合运输服务的原则

结合各种交通方式在整个交通运输体系中的分担比率,通过交通枢纽的合理规划布局使各种交通方式有机衔接,从而实现各种交通方式的相互协调和整个规划区域的规划目标。目

前很多城市交通枢纽都是一个综合性的交通枢纽,有多种运输方式在此进行衔接,因此交通枢纽的规划应遵从综合运输体系要求,不能过度满足某一主体交通的需求而忽视其他交通方式。

3. 统一规划,远近结合

交通枢纽的规划布局应在规划上体现整体性、综合性与统一性,根据特征年和目标年的枢纽需求预测,以适应目标年运输需求为布局规划的依据,但同时要考虑近期建设的可能性和完整性,急需先建,量力而行,逐步完善。

4. 新旧兼容,充分利用既有场站设施

充分考虑利用已有运输场站设施,通过改造、完善原场站用地、设施和经营运行机制,使其满足枢纽客货场站的功能要求,并将其纳入枢纽中来,以节省投资,易于实施。

5. 客货枢纽场站分设、集中管理

客、货的运输对象、性质及场站的硬件设施具有不同的特点和需要,故客、货场站在空间布局上应分开设置,并可以根据客、货不同的特点,制定有针对性、可操作性的不同的管理方法。但决不能分散管理,而必须采取集中管理、统一调度的管理方法。从"软件"上实现与全国其他枢纽的联网和宏观调控,并能很好地在信息、法规、协调等方面对运输市场进行管理,以满足客货运输不同层次、不同时段的要求。

6. 场站布局应与环境保护相结合,坚持可持续发展原则

客、货运输过程本身有一定的噪声、空气污染,且货运的中转、装卸也对其周围环境有一定的污染,故在场站的选址、规划过程中应统筹考虑,降低对周围环境的污染。

7. 运输经济、方便用户

客运站位于居民居住区和大型客流集散点,便于居民换乘;货运站靠近工业区及大型货流集散点,使货畅其流,便于联运。客、货站均应设在干线路网附近,以方便客、货运输。

五、交通枢纽规划的流程

交通枢纽规划布局一般包括 4 个阶段,具体流程如图 4-1 所示。

(一)前期准备阶段

前期准备是交通枢纽规划布局的一个重要历程,这期间主要包括的任务有:枢纽规划布局的目标的确定、功能定位分析、现状调查分析、枢纽布局的相关影响因素(如人口、社会经济、用地规划、城市功能分区、城市对外交通、生产力布局等)分析等。

(二)需求分析阶段

需求分析阶段的主要任务是在现状调查的基础上,采取相应的方法进行现状资料的处理与分析,找出当前存在的问题、枢纽布局需求中的显性及隐性特征,并进行需求预测。

(三)规划设计阶段

在需求分析的基础上,结合交通枢纽规划布局的理论方法,进行枢纽规划布局方案的设计,主要包括枢纽的规模、位置、数目以及市场分担率等。

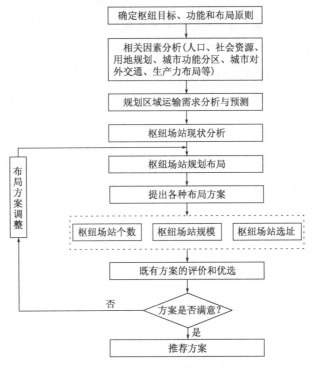

图 4-1 交通枢纽规划布局流程示意图

(四)方案论证阶段

通过规划设计能够得出一定的交通枢纽规划布局可行及可选方案,应结合多方面的考虑进行方案论证与决策。整个过程中可能要涉及多轮调整与反馈,不断进行方案的优化设计,最终得出满意的最优推荐方案。

第二节 现代交通枢纽功能与布局要素

一、现代交通枢纽的功能

交通枢纽是综合交通网络中客流中转、集散的场所,具有中转换乘、多式联运功能;枢纽往往与场站结合在一起,具有运输组织功能;枢纽对周边土地开发、产业聚集具有带动作用,枢纽地区不再是单一的交通空间,同时也承载了经济服务的功能,是综合的城市功能混合区。因此,交通枢纽的功能可以分为三个方面:

换乘衔接功能,将各种交通方式、各条线路所承载的交通活动联结成一个整体。

运输组织功能,包括车辆调度管理和停车服务等功能。

引导开发功能,包括直接和间接的引导开发,前者指枢纽配套的商业开发,为乘客换乘过程提供游憩服务;后者指凭借枢纽的区位优势,刺激土地开发,提高土地利用强度和利用效率,引导城市空间结构拓展。

换乘衔接功能是客运交通枢纽的首要功能,是立足之本。运输组织功能放到客运交通枢纽中,只能是附属功能,服从于换乘功能。引导开发功能是客运交通枢纽的派生功能,不能因开发而使换乘场地缩水。虽然客运交通枢纽建设的初衷,不仅在于提高交通方式及不同线路之间的衔接效率,也在于对周边土地开发和经济发展的促进作用,然而,过多强调宏观层面的引导开发功能、强调客运交通枢纽地区的用地和产业规划,对最基本、最核心的换乘功能重视不够,导致换乘功能的薄弱,反过来会制约和削弱引导开发功能。

二、现代交通枢纽布局影响要素

(一)区域交通规划要素的影响

区域交通网是在一定空间范围(国家或地区)内由几种运输方式的线路和枢纽等固定技术装备组成的综合体,是运输生产的主要物质基础,其空间分布、通过能力和技术装备体现了整个交通运输系统的状况与水平,在交通运输业的发展中占有十分重要的地位。其结构与水平直接影响着交通运输系统的功能。

交通枢纽是分布在区域交通网中的重要节点,交通枢纽必须依托于一个城市及其所在区域的区域交通网。

交通枢纽规划与区域交通网络规划是区域交通规划中两个紧密联系、互为补充的重要内容,二者具有密切的互动关系,其相互关系如图4-2所示。

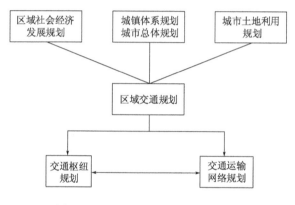

图4-2 交通枢纽规划与其他规划的关系

交通枢纽的优化布局必须以区域交通网的合理规划为前提,而交通枢纽的规划和建设又会影响其所在区域的区域交通网的运转。

即使是一个已经达到最优化的区域交通网,在布设了交通枢纽以后,也可能导致网络的交通流分布发生改变,从而改变其原有的最优平衡状态。

在交通枢纽规划过程中,应在区域交通网络规划与交通枢纽规划之间建立一定的反馈机制,使交通枢纽与干线在建设上和能力上相适应,做到枢纽与相衔接的各条干线同步建设,同时进行技术改造,同时投入使用,确保线路畅通,各环节的运输能力都可得到合理利用,并能互相调剂与补充。

区域交通网络规划是交通枢纽布局规划的主要依据。区域交通网络规划是根据国家工农业生产布局与客、货流规划,同时考虑政治、经济、文化和国防等各方面的要求所拟订的交通发展远景规划。在其分阶段发展中,区域交通网络规划应明确交通枢纽点的分布和车流集散规律,指出交通枢纽的性质、规模、范围及它们之间的大致分工,从而规定出交通枢纽在区域交通网上的作用。在此基础上,结合城市规划和其他运输方式的要求以及交通枢纽所在地的地形、地质、水文等自然条件进行交通枢纽总图设计方案的比选。

区域交通网络规划中新线的分阶段建设,必然引起有关线路的部分交通流改变运行径路,从而对有关枢纽在区域交通网上的作用产生巨大影响。例如,在图4-3所示路网上修建 AE 新线,一方面由于 A 枢纽和 E 枢纽都有新线引入接轨,枢纽引入干线方向增多,必然增加枢纽的工作量和作业的复杂性,从而在一定程度上影响枢纽的性质、规模及专业车站的分布和进、出站线路的引入。另一方面,C 枢纽则由于 AE 新线的分流,减轻了作业负担,使 C 枢纽布局相对简化,通过能力得到一定程度的加强。此外,AE 新线的修建对相邻的其他有关枢纽 B、F 也有不同程度的影响。

区域交通网络规划对于研究确定有关交通枢纽的分工与协作以及交通枢纽分阶段发展具有决定性的意义。如果只孤立地研究个别交通枢纽规划而不从区域交通网整体规划的角度考虑有关枢纽的分工与协作,将会出现交通枢纽间分工协作关系不明,以致设备重复或设备规模不能满足生产建设的要求。

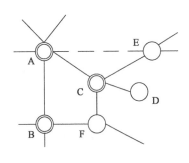

图 4-3 路网与枢纽规划示意图

(二)城市规划要素的影响

1. 交通枢纽与城市对内外交通的关系

交通枢纽总是以某一个城市为依托的,其功能就是连接城市内外交通,交通枢纽与所在城市的性质和功能有着密切的联系,在进行交通枢纽布局规划时,必须考虑城市交通系统与交通枢纽的相互关系。

交通枢纽的运转由旅客(或货主)、运输企业和政府三个部分共同参与。它不仅与交通枢纽所在区域的交通网络的物理特征有关,还与三个参与枢纽运营的主体的相互关系有关。如图 4-4 所示。

枢纽内部的短距离运输:交通需求者(旅客或货主)利用城市内道路进行,与交通需求者对运输路径和站点位置的选择行为有关,与城市交通融为一体。此阶段交通行为可用交通规划理论进行描述。

枢纽之间的长距离运输:利用城市间的公路、铁路、水路和航空线路等进行,交通需求者对这部分的关心程度较低,相反,运输企业会在这个阶段对自己的运力、运输线路的安排进行较为详细的研究,保证运输企业的经济效益最大化。

交通枢纽规划的最终目的,就是通过合理的交通枢纽场站布局,来引导交通需求者和运营者的微观行为,使之符合综合运输系统社会效益最大化的宏观目标。

2. 城市规划对交通枢纽规划的影响

(1)交通枢纽承担着城市的内外联系,是归属于城市的一部分。

交通枢纽与城市相共生,并在相互促进中不断发展。为使交通枢纽既方便城市生产生活又能充分发挥运输效能,交通枢纽的规划设计和建设必须与城市规划密切配合。

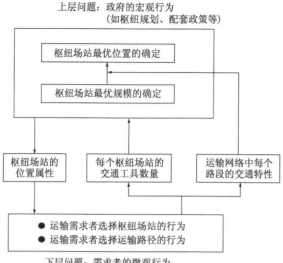

图 4-4 交通枢纽运转机理示意图

交通枢纽规划应纳入城市规划,服从城市规划的总体安排,以便更好地为城市建设、工业生产、人民生活和旅行服务。

城市规划应对交通枢纽的各项设备进行合理配置,务求各种运输方式的设备之间有方便和经济的联系,保证满足运营要求,以便提高运输效率,降低运输成本,尽可能地减少对城市环境与市政建设的影响和道路系统的交叉干扰。

(2)交通枢纽各项设备是城市总体的有机组成部分,设备布置对城市结构的形成与发展有着重大影响,应在空间上紧密地与城市其他设施有机结合。

具体表现在以下方面:

直接与城市生产和生活有密切联系的设施,应设在市区内或市区边缘,并与有关的城市功能区布局密切配合,如铁路、公路的客运站和水运客运码头与居住区靠近,货运站和码头与工业区、仓库区靠近等。

不直接为城市服务、但又是前项设施所必需的辅助设施,如客站、货站的进站线路,铁路和水运的客运技术作业场所(客车船舶停放、清洗、整备的场坞)等应尽量不设在市区内,也不能远离市区,尽量减少对市区的干扰。

与城市生产和生活无关的设施应尽可能布置在城市外围适当的地方。如铁路编组站、货物中转站与码头、集装箱转运基地等应尽量远离市区,并应便于运营。

①在枢纽内各种设备的布置上充分注意保护城市环境。

危险品货物装卸站点应设于市区之外;

粉末易扬货物不能设在盛行风向的上侧或最小风频的下侧位置。

交通建筑物特别是陆上线路和大型场站应选择适宜地形修建,不应妨碍城市排水和郊区农业灌溉。

采取积极措施防止和减轻交通噪声对居民聚居地段的干扰。

②交通运输必须拥有通畅的疏运、集散条件。

要有紧密衔接和通畅的城市道路系统并在车站、码头前配有与集散量相应的广场。

要求铁路、港口、公路、机场能力上的协调,以利相互疏集。

车站、港口、机场是城市的大门,其选址及其配套的各项公共建筑的布置应统一规划布局,组成完整的建筑群,形成和谐、壮观的市容。

③交通是城市建设的先行,交通建设在时间上要超前,在规模和能力上要有一定的储备,为远景发展留余地。

城市交通用地的远景规划布局,包括原址用地扩大和建设新址两个方面。由于交通设施和城市各项用地与各类企业有广泛的联系,其位置的变动,涉及面较大,故一般以在原址扩大为宜,将车站附近用地、港口附近陆域和岸线进行规划控制,对于规划中已安排的新港、新站的用地,同样需要控制和预留。

3. 城市布局对交通枢纽布置形式的影响

(1)交通枢纽的布置形式

按交通运输干线与场站空间分布形态分,交通枢纽的布置形式可分为以下几种。

终端式枢纽:分布于陆上干线尽头或陆地的边缘处。

伸长式枢纽:干线从两端引入呈延长式布局。

辐射式枢纽:各种干线可以从各个方向引入。

辐射环形枢纽:由多条放射干线和将其连接起来的环线构成。

辐射半环形枢纽:主要分布于海、湖、河岸边。

基本原则:既考虑枢纽本身运营的需要与发展,又要力求避免干扰城市。

(2)铁路枢纽布置形式与城市布局的配合

①一站枢纽。

与城市的关系较简单,一般城市沿主要干线一侧发展。如图 4-5 所示。

图 4-5 一站枢纽在城市中的布置方案

②三角形和十字形枢纽。

图 4-6a):城市基本上位于枢纽的某一象限内,互相干扰少,城市有一定发展余地。

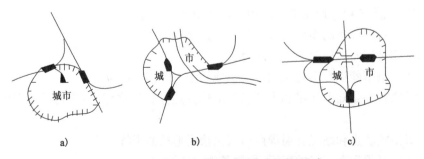

图 4-6 三角形和十字形枢纽在城市中的布置方案

图4-6b):枢纽将城市分割为两块,互相干扰较大。

图4-6c):城市被十字交叉的铁路干线分割成多块,互相干扰更加严重。

③顺列延伸式枢纽。

受地形限制,城市用地呈狭长形带状发展时,铁路枢纽往往沿城市纵向延伸,与城市有较长的接触范围,这种枢纽有利于布置各专业站,铁路干线应尽量沿城市边缘布置,以防止城市被分割。

④并列式枢纽。

将客运站布置在市区一侧,编组站布置在市区边缘,两端复杂的进站线路疏解区应尽量避免设在市区内。

⑤环形或半环形枢纽。

城市一般在铁路环线内发展。当设有两重环线时,内环线主要为城市货运或客运服务,设置或衔接客运站、货运站或货场;外环线为铁路运转服务,设置编组站。环线的位置既不宜布置于市区内而影响城市发展,也要防止将环线移出城市过远而不便于城市使用,另外,还要避免环线穿越风景疗养区。

⑥尽端式枢纽。

要服从枢纽终端的港湾、矿区或工业区的布局。滨海地区尽端枢纽的引入应尽量沿城市内陆的边缘,避免分割城市与海湾的联系。

4.城市路网对交通枢纽场站布局的影响

在城市规划中处理客运站、货运站与城市道路的关系时,一方面要保证车站与城市各区联系方便,使旅客和货物及时集运和疏散,另一方面要尽量使集散的交通流不要与城市主要交通流发生干扰。

(1)客运站与城市道路的联系:主要通过站前广场来实现。

广场位于城市道路尽端,如图4-7a)所示。

广场位于城市干道一侧,如图4-7b)所示。

与几条辐射道路相联系的广场,如图4-7c)所示。

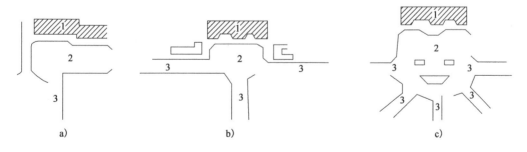

图4-7 站前广场与城市道路连接方式
1-站房;2-广场;3-城市道路

为了便于旅客乘降,在有地铁的城市,客运站还应直接与地铁连通,将旅客输送到市中心。在国外,有的城市将客运站伸入市中心的地下,在地下设置多层的客运站,这样就完全避免了与城市交通的干扰。

(2)综合性货运站或货场。

进、出口处应修建辅助道路与城市货运干道相连接,避免将货场直接布置在城市干道旁侧。货运站的道路应与铁路线路平行布置,附近应有相应的市内交通运输停车场。

5. 考虑既有设备的利用与改造的交通枢纽规划

(1)铁路场站改造

客运站的改造:①原址扩建;②在不改动线路布局的前提下,客运站选址另建;③迁址建站,拆除部分干扰严重的线路;④客运站连同线路一同外迁新建。

货运站改建:当车站货场在货源方向的对侧时,引起城市交通流跨过铁路;货运站与编组站的相对位置与车流方向相反,造成大量折角车流;货运站设在居民稠密的市区,距工业区、仓库区过远等。改建铁路货运站应注意按专业化分工建设高度机械化作业的作业区,并与城市工业区等密切配合,如将大型卸煤作业区与城市热电站紧密结合,建筑材料到达站与城市大型构件厂、机械搅拌站部署在一起。

车站之间的联络线:应保证运行便捷,但又应尽量不穿过市区;不得不伸入市区时应力避与主干道路相交叉。

(2)港口码头的改造

客运与货运码头的调整:与铁路作法相同。按其与城市的关系进行统一规划,与所在城市有关的设施宜设在市区,无关的设施设于非市区的对岸或郊区。在用地部署上应增加陆域作业场地,就近建设港口后方设施;扩展水域,并按"深水深用"原则做好远近期安排。应特别注意为居民靠近水面留有足够岸线。必要时可将原有设施加以拆除,或对规划设计加以修改,留出必要面积建设滨海(河)公共绿地,修建公共设施。

(3)加强城市公交枢纽规划建设

城市公共交通是保证交通枢纽内各种交通方式相互衔接与集散当地客、货流的重要环节。为加强城市公共交通能力,除增加机动车辆外,还须合理安排市内街道网,有时也包括市内水道。在城市规划中,必须为车站、港口、飞机场等客、货流集中的地区布置城市交通干道,应避免直接位于环城干道旁,但又不能距环路过远。

第三节 自然条件要素的影响

一、工程地质条件

(1)对陆上运输的线路、车站、港口码头的地基和周围地段的稳定性有重要影响。枢纽内的主要设备,必须考虑其基底土壤的坚固性和稳定性,必须对工程地质情况作详细勘测,定出措施。

(2)当场站或建筑物的部分用地或其边缘布置在沼泽地带或土质松软地带时,应仔细研究其构造。一般如淤泥厚度不超过15m时,仍可布置场站建筑物,但工程上要做特殊处理,查明其是否吸收雨水或地下水,可否将其疏干后再行决定场站路基的布置范围,或决定是否绕避这种地区。

二、水文地质条件

水文因素中的流量、水深及其季节性变化,直接影响到水运、港址的选择、码头位置及规模等。地下水的高度对于铁路、公路、管道的路基稳定性也有一定影响。

枢纽内场站高程受所在地区江河水位高程的直接影响,一般可分为两类:一类属于自然条件的江河洪水位及内涝水位,这是根据历史上洪水位资料推算百年周期的水位来确定的;另一类是因国家大规模水利建设筑坝蓄洪抬高了水位,这是根据拦洪坝最大蓄水位来确定的。必须同时根据以上两种水位来确定各地区的确切水位。

场站线路的高程一般应在最高水位之上。但有时采取防洪排涝措施,可以减少为抬高场站线路高程而需要的大量土石方工程。特别是原有场站线路高程较低时,改建时更应从实际出发,采取下列有效措施:

利用当地的江河堤防控制洪水位,使场站高程位于江河洪水位之下,而由内涝水位控制;与城市水利规划密切配合,共同确定降低内涝水位;修筑防洪路堤或排洪沟。

铁路正线或公路路基一般不宜兼作防洪路堤,以防洪水冲塌路基而中断车辆运行。如需兼作防洪路堤,则应对路基做特殊设计,并在沿线有关桥涵处加修闸门。

场站沿山坡布置时,为排除山洪威胁,可在路基高坡一侧修建排洪沟,接通河道,引洪入河,保护场站路基不受冲刷。

三、工程取土问题

地处平原或地势低洼地区的交通枢纽,由于洪水位或内涝水位的控制,修建场站和进、出站线路立体疏解等工程,必然引起大量的土石方工程,使填方、取土发生很大困难。在研究枢纽设计方案拟定场站高程时,必须与取土问题同时研究。取土地段过远,不仅会延长工程进度,增加工程造价,而且会引起运输和劳力等一系列工程组织问题。

交通枢纽场站工程取土地点应选择在城市规划建筑用地范围以外。必须注意不使农田水利受到影响,并结合工程改地造田。城市建设工程或水利工程常有不同数量的弃土,应与有关单位互相配合,尽量利用弃土。取土应选择质地良好而且便于开采的土壤。

第四节 现代交通枢纽布局方法与优化模型

一、数学物理模型与效益成本分析法

(一)一元交通枢纽场站布局重心法

在规划的枢纽服务范围内只设置一个站点的布局问题。重心法和微分法就是求解一元枢纽场站布局问题的典型模型。

重心法是一种模拟方法,将运输系统中的交通发生点和吸引点看成是分布在某一平面范围内的物体系统,各点的交通发生、吸引量分别看成该点的重量,物体系统的重心就是枢纽场站设置的最佳点,用求几何重心的方法来确定交通枢纽场站的最佳位置。其数学模型如下:

设规划区域内有 n 个交通发生点和吸引点,各点的发生量和吸引量为 W_j,坐标为 $(x_j,y_j)(j=1,2,\cdots,n)$。需设置枢纽场站的坐标为 (x,y),枢纽系统的运输费用为 C_j。根据平面物体求重心的方法,枢纽场站最佳位置的计算公式如下:

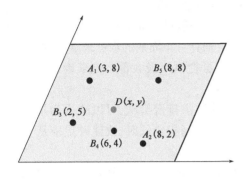

$$\begin{cases} x = \dfrac{\sum\limits_{j=1}^{n} C_j W_j x_j}{\sum\limits_{j=1}^{n} C_j W_j} \\ y = \dfrac{\sum\limits_{j=1}^{n} C_j W_j y_j}{\sum\limits_{j=1}^{n} C_j W_j} \end{cases} \quad (4\text{-}1)$$

图 4-8 资源与需求点位坐标图

【例 4-1】 某计划区域内资源点与需求点的分布情况,如图 4-8 所示,各资源量、需求量和运费率,如表 4-1 所示。需在该地区设置一个物流网点 D,只考虑运输费用,用重心法求 D 的最佳位置。

各资源量、需求量和运费率　　　　　　表 4-1

坐标点	资源量或需求量	至网点的运货率
A_1	2000	0.5
A_2	3000	0.5
B_3	2500	0.75
B_4	1000	0.75
B_5	1500	0.75

解:

$$x = \frac{2000\times0.5\times3 + 3000\times0.5\times8 + 2500\times0.75\times2 + 1000\times0.75\times6 + 1500\times0.75\times8}{2000\times0.5 + 3000\times0.5 + 2500\times0.75 + 1000\times0.5 + 1500\times0.75} = 5.16$$

$$y = \frac{2000\times0.5\times8 + 3000\times0.5\times2 + 2500\times0.75\times5 + 1000\times0.75\times4 + 1500\times0.75\times8}{2000\times0.5 + 3000\times0.5 + 2500\times0.75 + 1000\times0.5 + 1500\times0.75} = 5.18$$

即物流网点 D 坐标应为 $(5.16, 5.18)$。

重心法简单易懂,它将纵向和横向坐标视为独立的变量,与实际交通系统的情况相去甚远,求出的解往往是不精确的,只能作为交通枢纽场站布局的初步参考。

(二)一元枢纽场站布局的微分法

前提条件与重心法相同,但系统的总费用 F 为:

$$F = \sum_{j=1}^{n} C_j W_j \left[(x-x_j)^2 + (y-y_j)^2 \right]^{\frac{1}{2}} \quad (4\text{-}2)$$

通过对总运费 F 取极小值,得到新的极值点。求解公式为:

$$\begin{cases} x = \dfrac{\sum\limits_{j=1}^{n} C_j W_j x_j \left[(x-x_j)^2 + (y-y_j)^2 \right]^{\frac{1}{2}}}{\sum\limits_{j=1}^{n} C_j W_j \left[(x-x_j)^2 + (y-y_j)^2 \right]^{\frac{1}{2}}} \\ y = \dfrac{\sum\limits_{j=1}^{n} C_j W_j y_j \left[(x-x_j)^2 + (y-y_j)^2 \right]^{\frac{1}{2}}}{\sum\limits_{j=1}^{n} C_j W_j \left[(x-x_j)^2 + (y-y_j)^2 \right]^{\frac{1}{2}}} \end{cases} \quad (4\text{-}3)$$

微分法需要以重心法的结果为初始解,不断迭代。直到前后两次迭代的解误差不超过设定范围,得到最佳结果。从数学上可以给出交通枢纽场站的具体位置,但这个结果仅仅是数学解,还需要放到实际的交通系统中去进行进一步的调整。

【例 4-2】 某计划区域内资源点与需求点的分布情况,如图 4-8 所示,各资源量、需求量和运费率,如表 4-2 所示。需在该地区设置一个物流网点 D,只考虑运输费用,用微分法求 D 的最佳位置。

解: 现由重心公式[式(4-1)],求得重心坐标(x_0, y_0)。

$$x = \frac{2000 \times 0.5 \times 3 + 3000 \times 0.5 \times 8 + 2500 \times 0.75 \times 2 + 1000 \times 0.75 \times 6 + 1500 \times 0.75 \times 8}{2000 \times 0.5 + 3000 \times 0.5 + 2500 \times 0.75 + 1000 \times 0.5 + 1500 \times 0.75} = 5.16$$

$$y = \frac{2000 \times 0.5 \times 8 + 3000 \times 0.5 \times 2 + 2500 \times 0.75 \times 5 + 1000 \times 0.75 \times 4 + 1500 \times 0.75 \times 8}{2000 \times 0.5 + 3000 \times 0.5 + 2500 \times 0.75 + 1000 \times 0.5 + 1500 \times 0.75} = 5.18$$

即物流网点 D 坐标应为$(5.16, 5.18)$,此为初始解。

将 x_0、y_0 代入上述公式得 $x_1 = 5.04$,$y_1 = 5.06$,再将 x_1、y_1 代入公式得 x_2、y_2。

如此反复进行,各次迭代结果列入表 4-2。

求得网点最佳位置坐标为 $x = 4.91$,$y = 5.06$。

各 次 迭 代 结 果　　　　　　　　　　表 4-2

迭代次数(k)	x^k	y^k	总运费(元)
0	5.16	5.18	215000
1	5.04	5.06	214310
2	4.99	5.03	214270
3	4.97	5.03	214260
4	4.95	5.04	214250
…	…	…	…
29	4.91	5.06	214250
30	4.91	5.06	214250

微分法虽能求得精确最优解,但用这种方法所得到的精确解在现实生活中往往是难以实现的,在精确最优解的位置上由于其他因素的影响,决策者考虑这些因素后有时不得不放弃这一最优解的位置,而去选择现实中可行的满意方案。

(三)成本分析法

在已经具有一个枢纽场站位置的选择集的前提下,以枢纽系统的总成本最小为目标,通过简单的财务计算,比较选择最佳的位置。

该方法假设有 n 个交通发生点,分别具有发生量$(W_1, W_2, W_3, \cdots, W_n)$,用一定准则已经得到 m 个待选场站位置$(P_1, P_2, P_3, \cdots, P_m)$,每个场站的建设、运营成本为$(R_1, R_2, R_3, \cdots, R_m)$。假设单位吨公里运费相同且为 F,其余运输条件相同,各交通发生点到场站的距离用矩阵 $D = \{d_{ij}\}$ $(i = 1, 2, 3, \cdots, m; j = 1, 2, 3, \cdots, n)$ 表示。则每个待选站点的总费用为:

$$C_i = R_i + \sum_{j=1}^{n} d_{ij} F W_j \quad (i = 1, 2, 3, \cdots, n) \tag{4-4}$$

计算出每个场站的总费用,从中选择总运输成本最小的点作为最佳的场站选址。

(四)小结

上述方法简单易行,在研究枢纽场站选址方法的早期得到广泛应用,但由于它们是用简化抽象的数学模型模拟枢纽运行机制,在实际运用中具有下述缺点:

在求解过程中都以静态的总费用最小为选优目标,运输费率为固定值,既没有考虑实际的路网结构,也没有考虑客货流在线路上的互相交织混杂对交通流在路网上分配结果的影响。实际上,路网上每个路段的流量不同,其通行时间、运输费用也不同,单一的费率无法反映枢纽运转的实际情况。

重心法和微分法为纯粹的数学解析方法,它求解采用的距离是平面上的几何距离,而实际的交通网络并非如此,往往导致求出的所谓数学解没有实际意义,只能作为下一步分析的最粗略的初始解。

成本分析法实际只是一个简单的场站选址成本比较法,除了具有上述费用计算的不足外,由于它必须先得到一个待选站点集合,又面临如何合理划分枢纽所在区域的客货流通服务区,如何得到待选站点初始解等问题。

二、运筹学模型与方法

(一)多元枢纽场站布局的混合整数规划法

设在一个供需平衡的系统中有 m 个发生点 $A_i(i=1,2,3,\cdots,m)$,各点的发生量为 α_i;有 n 个吸引点 $\beta_j(j=1,2,\cdots,n)$,各点的需求量为 b_j;有 q 个可能设置的备选场站地址 $D_k(k=1,2,3,\cdots,q)$。发生点发生的交通量可以从设置的场站中中转,也可以直接到达吸引点。假定各备选地址设置枢纽场站的基建投资、中转费用和运输费率均为已知,以总成本最低为目标确定枢纽场站布局的最佳方案。

多元枢纽场站布局的数学模型为:

$$\min F = \sum_{i=1}^{m}\sum_{K=1}^{q} C_{iK} X_{iK} + \sum_{K=1}^{q}\sum_{j=1}^{n} C_{Kj} Y_{Kj} + \sum_{i=1}^{m}\sum_{j=1}^{n} C_{ij} Z_{ij} + \sum_{K=1}^{q}(F_K W_K + C_K \sum_{i=1}^{m} X_{iK}) \quad (4\text{-}5)$$

约束方程为:

$$\sum_{K=1}^{q} X_{iK} + \sum_{j=1}^{m} Z_{ij} \leq a_i$$

$$\sum_{i=1}^{m} X_{iK} = \sum_{j=1}^{n} Y_{Kj}$$

$$\sum_{K=1}^{q} Y_{Kj} + \sum_{i=1}^{m} Z_{ij} \geq b_i$$

$$X_{iK}, Y_{Kj}, Z_{ij} \geq 0$$

$$\sum_{i=1}^{m} X_{iK} - MW_K \leq 0$$

式中:X_{iK}——从发生点 i 到备选枢纽场站 K 的交通量;

Y_{Kj}——从备选枢纽场站 K 到吸引点 j 的交通量;

Z_{ij}——直接从发生点 i 到达吸引点 j 的交通量;

W_K——备选枢纽场站 K 是否被选中的决策变量,$W_K=1$ 表示 K 被选中,$W_K=0$ 表示 K 被淘汰;

C_{iK}——从发生点 i 到备选枢纽场站 K 的单位费用；

C_K——备选枢纽场站 K 中单位交通量的中转费用；

C_{ij}——直接从发生点 i 到达吸引点 j 的单位费用；

F_K——备选枢纽场站 K 选中后的基建投资；

C_{Kj}——从备选枢纽场站 K 到吸引点 j 的单位费用；

M——一个相当大的正数。

模型特点：

(1)这是一个混合整数规划模型，可以用"分支定界法"求解模型，求得 X_{iK}、Y_{Kj}、Z_{ij} 和 W_K 的值，X_{iK} 表示枢纽场站与发生点的关系，决定了该枢纽场站的规模；Y_{Kj} 表示了枢纽场站 K 与吸引点的关系，$\sum_{K=1}^{q} W_K$ 为区域内应布局枢纽场站的数目。

(2)在理论上是完善的，但仍然是对实际问题的简化，没有考虑枢纽场站规模的限制、建设成本、运营费用的非线性等实际影响因素。

(3)由于考虑了枢纽场站基本建设投资，出现了 0-1 型整数变量，模型的建立和求解仍然很复杂。

(4)混合整数规划模型只用于比较简单的交通网络中。

(二)运输规划模型

多元枢纽场站布局模型因为考虑了枢纽场地的基建投资，从而出现了 0-1 变量，导致必须采用比较复杂的混合整数规划法求解。但如果从一个较长的时间段来考虑，这部分建设投资对整个选址过程的经济效益的影响并不大，可以不在目标函数中考虑。这样混合整数规划模型就简化成如下线性规划模型：

$$\min F = \sum_{i=1}^{m}\sum_{K=1}^{q}(C_{iK}+C_K)X_{iK} + \sum_{K=1}^{q}\sum_{j=1}^{n}C_{Kj}Y_{Kj} + \sum_{i=1}^{m}\sum_{j=1}^{n}C_{ij}Z_{ij} \tag{4-6}$$

约束方程为：

$$\sum_{K=1}^{q}X_{iK} + \sum_{j=1}^{n}Z_{ij} = a_i \quad (i=1,2,\cdots,m)$$

$$\sum_{K=1}^{q}Y_{Kj} + \sum_{i=1}^{m}Z_{ij} = b_i \quad (j=1,2,\cdots,n)$$

$$\sum_{K=1}^{q}X_{iK} + X_K = d_K \quad (K=1,2,\cdots,q)$$

$$\sum_{K=1}^{q}Y_{Kj} + X_K = d_K \quad (K=1,2,\cdots,q)$$

$$X_{iK},Y_{Kj},Z_{ij} \geq 0$$

式中，d_K 为备选网点 K 最大可能设置的规模，X_K 为备选网点 K 的闲置能力，其余符号同前。

该模型特点如下：

(1)该模型的目标函数表示客货运场站在集疏运及中转时的运营总费用最小，采用表上作业法，可得决策变量 X_{iK}、Y_{Kj} 的值。X_{iK} 表示了枢纽场站 K 与发生点的关系，$\sum_{i=1}^{m}X_{iK}$ 决定了该枢纽场站的规模，若 $\sum_{i=1}^{m}X_{iK}=0$，说明备选节点 K 处不应设置枢纽场站，即 K 点被淘汰。Y_{Kj} 表示了枢纽场站与吸引点的关系。

(2)需事先确定备选站点集合的数量及位置、节点之间的运输价格。由于不同区域、不同运输方式、不同货物的运输价格差异较大,使得运输价格的确定具有相当的难度,通常取一个宏观的统计值来统一表征运输价格。

(3)缺点是无法对运输价格的变化产生相应的反映,同时也无法衡量交通枢纽所处交通网络的变化对枢纽规划的影响。

(4)在定量计算模型中,相对可行。

(三)CFLP法

CFLP(Capacitated Facility Location Problem)法是针对交通枢纽的场站规模有限的情况提出的,运用运输规划模型,使计算工作大大简化。

基本思想是:首先假设交通枢纽的场站布局方案已经确定,即给出一组初始场站集合,根据该初始方案,按照运输规划模型求出各初始场站系统的发生、吸引范围,然后在各场站的服务范围内分别移动场站到其他备选地址,以寻找各服务范围内总成本最小的新场站位置,再将新场站位置代替初始方案,重复上述过程直至整个交通枢纽的场站服务范围内的总成本不能再下降为止。

三、综合交通枢纽场站布局规划优化模型

所谓"综合交通枢纽规划",是从综合交通系统的角度,最大限度地协调各种交通枢纽的场站布局,使它们在整体最优的目标下有机衔接。

公路运输系统作为联系其他交通方式的纽带,其灵活性和可调整性较大,因此可以公路交通枢纽的优化布局为目标,把铁路、水运、航空和管道这几种交通方式的枢纽作为公路场站布局的约束条件,综合考虑交通枢纽布局与交通运输网规划的关系以及城市对外交通网与城市道路网的衔接,用"交通发生地—交通场站"和"交通场站—目的地"的两个阶段来模拟人们对综合交通枢纽的使用。

在优化过程中,使公路场站的布局最大限度地保证各种交通方式的有机衔接,从而提高综合交通枢纽的运转效率。

第一阶段模型的两个假设:

假设1:交通需求者对不同交通方式场站的选择,取决于该次出行的距离。

假设2:每个交通场站内部的运营管理已经达到最优状态。

基于以上两个假设,公路交通枢纽场站与其他交通方式场站的中转换乘成本,主要由场站之间的行车时间和费用构成,不考虑旅客或货物在场站内部的等待时间和作业费用。同时,以其他性质的交通场站为重心的发生吸引点与公路交通枢纽场站之间的交通量,主要是它们之间的中转换乘量。此外,交通需求者在选择不同交通性质的场站时的方式划分问题,主要根据不同出行距离的比例构成而得到。

计算步骤:

步骤1:确定综合交通枢纽的服务范围。

步骤2:以公路交通枢纽为基准,根据土地使用特性划分综合交通枢纽内部的客货运交通小区。

步骤3:确定交通路网。

步骤4:公路交通枢纽交通小区的交通量发生、吸引预测。

步骤5:交通分布预测。
步骤6:客货运交通量分配。
步骤7:初步确定客货运枢纽场站的备选位置。
第二阶段模型:
得到公路交通枢纽场站的备选集合后,第二阶段的模型采用物流学中求解"物流中心选址"问题的运筹学模型和方法,从备选集合中求解合适的场站位置。
步骤1:综合交通枢纽交通小区的运输量的发生、吸引预测。
步骤2:确定运输网络。
步骤3:确定广义费用矩阵。
步骤4:客货运枢纽场站理论位置和规模的计算。
数学模型如下:

$$\min F = \sum_{i=1}^{m}\sum_{K=1}^{q}(C_{iK}+C_{K})X_{iK} + \sum_{K=1}^{q}\sum_{j=1}^{n}C_{Kj}Y_{Kj} + \sum_{i=1}^{m}\sum_{j=1}^{n}C_{ij}Z_{ij} \quad (4-7)$$
$$\text{s.t.} \quad X_{iK}, Y_{Ki}, Z_{ij} \geqslant 0$$

式中:X_{iK}——从发生点 i 到备选枢纽场站 K 的运输量;
Y_{Kj}——从备选枢纽场站 K 到吸引点 j 的运输量;
Z_{ij}——直接从发生点 i 到达吸引点 j 的运输量;
C_{iK}——从发生点 i 到备选枢纽场站 K 的单位运输费用;
C_{Kj}——从备选枢纽场站 K 到吸引点 j 的单位运输费用;
C_{ij}——直接从发生点 i 到达吸引点 j 的单位运输费用;
C_{K}——备选枢纽场站 K 中单位运输量的中转费用。

模型特点:

(1)求解此线性规划模型,可得决策变量 X_{iK}、Y_{Kj} 的值。X_{iK} 表示了枢纽场站 K 与发生点的关系,$\sum_{i=1}^{m}X_{iK}=0$ 决定了该枢纽场站的规模。若 $\sum_{i=1}^{m}X_{iK}=0$,说明备选节点 K 处不应设置枢纽场站,即 K 点被淘汰。Y_{Kj} 表示了枢纽场站 K 与吸引点的关系。

(2)此阶段计算结束后,可以得到一个综合交通枢纽中的公路主枢纽场站的布局方案。

第五节 现代综合交通枢纽的构成要素与换乘体系

综合交通枢纽是一定区域范围内的客流、商流、经济贸易的重要汇集点,同时也是城市发展的重要核心,以枢纽为依托的城市商务区或城市副中心带动了城市的发展。其中大型、超大型的综合交通枢纽成为城市乃至区域重要的经济发展引擎,由枢纽引发的新一轮城市建设成效日益显著。

通常情况下,综合交通枢纽的构成要素及功能特点主要体现为:铁路、机场承担对外交通联系,满足城际之间的客流需求;在城市市域范围内,则通过轨道交通、市郊客运、公交、BRT、出租车等进行接驳,满足客流到发当地的集疏运需求;同时,枢纽还配置一定的乘客乘降及车辆停靠站点、各种停车场设施,使多种交通方式换乘便捷;为有效利用空间,实现各种交通方式的良好衔接,又多以地下空间方式解决各种交通方式的沟通和联系。图4-9为虹桥综合交通枢纽剖面图,图4-10为虹桥综合交通枢纽平面图。

图 4-9　虹桥综合交通枢纽剖面图

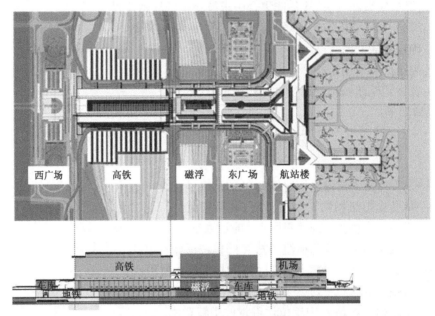

图 4-10　虹桥综合交通枢纽平面图

现代综合交通枢纽的代表——上海虹桥交通枢纽,被称为世界上最复杂的综合交通枢纽,总投资超过 474 亿元人民币,总占地面积超过 2626 万 m^2,设高速和城际普速两个车场,共 16 站台 30 股道,是京沪高铁、沪宁高铁、沪杭磁悬浮、沪杭甬客运高铁专线和京沪铁路、沪昆铁路的始发站和终点站,建成后的虹桥枢纽也是集铁路、浦东磁悬浮、航空、地铁、轻轨、公交、客运站和出租车为一体的综合性交通中心,于 2010 年投入使用。整个交通枢纽规划集散客流量为 110 万人次/d。

机场:用地约占 7.47km^2,规划旅客吞吐量为 3000 万人次/年(日均为 8 万人次)。2020 年机场的旅客吞吐量规模约为 4000 万人次/年(日均为 12 万人次)。

铁路客站:虹桥站北端引接京沪高速铁路、京沪铁路、沪宁城际铁路;南端与沪昆铁路、沪杭甬客运专线、沪杭城际铁路接轨。场站规模按照 30 股道设计,场站占地约 43hm^2,保留现状铁路外环线作为货运通道的功能,实行客货分流。铁路设施用地(包括场站与线路)约 90hm^2。高速铁路客运规模为年发送量达 6000 万人次旅客,日均 16 万人次。

长途巴士客站:布局于铁路客站与机场之间,发车能力为 800 班次/d,远期年旅客发送量达 500 万人次,日均 2.5 万人次,高峰日达 3.6 万人次/d,占地约 9hm^2。

磁悬浮客站:布局于铁路客站东侧,按照 10 线 8 站台的规模设计,站台长度按照 280m 考虑,站台范围内车站宽度约为 135m。主要用于浦东、虹桥两大机场之间的快捷联系,减少两机场地面交通对上海市区造成的交通压力。

轨道交通:规划引入 4 条轨道交通即 2 号线、5 号线、10 号线、17 号线及低速磁浮线和机场快速线,形成"4+2"的六线汇聚布局。规划轨道交通停车场用地约 60hm²。

地面公共交通:规划在铁路客站东、西两个广场共设总数不少于 30 条的公共汽车路线和日客运量 2.5 万人次的长途高速巴士站。

在虹桥枢纽的对外交通中,按照服务范围划分,可分成空运、高速铁路、高速磁浮与城际列车三类模式。其中,航空涵盖国内半径 1000～3000km 的航线,高速铁路的服务范围为 400～1500km,高速磁浮和城际列车的服务范围则为 50～500km。三类交通既有分工,又有适度竞争,互为客源,形成一个协调的综合交通体系。

在虹桥机场与浦东机场两个空港的分工和定位中,虹桥机场以"点对点"国内地区航线为主,浦东机场则以国际航线为主,客源与服务范围为我国的东南、中南乃至更大区域。这种关系决定了虹桥机场不仅要负担国内航线,还要担负起浦东机场的客流集散功能,成为浦东机场客货流集结和疏散的"前厅"和"后院"。加强两场联系,组织客、货联运与运能匹配,是枢纽航空运输体系的关键。

由此,磁浮车站在换乘关系中处于比较关键的位置,并与高速铁路、虹桥机场取得便捷的换乘关系,如图 4-11 所示。

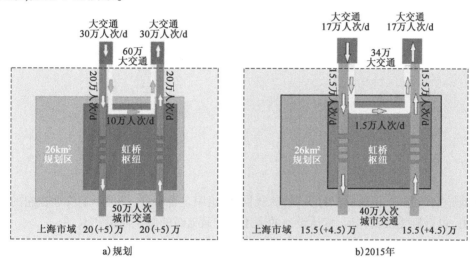

图 4-11 虹桥综合交通枢纽的客流分布

注:数据来源于上海市城乡建设和交通发展研究院,2015 年;括号内为接送客与上下班人流。

根据上海市城乡建设和交通发展研究院的后评估报告,2015 年虹桥枢纽日均吞吐量 74 万人次(对外 34 万人次,城市集散 40 万人次,内部换乘 1.5 万人次),达到了设计吞吐量的 68%。

思考题

1. 交通枢纽规划的内涵是什么?与一般交通规划的关系是什么?
2. 现代交通枢纽的布局要素是什么?
3. 现代交通枢纽的布局方法有哪些?

第五章 交通流线分析与设计

流线是交通港站、枢纽的设计灵魂,流线设计、组织是否合理,不但影响交通枢纽的作业效率和能力,也直接关系到客运、货运设备的运用及交通枢纽的服务质量和水平。

第一节 流线的定义与描述

一、流线的定义

国内外的学者从不同角度、不同领域对流线作了定义。具体有:

在研究空气动力学的过程中对流线的定义是:A streamline is a path traced out by a mass particle as it moves with the flow. It is easiest to visualize a streamline if we move along with the body (as opposed to moving with the flow). 中文理解为:流线是大量微粒流动形成的轨迹。相对于移动流,移动物体所形成的是更直观的流线。

而朗文英语辞典对 streamline 的动词解释是:to form something into a smooth shape so that it moves easily through the air or water; to make something work more simply and effectively. 中文理解为:使……成为流线型;使……合理化,使简化。

有学者在讨论流线设计和建筑形态关系中认为：流线是人或物在建筑中流动的轨迹，对建筑平面及空间组合有决定性的影响。其基本功能是保证人流、物流的顺畅、便捷，避免不同流线的相互干扰交叉。

由于交通流与物理学上的气体、液体的流动有类似的特征，上述几个概念从某些方面反映了流线的基本特征。因此，交通流线可定义为：

行人、车船、货物在研究范围内流动的轨迹。

或者是：

行人、车船、货物在一定范围内集散活动，形成一定的流动过程和流动轨迹。

二、交通流线的描述方法

交通流线的组成要素包括交通方式、流量、流向、流程、流速等，在流线描述中应利用合理的描述方法来表述在研究范围内流线的流动轨迹和行动特性。目前，国内外对交通流线的描述方法主要有两种：流程图表示法和组织图表示法。

流程图表示法：即将旅客（或货物、车辆等）的各种行为流程按照行动的先后顺序用流程图块和连接线表示，如图5-1所示。

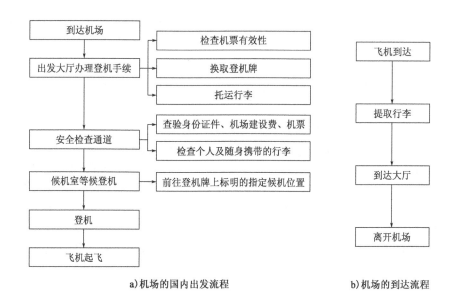

a) 机场的国内出发流程　　　　b) 机场的到达流程

图5-1　流程图表示方法示意图

组织图表示法：是在交通枢纽平面布局图或立体枢纽布局图的基础上将各种旅客（或货物、车辆等）的行为轨迹用线条表示出来，线条箭头的方向代表流线的方向，线条的粗细代表流线的密度，不同的线条类型表示不同的流线种类。图5-2、图5-3分别为平面流线组织示意图和立体流线组织示意图。

流程图表示法和组织图表示法从不同的角度描述了行人流线的具体情况，但是两种表示方法都有各自的优缺点和适用环境。两种交通流线方法的比较见表5-1。

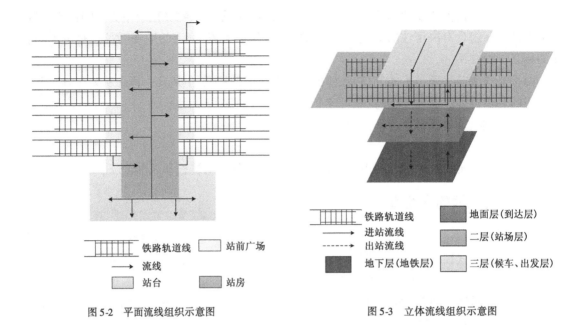

图 5-2　平面流线组织示意图　　　　图 5-3　立体流线组织示意图

两种交通流线表示方法的比较　　　　表 5-1

表示法	优　点	缺　点	适 用 环 境
流程图表示法	清晰明了地表达了交通枢纽的各组成部分之间的关系,体现了人流在交通枢纽中的行为流程	未体现设施对旅客的影响,并且不容易分析冲突点,以及设施环境对人行走过程的影响	用于分析旅客行为的逻辑顺序,便于按旅客的行为流程进行流线设计和流线组织
组织图表示法	直观地表现了设施的结构以及各流线,便于分析不同流线产生的冲突点	绘制复杂,同样无法体现各种流线特点,设施对旅客的影响及设施环境对人行走过程的影响	用于分析固定设施布置和相关参数对流线导向性作用及流线对固定设施布置影响

流程图表示法和组织图表示法在流线分析的不同阶段都有应用,描述流线的角度不同使得这两种表示法都能够发挥其技术优点,将二者有机结合起来更有利于透彻地表达流线的相关特征。

上述两种流线的描述方法可以认为是定性的描述方法,此外,目前对流线的描述同样有利用流量、密度和速度基本参数进行定量描述的情况,以行人流线为例:

在行人流基本参数的关系模型中,假设行人流状态是稳态均匀的,行人自由流速度主要受个体特性、出行目的和场所条件的影响。当行人密度逐渐增大时,行人的速度受到行人密度制约,速度、密度和流量呈现相互影响关系。可表示为:

$$q = ku \qquad (5-1)$$

式中:q——行人流量,人/(m·min);

u——行人速度,m/min;

k——行人密度,人/m²。

第二节　交通流线分析与设计

交通流线分析是进行流线设计、组织及交通枢纽功能分区、空间布局的基础,同时交通流线的时空特性、需求特性又是配置交通枢纽服务设施的重要依据。

一、交通流线的种类

交通流线按照流动交通方式的不同可分为三类。

(一)行人(旅客)交通流线

行人交通是以人的体力为基础的最基本的交通方式,也是各类交通方式发生的始端和末端的必然形式。行人交通具有速度慢、一般不成队列、运动速度和方式一般不受限制、对距离和安全要求比较敏感等特点。

由于在道路上行人与车辆发生的交通事故较多,为保证行人交通安全,在交通工程中,常采用的交通安全设施有以下 6 种:

(1)人行道:是专供行人行走的道路,一般位于行车道两侧。

(2)人行横道:专供行人横跨路口和路段所设置的人行道。根据横跨方式不同,有人行横道线、人行天桥、人行地道、隧道等形式。

(3)行人交通信号:在主要的交通路口设置专用的交通信号控制器,以确保行人横向过街安全的设施。

(4)安全岛:在较宽的人行横道上(一般大于 15m)设置的供行人横穿道路时临时停留的交通设施。

(5)分隔设施:在路面上安设的分隔双向交通及机动车与非机动车、车辆与行人等的简易构造物。

(6)步行街:不准机动车进入,而专供行人步行的街道。步行街一般具有商业性质。部分设施如图 5-4、图 5-5 所示。

在交通港站与枢纽内部也存在着由于人的走行和流动所形成的行人交通流线,一般称之为旅客交通流线。根据旅客旅行目的、办理手续、客流性质不同,旅客流线可以分为以下 5 类:

(1)进站旅客流线、中转旅客流线、出站旅客流线,如图 5-6、图 5-7 所示;

(2)普通旅客流线、特殊旅客流线、贵宾流线、工作人员流线;

(3)长途旅客流线、短途旅客流线、市郊旅客流线;

(4)国内旅客流线、国际旅客流线;

(5)上行旅客流线、下行旅客流线等。

为了保证旅客顺利进出站,避免车站各项作业的相互干扰,可以采用平面分散、立体布局等多种方法合理布置各种旅客流线。相应地,也设有旅客平过道、天桥、地道、站内引导、立体多层站房及通道等设施,如图 5-8 所示。

图 5-4 人行道、人行横道标识和过街安全岛

图 5-5 某十字路口效果图(人行横道、安全岛)

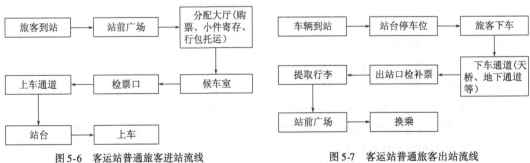

图 5-6 客运站普通旅客进站流线　　　　　　图 5-7 客运站普通旅客出站流线

a) 旅客平过道

b) 天桥

c) 站内引导

d) 候车通道

图 5-8　某枢纽旅客流线服务设施图

(二) 车船交通流线

车船交通流线按运载工具对交通道路设施的不同要求可分为以下几种：

1. 道路(公路、城市道路)交通流线

道路交通流线又可分为慢行车辆交通流线和快行车辆交通流线。前者主要指自行车、畜力车和人力车等非机动车辆；后者主要指轻骑、摩托车和汽车等机动车辆。从路面来看，有专为行人用的人行道和专为车辆用的车行道。车行道中有的具有可使机动车辆和非机动车辆分离的物理隔离设施；有的以画线的办法将它们分离，而大部分道路则是机动车与非机动车混行。这种混合交通是我国城市交通流的一大特点。

2. 有轨运输交通流线

有轨运输交通流线又可分为铁路、地铁、轻轨、磁浮等线路上运行的列车流线。一般各种流线间互不过轨，流线间客流交换通过旅客走行完成。

3. 水路运输交通流线

水路运输交通流线包括各种船舶在航道、港口航行形成的流线。

4. 航空运输交通流线

航空运输交通流线包括各种飞机、飞行器在航路、机场航行形成的流线。

5. 专用道路交通流线

一些道路是专供某种车辆使用的,这样就形成了专用的交通运输流线。如行包交通流线、邮政交通流线等。

(三) 货物交通流线

货物交通流线指各种货物在货流中心、货运站等相同或不同运输方式之间转运、换装所形成的货物交通流线。如港口站由铁路卸车的货物到船舶装船的货物流线、到站货物经传送带输送到堆码场的货物流线等。

此外,交通流线按照流向的不同可分为单向交通流线(上行、下行流线)、双向交通流线两类。在交通港站与枢纽中,通常按照交通对象的大致去向也将交通流线分为进站(港)流线、出站(港)流线、中转/换乘流线。一般进站(港)流线比较分散、随机;出站(港)流线比较集中,表现出一定的规律性。

交通流线按照流程的不同可分为长途交通流线、短途交通流线、市郊交通流线三类。长途流线一般呈现季节性波动特性,市郊流线的波动性不明显。

二、交通流线分析

流线分析在交通港站与枢纽建设和优化的过程中起到关键性的作用,流线分析的目标也十分明确,即为交通港站与枢纽的建设和优化提供技术支持,使其设施布置更加合理。

在交通港站与枢纽中进行流线分析须考虑港站、枢纽的特点,并结合其设施布置和服务能力。流线分析的总体思路是根据流线分析的目标对既定布局方案进行区域划分,分区域统计各类流线的数量、流线的分类,分析流线的静态分布规律。根据港站或枢纽内不同功能区域存在的各种不同去向的客流,生成枢纽内部的行人流线,研究不同功能区域内的流线占用情况,识别枢纽中的瓶颈区域,达到对瓶颈区域进行局部优化的目的。

为了达到流线分析的目标,在进行流线分析时,应当以流线分析的原则为约束,从流线分析的内容入手,细化流线分析步骤,将各种流线参数特征分析透彻。而且在流线分析时应按照逻辑层、控制层、方法层三个层次综合控制流线分析的步骤和方法。图5-9给出了流线分析的逻辑框架。

下面以客运枢纽为例,介绍其流线分析的基本步骤。

现代客运枢纽内的行人流线,由于内部功能的复杂化和旅客出行习惯的转变,合理组织流线,使之畅通而不互相干扰,简捷而不迂回、曲折,是整合行人流线的基本要求。

内部行人流线的组织安排与枢纽内部功能布局、空间组合有着十分密切的联系。实际上,在设计枢纽建筑功能与空间布局的同时,必须考虑流线的组织与安排。从宏观上,要将行人流线的组织与设计结合空间序列、层次及空间结构的安排逐次展开;从微观上,要详尽了解和分析多个独立功能系统的使用特征和功能间的交叠与联系方式,以保证流线的组织符合人们在枢纽内使用各种功能的行为模式。

有学者在进行城市流线空间连续性设计方法研究时提出城市交通流线分析应该综合考虑"六分"要素,即分量、分时、分形、分流、分离、分层,目的是达到有效的控制城市流线的连续性和均衡性。该思想对于客运枢纽流线同样有重要的借鉴意义。

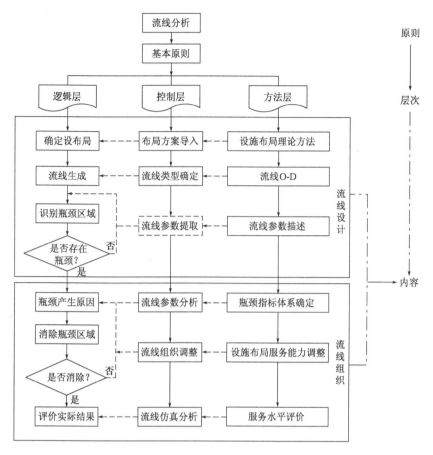

图 5-9 流线分析逻辑框架

(一)确定客运枢纽流线类型

对于客运枢纽而言,主要是行人流线产生实体流线。为了合理设计和组织行人流线,从流线走向将行人流线的类型分为行人进站流线、行人出站流线和行人换乘流线。三种类型的流线描述了行人流在客运枢纽中的行为轨迹,而针对不同规模和不同服务功能的客运枢纽流线类型的细分还会略有不同。

(二)既定设施布置方案下的流线生成

直观形象地表示出行人流线在客运枢纽中的分布和走向,是流线生成的主要任务,也是行人流线瓶颈识别的基础。如图 5-10 所示,在客运枢纽既定设施布置方案下流线生成的步骤包括:

(1)将各个功能区域中各设施的出入口几何中心记作标记点;三角形标记点代表进入标记点,圆形标记点代表离开标记点。

(2)采用有向线段连接标记点的方式,将各种类型的行人流线按照其行为轨迹在设施布置图中表示出来。

(3)对各种有向线段进行区分,即用不同的线形(或颜色)代表不同的流线类型,不同的线条粗细代表不同的流线流量。

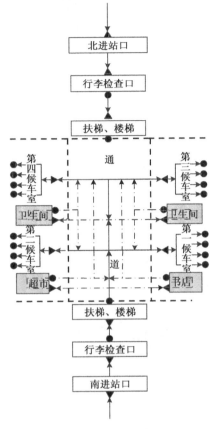

图5-10 连接标记点形成流线示意图

（三）流线瓶颈识别

流线瓶颈识别是指流线瓶颈区域的识别，是流线分析的关键步骤。流线瓶颈的识别方法通常有三种，即通行能力法、延误法和密度法。

1. 通行能力法

通行能力法是将出行路线划分成若干流线段单元，保证在流线段单元内道路的通行能力均衡。计算各流线段单元的通行能力，当通行设施设计通行能力小于实际通行能力时，即可确定设施瓶颈的位置。

2. 延误法

延误是判断综合枢纽内行人流线顺畅程度的一个重要参数。从延误的大小还可间接地分析设施的服务能力和服务水平。所以，用延误作为指标进行流线瓶颈识别具有重要的意义。乘客在枢纽内产生延误一般表现为排队、拥挤和等待三种行为。

3. 密度法

流线上的行人密度直接反映流线的拥挤程度，所以密度是衡量流线情况的一个有效指标。流线所占用的单位面积内行人越多，则流线越拥挤，设施的服务水平越低。当行人停下来在流线节点处排队时，流线密度最大，此密度称为阻塞密度。

（四）流线瓶颈的原因分析与消除

形成客运枢纽行人流线瓶颈的原因多种多样，但总体而言，可以将其分为4类：
(1) 宏观原因与微观原因；
(2) 规划原因与设计原因；
(3) 常发因素与偶发因素；
(4) 人为原因与设施原因。

宏观原因一般由规划不当导致，与规划原因具有对应性；同样，微观原因与设计原因也是对应的。从宏观规划方面分析，导致客运枢纽内部瓶颈的原因可以概括为：枢纽结构不合理导致在某些区域人流过于集中，形成瓶颈；流线导向不清晰、不合理导致部分流线段拥挤，形成瓶颈。

微观方面，设计不当也可能造成流线瓶颈，由于对未来几年的客流量增加没有做充分的考虑，对服务设施的服务能力和服务水平认识不到位，导致部分功能区域服务压力过大，形成瓶颈。

常发因素导致的流线瓶颈一般重复出现，产生这类流线瓶颈的根本原因是瓶颈区域处的旅客流量达到或者超过了其通行能力,这类瓶颈周期性地出现,给枢纽整体服务水平带来的影响较大。导致瓶颈的偶发因素包括天气、施工等因素,一般具有不可预见性,其造成的影响也较小。

产生交通瓶颈的设施原因指的是设施所提供的通行能力不能够满足高流量的流线通过。人为因素包括旅客对枢纽内部的各功能区域认知不够,信息不全,旅客在枢纽内部迂回,从而导致总体流线参数发生变化。人为因素相对于其他因素对枢纽内部流线瓶颈形成的影响较小。

总体而言,消除客运枢纽中流线的瓶颈可以分为两种方法:一种方法是通过改变设施的服务能力和服务水平来增加各个流线节点的通行能力和减少延误时间,以此来达到消除瓶颈的目的;另一种方法是重新组织和设计流线的分布和走向,即研究流线和设施布置之间的关系,通过调整流线在设施布置中的分布来消除瓶颈区域。

(五)流线的仿真分析

对于流线生成和瓶颈识别、诊断、消除等一系列步骤完成之后,其分析优化的效果如何,一般通过流线仿真分析的方法来评价。

流线仿真分析的方法是在计算机上复现瓶颈区域的实际情况,对仿真瓶颈区域情况进行研究和计算。瓶颈区域是随着时间推进、流线流量增长造成的,其形成是个动态过程。在不同的时间段,各个流线的流量都是不同的,根据实际调查的情况,按时段设置流线仿真模型,实现流线流量随时间的变化,从而动态地研究瓶颈的产生、发展和消除过程。

运用流线仿真分析的方法分析瓶颈时,由于仿真输出数据的全面性与动态性,基本上可以获得瓶颈研究必需的各种流线参数的定量数据,如流量、速度、时间、影响范围等。

三、流线设计与组织

交通枢纽流线设计是对交通组织的静态规划即对枢纽功能布局的规划,其中包括在既有枢纽设施布置方案确定的情况下交通枢纽流线的生成以及在流线生成的情况下确定枢纽内部流线所形成的瓶颈区域。

流线设计应当综合考虑安全、效率、技术、效益等方面的因素,以客运站为例,一般遵循以下原则:①以旅客流线为主导,避免人流、车流、货物流或行李流等多种流线互相交叉干扰,从平面或立体上尽可能将各种流线分开设置;②交通流线设计应与客运站内的功能分区相适应、与设施能力相匹配、与作业流程相配合;③流线设计要考虑一定的灵活性,满足多种特殊旅客的需求;④交通流线应清晰明确、易于辨识,线路组织便捷,避免流线迂回、折返;⑤尽量避免出站人流拥挤,快速疏散旅客;⑥考虑与其他交通方式(如地铁、轻轨、主要干道等)的衔接,处理主要人流、车辆流线的分布。

枢纽流线组织是对交通组织的动态规划,即对枢纽内部实体流线的组织和优化,包括分析产生瓶颈区域的原因及提出消除瓶颈区域的相关措施和手段。为了使枢纽内部流线走向合理、简洁、顺畅,对枢纽内部进行流线分析必须要将流线设计和流线组织有机结合。

大型交通综合枢纽的交通流线设计既要解决好与城市道路的连接,又要组织好地下空间的交通流线。枢纽规划区域内道路交通系统布局以加强内部功能组织和便利内外交通联系为原则。采用人车分流的方式,通过上下分层的方式组织车行交通,以避免机动车行对地面交通环境的影响。

以上海港国际客运中心为例,其效果图、剖面图分别如图 5-11、图 5-12 所示。上海港国际客运中心于 2008 年 5 月投入使用,位于黄浦江的中心地带,西接外滩,南隔黄浦江,与东方明珠遥遥相望,其建造目的是满足上海邮轮业日益增长的需求。上海港国际客运中心分成两大部分,西部是客运中心码头,东部是 26 万 m^2 的超大型商业开发项目;主要设施包括客运中心、办公大楼、休闲广场和购物中心。客运中心还建有一个 18.1 万 m^2 的超大型地下空间,可同时停放 1000 多辆汽车。

图 5-11　上海港国际客运中心效果图

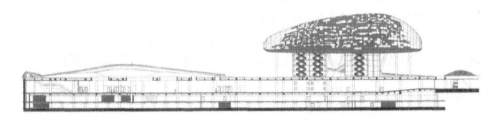

图 5-12　上海港国际客运中心剖面图

该车站主要车流安排在地下二层和地下三层,严格划分步行与车行的区域,通过干线连接整个基地,设有多个出入口与地面相连,同时通过地下立交组织内部交通系统,并布置停车和连接各个建筑物。地面的干道在平时作为步行道为每幢建筑的居民出入提供方便,在紧急状态下可保障消防车的通行能力,在观光候船楼的四周设置了环形消防车道,并在其北侧按规定设置了消防登高场地,从而创造了安全、安静、舒适的公共空间环境。地面后排建筑北侧设有环道,连接大名路,以利人们出行,同时提供地面的停车场地。

四、客运站交通流量分析

上海港国际客运中心交通流量主要有社会车辆、旅游车辆及货车,其次还有自行车与行人。由于大名路是由西向东的单行道,车辆需经过大名路与高阳路的交叉口进入城市交通网,因此,该路口须使用信号灯控制交通的流量。客运中心范围内设置了 7m 宽的主车道,贯穿客运中心的建筑群。车道东连高阳路,西通海关大楼,在主车道的中段,设有立体的道路系统,分别有支路连接北面的东大名路及南面货车及旅游车道。连接东大名路的支路,起着分流的作用,减轻对城市主干道的交通压力。

车辆组织和出入口的设置方面,主要通过4个主要出入口进出客运中心:太平路设两个出入口,分别连接码头和地下室;东大名路设两个出入口,连接上下客区域。客运中心主车道车速定在30km/h,各主要车流各有明确的流线:

社会车辆:大名路西侧入口主要服务于港务办公楼、海关及配套项目使用。大名路西侧入口是车辆进入客运中心商务区的主要路口,其余道路起辅助作用。

旅游车辆:可直接进入地下一层上下客区,采取一定的管理措施后也可允许直接进入码头区域。

货运车辆:货运车流主要是对客轮提供服务与补给,车辆只允许在非高峰时使用太平路进出,其余连接码头的支路仅作紧急状态使用。

行人和自行车:行人沿东大名路上的地面出入口进出客运中心,也可以通过自动扶梯和电梯进入候船大厅,十分快捷;自行车停车设在沿大名路上的自行车地面停车场,停车后可通过人行坡道前往客运地下中心;员工自行车停车设置在码头区域。

(一)车站的地下交通和空间设计

地下空间的道路交通密切联系地面出入口的位置,西区地下室在太平路和东大名路分别设置独立的出入口与城市干道相连通,同时在地下室的东端设计了连通车道与东区地下室相连。进入客运中心的车辆主要由东大名路的出口进出地下室,道路宽10m,净高4m,可通过豪华的大型客车,并在地下一层设置回转区可供其回车;从太平路出入口进出的主要是小型车辆,可供出租车通行连接到入境大厅的门口处,设有专门的出租车等候区;另有两条6m宽的坡道直接通向地下二层的出境大厅门口,也设有专门的出租车等候区。

由于基地在长度上达850m,地面建筑分区段规划,因此,地下室也是分段设计,分区实施,为保障地下交通的连续与畅通,各分块的地下室之间采用地下通道进行连接,不仅设置了能相互连通的汽车道,而且设计了地下步行通道来连接检查区域和出入境大厅以及连接东大名路地块的地下通道,在较大范围内连成整体性的地下空间。

(二)车站的进出口流线设计

客运中心的地下一层为换票等候大厅,同时又是多功能的空间,最大设计容量可接纳同时停靠的三艘母港邮轮的客流量。它连接公共通廊与出境卫检大厅,在船运间歇期可用作展览或其他商业用途。换票区通过中厅与空中的桥梁,经X光检验、安保区、金属测试区,通向边检大厅,边检大厅由等候区及21条出境通道组成,它与登船平台有通道相连,入境游客可通过21条入境边检通道,由卫检区域乘自动扶梯到达位于地下二层的行李大厅。

(三)旅客流线设计

入境:由登船桥进入登船平台(地面一层,21m²)→经卫检至边检区(地下一层,1200m²)→经自动扶梯通往行李区(地下二层,2000m²)→经海关区检查(地下二层,720m²,红色或绿色通道)→出关接客区(地下二层,1000m²)→入境。

出境:旅客在候船大厅(地下一层,2500m²)票检→经联检大厅入口处(地下一层,80m²)卫检→经安检厅(地下一层,160m²)安检→经海关厅(地下一层,300m²)海关→经边检大厅(地下一层,1200m²)→登船平台(地面)或登船通道经登船桥→离境。

第三节　交通流线疏解

一、交通流线间的关系

交通流线按照流动方向的不同可分为两类：同向交通流线，两条流线的运行方向一致；对向交通流线，两条流线的运行方向相反。

交通流线按照相互之间的影响和交叉干扰情况，可以分为以下4种形式：

(一)平行流线

平行流线指交通流线之间没有交叉，不占用共同的线路设备，可以同时平行作业。平行流线的实例很多，如道路交通流线中，两支沿平行渠化道路运行的机动车车流流线；铁路交通流线中，沿上下行运行的列车流线，车站内沿平行进路同时办理的两项作业流线；旅客交通流线中，沿天桥进站的旅客流线与沿地道出站的旅客流线；航空交通流线中，沿不同航路飞行的飞机流线。

(二)会合流线

会合流线指从两个或两个以上不同方向的交通流汇合成一个方向的交通流线。在同一时间内，互相妨碍，不能同时运行。

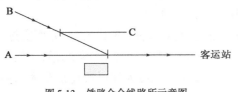

图5-13　铁路会合线路所示意图

图5-13为铁路会合线路所布置示意图。由支线方向到达的列车需要在线路所前一度停车，待主线方向列车通过区间腾空后，方可进入前方线路区间。为了保证直线列车安全停车，防止与主线通过列车发生冲突，一般在支线方向设置安全线。

(三)分歧流线

分歧流线指交通流由一个方向分成两个不同的方向。在同一时间内，一个交通实体只能选择一个方向。

图5-14为铁路分歧线路所布置示意图。图5-14a)为由客运站发出的旅客列车经过分歧线路所后，可分别开往A、B两方向。图5-14b)为由衔接线路A方向到达的客货列车经过分歧线路所后，旅客列车开往客运站方向，货物列车开往编组站方向。

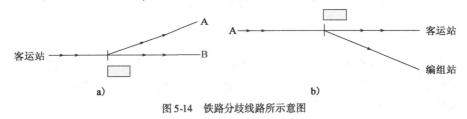

图5-14　铁路分歧线路所示意图

(四)交叉流线

交叉流线包括横断与交织，交通流线从两个不同的方向进入交叉点，然后按两个不同的方向离开交叉点,这时一个方向的交通流线与另一个方向的交通流线形成交叉。

会合流线、分歧流线和交叉流线中流线是相互敌对的,不能同时平行作业。实际上,交叉流线是会合流线与分歧流线形式的组合。

流线的会合、分歧、交叉在交通方式之间是大量存在的,如公铁交叉、公水交叉、铁水交叉、铁路轻轨交叉等。流线的会合、分歧、交叉在各种交通流线内部也是大量存在的。

航空飞行中,沿不同航路到达的飞机向同一跑道的降落属于航空流线的汇合,由同一跑道起飞向不同航路飞行属于航空流线的分歧。

图 5-15 为公路道路交通车流流线交叉的四种基本形式。图 5-15a) 为分歧流线,如主线车流分开流入匝道。图 5-15b) 为会合流线,如匝道车流进入主线。图 5-15c) 为交织流线,如环道车流进、出主线。图 5-15d) 为交叉流线,设在两个不同方向行驶的车流,互相交叉运行。

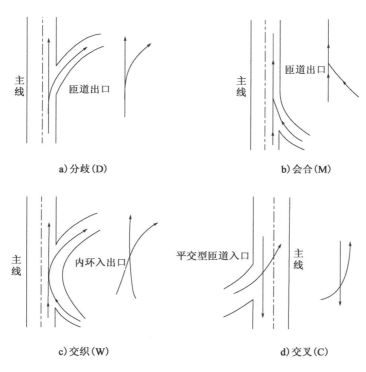

图 5-15 公路道路交通流线交叉图

然而,现实交通运输系统中,流线布置有更多种组合。如出入口的分流、合流按需要可以连续出现,也可把分流、合流相互组合。

公路、道路交通流线布置的基本组合形式可以归纳为 16 种,如表 5-2 所示。

公路、道路交通流线布置组合形式　　　　　　　　表 5-2

种类	连续分流(DD)	连续合流(MM)	合分流(MD)	分合流(DM)
I				

续上表

种类	连续分流(DD)	连续合流(MM)	合分流(MD)	分合流(DM)
Ⅱ				
Ⅲ				
Ⅳ				

二、交通流线交叉的疏解

流线交叉点是枢纽内部及外部路网中道路与道路、道路与铁路或道路与其他交通设施产生交叉的地点。一般分为平面交叉点和立体交叉点。对道路而言,交叉点往往是造成交通拥堵、交通事故等的主要原因,所以消除或减少交叉点能有效改善道路通行能力。

在交通流线设计中,为了改进流线交叉的性质,减轻流线交叉的负荷及消除流线交叉所采取的种种措施,通称为交通流线交叉的疏解。根据上述分析,两条流线不交叉,能够平行作业的条件是流线占用的路由点互不相同,表现为同一平面上的平行径路或不同平面上的径路。两条流线相互交叉,但能够平行作业的条件是流线作业时间不冲突,即流线径路上有共同的路由点,而作业时间集不重叠,可以通过时间控制,避免流线冲突。

因此,流线冲突可以通过对时间、空间的某一方面调整来疏解,具体分为时间疏解、平面交叉疏解和立体交叉疏解。

(一)时间疏解

时间疏解是对交通对象占用道路的时间加以综合控制和计划,避免对同一路由点的使用时间冲突,有计划地通过时段分配使各冲突流线顺利通过共同路由点的各项措施。时间疏解的案例,如铁路列车运行图的采用,城市道路交通中的绿波带技术和理论,航空运输中同一航路飞机飞行前后时间间隔的控制等。

(二)平面交叉疏解

相对于无控制随机走行,平面交叉的疏解主要有以下三种方式:

1. 平面交通信号机控制方式

平面交通信号机控制方式即用交通信号机将相互交叉的交通流加以控制。通过信号控制,提高了车辆在交叉口的通行速度,避免了无序状态下的相互干扰和堵塞,提高了安全性,随控制方式的不同,交通容量得到一定提高。

2. 平面交叉点分散布置方式

平面交叉点分散布置方式即将原来集中在一个交叉点相互交叉的交通流线通过流线的平

面变形,使集中的交叉分散布置在几个交叉点或交织区内,分散交叉点位置,避免了交叉的重叠和产生堵塞的概率。例如,交叉口渠化、修建环岛、组织单向行车等。

3. 平面交叉点增设通道方式

平面交叉点增设通道方式即增加交叉点通道,避免各方向车流相互干扰,使交叉点能力与相邻路段相适应。例如,城市道路增加机动车道、设置导流岛、拓宽进口道等;铁路枢纽增设发线、迂回线、环线等。

(三)立体交叉疏解

在交叉口范围内,流线互相交叉或交织运行之后各自离去。然而这一短暂运行过程中形成的复杂交通状态,使流线速度大大降低,通行能力减小,交通安全严重恶化,往往造成交通堵塞,形成交通瓶颈。为了避免上述不利状况,保持各种车流顺利而迅速通过交叉口,必须修建立体交叉,使各向车流在不同平面上通过,各行其道,互不干扰,从而显著提高行车速度,增大通行能力,同时保证交通安全,改善交通环境,提高社会效益。

立体交叉按交通功能不同可以分为以下几种形式:

1. 分离式立体交叉

分离式立体交叉仅设跨线构造物(跨线桥或地道)一座,使相交流线在空间上分离,上、下道路无匝道连接,不具备各转弯方向的互通功能。这种类型的立交结构简单,一般用于不同种类交通流线疏解,如道路与铁路交叉处、高速公路与其他各级道路交叉处、铁路与轻轨交叉处等。

2. 互通式立体交叉

互通式立体交叉不仅设跨线构造物使相交流线在空间上分离,而且上、下道路之间有匝道连通,具备各转弯方向的互通功能。这种类型的立交结构复杂,一般用于同一种类交通流线疏解,如各种道路交叉处。

立体交叉按疏解的交通对象不同可以分为以下几种形式:

(1) 行人(旅客)流线与其他流线的立体疏解

主要采用天桥、地道、多层站房等立体疏解形式,如图5-16所示。

(2) 船舶流线与其他流线的立体疏解

主要采用横跨江河的桥梁为立体疏解形式。必要时,也可采用地下隧道疏解,如图 5-17 所示。

(3) 铁路交通流线与城市道路交通流线的立体疏解

两交叉线路互相立体交叉,但不需要设置匝道,采用分离式立交,如图 5-18 所示。

(4) 城市道路交通流线的立体疏解

一般采用互通式立交疏解,如图 5-19 所示。

图 5-16　上海虹桥机场人行天桥

图 5-17 青岛胶州湾跨海大桥、海底隧道

图 5-18 郑州京广快速路跨铁路立交工程　　　图 5-19 济南玉函立交桥

(5)铁路交通流线的立体疏解

铁路枢纽线路采用立体疏解,可把各铁路方向和枢纽内各种专业站连成一个整体,基本上保证列车运行各有其独立的进路,因而通过能力大,安全性高。但是立体疏解占地多,工程费高,进站线路的平、纵断面技术条件差,有时由于跨线桥位置靠近车站,可能限制车站的进一步发展。

当有两条及以上双线铁路相互交叉,需要采取立体疏解布置消除平面交叉时,其立体疏解布置有以下三种方案可供选择:

①按线路别疏解布置。两双线铁路引入枢纽的正线相互位置与区间正线相互位置相同,枢纽一端修建一座跨线桥,可疏解列车进路交叉点 4 个,如图 5-20a)所示。但两端咽喉各存在着两条线路间的转线车流(两线间的无调中转列车)交叉。如右端咽喉 D 方向接车与 C 往 B 方向的发车进路交叉。C 往 B 方向的发车与 A 往 D 方向的发车进路交叉,左端咽喉也存在着类似的进路交叉。

②按方向别疏解布置。两双线铁路引入枢纽正线的相互位置,按上行与下行方向分区布置,枢纽两端各修建跨线桥一座,每座桥疏解两个列车进路交叉点,如图 5-20b)所示。但两端咽喉仍存在着转线车流交叉。如右端咽喉 A 往 D 方向发车与 C 往 B 方向发车进路交叉,左端咽喉情况类同。当修建 ad 和 cb 联络线后,这种交叉可以消除。

③按列车种类别疏解布置。在枢纽内,当旅客列车和货物列车的进、出站线路需要分开设置时,应采用按列车种类别疏解的线路布置方案。根据枢纽内客运站和编组站的相互配列位

置,此方案又分为以下两种:

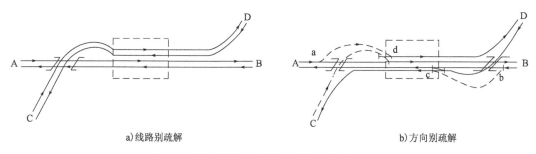

a) 线路别疏解　　　　　　　　　　b) 方向别疏解

图 5-20　按线路别和方向别枢纽线路立体疏解布置图

客货并列式列车种类别疏解布置,如图 5-21a)所示。这种疏解布置方案适用于并列式枢纽,其特点是:客运站与编组站并列布置,在外包式方向别疏解布置的基础上,再修建 4 座跨线桥,使客、货列车的进出站线路完全分开,使所有进路交点全部立体疏解。

客货顺列式列车种类别疏解布置,如图 5-21b)所示。这种疏解布置方案适用于顺列式枢纽,其特点是:客运站与编组站顺列布置,旅客列车正线为外包式,货物列车经由枢纽需要通过客运站,在外包式方向分别疏解布置的基础上,再修建 4 座跨线桥,以疏解客、货列车的进出站进路。

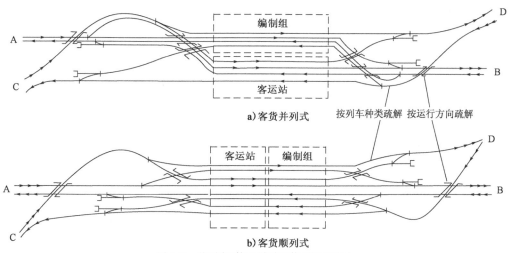

a) 客货并列式

b) 客货顺列式

图 5-21　按列车别枢纽线路立体疏解布置图

(6)航空交通流线的立体疏解

为了保障民航运输,提高空间的利用率,维护飞行秩序,保证飞行安全,在大城市之间飞机飞行频繁地区划设航路。航路是一种具有一定宽度(一般航路中心线两侧各 10km)和一定高度的固定空域。为适应飞机性能的要求,考虑到航程的长短,通常划设中、低空航路和高空航路。航路应有可靠的通信、导航、雷达的保障,沿航路应有可供昼夜间复杂气象条件下飞机起飞、降落的机场。航路的宽度和高度范围在领航图中注明。

航路的飞行间隔标准是指在空中交通管制中,为防止飞行冲突,保证飞行安全和提高飞行空间和时间的利用率所制定的飞机与飞机之间所应保持的一种安全间隔,它是调度飞行活动的依据。飞行间隔标准包括纵向、横向和垂直间隔三种,它是根据飞行性能、实际飞行经验和所使用的导航、雷达设备的精度来确定的。对同一航线、同一高度作同向飞行的两架飞机,其纵向间隔不小于 5min,在同一高度上,航线之间的横向间隔不小于 15km;两机最小垂直间隔为300m。当高度在12500m以上时,相向飞行两飞机之间应有600m的垂直间隔,而同向飞行两飞机之间应有1200m的垂直间隔,如图5-22所示。

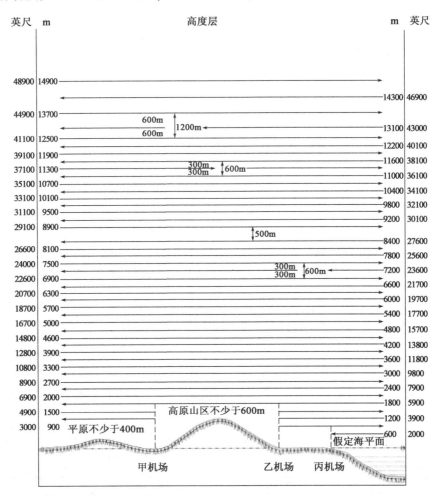

图5-22 飞机按飞行高度疏解航路

飞行高度层是调度飞行活动、解决飞行冲突的一种方法。它按规定把空间划成不同的高度层,将飞机配备在不同的高度层上飞行,使飞行之间保持有安全的高度差。在航路飞行时,高度层的配备是以航路的航线角为依据的。在航线角0°~179°范围内,高度由900m到8100m,每隔600m为一个高度层;高度由8900到12500m,每隔600m为一个高度层;高度在12500m以上,每隔1200m为一个高度层。航线角在180°~359°范围内,高度由600m到8400m,每隔600m为一个高度层;高度由9200m到12200m,每隔600m为一个高度层;高度在13100m以上,每隔1200m为一个高度层。

飞行的安全高度是保证飞机不与地面障碍物相接的最低的飞行高度。航线飞行的安全高度,在平原地带应当高出航线两侧各25km以内最高标高400m以上;在山岳地带应当高出航线两侧各25km以内最高标高600m以上。参见图5-22,如从甲机场往西飞是平原地带,则在最高标高400m以上的安全高度上飞行;如乙机场经山岳地区向甲机场飞行时,需在最高标高600m以上的安全高度上飞行。

第四节 交通流线的标识布置

一般来说,人在空间中的活动由4个步骤构成:确定方向、选择正确路线、观测沿途路线、确定到达目的地。活动是以物理空间提供的信息为参考进行的。在各种交通枢纽站,设施和标识在整个信息交流过程中直接影响信息交流的效率和出错率。效率高,就是用尽可能短的时间和尽可能少的设施来传递一定数量的信息;出错率低,就是使信息尽可能准确、不失真地被旅客接收,尽可能少的错向步行或行驶抵达目的地。

根据所处的位置,导向标识分为站内导向设施和站外导向设施。站内导向设施可以归纳为两大类别:一是空间导向标识,即通过建筑手法,对交通枢纽本身的空间布局进行精心设计,使交通枢纽空间易于识别和记忆;二是方向诱导标识,即通过对各种导向标识的设置与设计,帮助人们在地下地上空间定位定向。站外导向设施主要包括在主要道路设置的指示牌和为换乘客流服务的公交换乘指示牌、停车场布置指示牌等。本节主要介绍导向标识的相关内容。

一、标识的概念

标识是个体的视觉元素,以特定而明确的图形、文字、色彩等来表示事物、象征事物,达到识别、引导、说明、警告等功能。

根据标识的功能,可以将标识分为6种类型:

(一)识别性标识

识别性标识是表示对象物本身的标识,载明对象物名称,能提供旅客对特定目标的辨识及认知,通常以"点"的方式分布。

(二)引导性标识

引导性标识是将旅客或货主等引导至特定目标或方向的标识,大多以线条、线标、箭头指标方式呈现,对环境中的序列性作连续性引导。

(三)方位性标识

方位性标识是将环境或建筑物中相对关系、整体状况及相关设施,以平面图或地图的方式呈现,一般而言,多出现于空间入口处、交通节点等地点,以提供使用者大概的整体空间认知。

(四)说明性标识

说明性标识是说明事物的主体的内容、操作方法、相关规范、活动内容及预告。

(五)管制性标识

管制性标识是用以提醒、禁止或管理使用行为的规范及准则,具有维系安全及秩序的机能。

(六)装饰性标识

装饰性标识是修饰或强调环境中的个别元素,并具有外观美化的功能。

各项标识在枢纽并非单独使用,而是几种标识相互配合以达到引导的作用。一般情况下,在交通枢纽(如车站)空间标识信息中应首先呈现主要的环境信息,以便于旅客或货主等明确有关方位、相对位置,再利用引导标识完成连接特定目的地的路径及空间序列,标识出空间名称以明示所处地点。

二、标识的设置原则

交通枢纽的各类标识,最主要的功能即是引导旅客或货主等参与者。好的标识可以主动地指挥人群的合理流动,而不是被动地等待人们来寻找、发现。因此,标识设置应该满足以下原则:

(一)位置适当原则

标识系统应设置在能够被预测和容易看到的位置,以及旅客需要做出方向决定的地方,如出入口、交叉口、楼梯等人流必经之处、通道对面的墙壁以及容易迷路的地方等。

(二)连续性原则

连续性作为形式的重复与延续,加强了人的知觉认知与记忆的程度和深度,所以标识系统应连续地进行设置,使之成为序列,直到旅客或货主等参与者到达目的地,其间不能出现标识视觉盲区。但要注意的是,标识之间距离要适当安排,过大会使视线缺乏连贯和序列感,过小则会造成视觉过度紧张,可视性差。

(三)一致性原则

标识需设置在一致的位置上,这样旅客或货主等不需要搜寻整个空间而只需注视部分固定的区域即可找到方向标识。

(四)安全性原则

当突发事件(如火灾等)发生时,为了使旅客或货主等参与者快速有效的疏散,在疏散走道和主要疏散地面上或靠近地面的墙上设置发光疏散指示标识,可以对安全疏散起到很好的辅助作用,更有效地帮助人们在浓烟弥漫的情况下及时识别疏散位置和方向,迅速沿发光疏散指示标志顺利疏散,避免造成伤亡事故。

三、引导标识设计要求

引导标识在设计时,应当遵循以下几点基本要求:

(一)醒目性

标识在视觉上一定要醒目,重要的标识要达到对人的视觉有强烈冲击的效果。如使用简单的标识图形和大面积的背景色,突出标识强烈的视觉效果,有效、快速地抓住人们的注意力,使人们印象深刻、长久难忘。醒目的另外一个方面是标识上的文字、符号等要足够大,以便人们能从一定的距离以外就能看到、读出。

(二)规范化和国际化

用以表达引导性标识信息内容的媒体,如文字、语言、符号等,必须采用国家规范、标准以及国际惯用的符号等,使人们易于理解和接受,并且不产生混淆。另外,同类标识的设计风格也应保持一致,形成一个较为稳定一致的体系,以免引起人们的误解。同时,考虑到城市的对外交流,应增加英文等作为信息传递的媒介。

(三)区别性

引导性标识必须和其他类型的标识相区别,如广告、告示、宣传品、商业标志和其他识别标志等。其设置应体现导向设施的优先地位,在有导向牌的地方,标牌广告要让位于导向牌,以免人们混淆而影响到方位方向的确定;在需要尽快疏散乘客的地方,不宜设置广告牌。

(四)简单便利

简单是指标识上的词句必须精简、明确,尽可能地去掉可有可无的文字,让人一目了然;便利是指人们在正常流动的情况下就能方便地阅读和理解标识上的内容,而不必停下来驻足细看,影响人流的连续移动,造成不必要的人流阻塞。另外,导向设施需要服务于不同年龄段、不同文化层次、不同地域的旅客,其职责就是把最全面、最清晰、最易懂的信息提供给各类对交通枢纽环境不熟悉的人,使其快速准确地找到目的地,最大限度地方便旅客等参与者。

流线标识的布置实物图如图5-23所示。

图5-23 北京首都国际机场引导标识

第五节 基于微观仿真的枢纽人行流线分析

行人交通仿真分析是利用计算机辅助技术重现行人流的各种宏观和微观交通现象,模拟分析行人流运行特性,目前已经成为研究、评价、优化枢纽等公共建筑内行人交通设施通行能力、服务水平的重要手段。

一、仿真的基本原理

行人交通流的仿真研究是以行人流理论为基础的,行人仿真理论模型主要包括元胞自动机模型、社会力模型、气体动力学模型、基于 Agent 的模型等。

元胞自动机模型将行人行走的道路用网格抽象,将行人模拟成网格之间行走的元胞,行人的移动过程划分换道和变速两个过程。根据行人周围网格状态变化的组合来设定行人移动规则,进而完成整个模拟过程。

社会力模型将行人的行走过程认定为不受外力作用,而是受到自身的驱动力,即所谓的"社会力"。社会力包括三类:行人为了达到和保持自身期望速度而具有的向前的动力;与障碍物或者其他行人保持一定距离的力;行人对外部环境好奇所产生的引力。此类模型运用"社会力"的方法模拟主观行动力作用下行人交通行为的产生与变化过程。

气体动力学模型将交通工程理论中关于车辆的相关模型引入行人研究领域中,基本思路是将速度概率分布相近的行人作为群体研究,以气体动力学理论为基础,建立行人移动动态方程。此类模型将行人的移动过程划分为连续过程和非连续过程,并对不同过程细分行人移动规则,比较符合实际环境。

二、行人仿真的软件技术

行人仿真软件主要包括 SIMULEX、STEPS、Visual Simulation、Legion,以及 VISSIM 的行人仿真模块 VISWALK 等,其中 Legion、VISWALK 等软件是公认的最为有效的行人仿真和分析软件,广泛应用于交通枢纽、商业区、大型活动等的行人流模拟。

STEPS(Simulation of Transient Evacuation and Pedestrian Movements)是基于元胞自动机模型的行人仿真软件,专门用于研究建筑物在一般情况下以及紧急情况下的行人疏散问题,适用于大型综合商场、地铁站、办公大楼等环境。利用该软件仿真时需要输入三个基本要素:建筑内平面与通道的网格化模型、行人特性、疏散规则。利用仿真软件将网格化模型内的行人按照疏散规则进行演化,完成仿真。

VISSIM 是德国 PTV AG 公司开发的一套微观交通仿真软件,已经在我国交通领域内广泛应用。作为 VISSIM 的一个模块,行人仿真模块 VISWALK 在城市规划、交通设计、方案评价等方面都有极大的应用。该仿真软件可以模拟行人的微观交通现象、行人与车辆的动态交互,以及模拟行人的违法行为等。

Legion 是英国著名的行人仿真专业软件,被业内认为是最有效的行人仿真与分析软件,可以用于仿真和分析在地铁站、公交换乘枢纽、机场等地点的行人运动。Legion 软件的模型建立在行人个体特性和行为的研究基础上,能够模拟行人流在空间内的流动,对行人的安全及舒适性服务水平评价,如行人通过速度、拥挤程度、拥挤点或区域等。

此处主要介绍基于 VISSIM 软件的行人仿真主要步骤:

创建行人路网模型,构建行人面域、障碍物、斜坡/楼梯等基础设施。

行人组成与输入,包括行人模型、行人类型、行人类别、行走行为、行人构成、流量输入等基本要素。其中,行走路径需要定义不同路径的构成比例、行人类别及其控制路径。

行人与车辆的交互设置,当行人与车辆存在平面交叉时,可将路段设置为行人面域,并在两种交通方式交叉处设置信号控制方案或者优先级通行方案。

公交站点建模,在行人路网模型内设置公交站点,定义车门的具体位置、宽度、用途,设置站台/候车面域,明确各面域服务的车站,定义上下车流量等。

选择评价文件,通常包括面域评估、行人记录、行程时间、排队等指标。

运行仿真试验,在 2D、3D 模式下可观察仿真效果,仿真完成后,输出各种仿真评价指标。VISSIM 行人仿真效果如图 5-24 所示。

图 5-24　VISSIM 行人仿真实际与仿真效果示意图

思考题

1. 什么是流线?其描述方法是什么,有何区别?
2. 流线种类有哪些,如何划分?
3. 论述流线分析的作用及步骤。
4. 流线设计要遵循哪些原则?如何进行合理的流线组织?
5. 以行人流线为例,阐述流线疏解的方式和具体疏解方法。
6. 流线标识的类型及设置原则是什么?
7. 以某一具体港站或枢纽为例,绘制其流线布置图,并分析其内部如何进行交通流线疏解。

第六章
综合交通枢纽规划设计方案评价

综合交通枢纽规划设计方案的评价,是一个受多因素影响的过程,涉及社会、经济、交通运输等宏观环境。综合交通枢纽规划设计方案评价的内容,主要涉及对现状和新方案或者优化方案进行评价,为决策者权衡枢纽实施方案的价值、改变时机等提供选择。综合交通枢纽规划设计方案的综合评价一方面可以对现状实施方案的服务质量进行评价,考查它是否达到了预定的各项性能指标,能否在满足各种内外约束条件下实现预定目的;另一方面能够根据预定的评价指标体系,对各新方案或改进方案进行筛选,辅助规划决策人员进行正确的系统决策。本章将主要介绍综合交通枢纽规划设计方案的综合评价方法。

第一节 设计方案综合评价的步骤

综合交通枢纽规划设计方案的评价,是一个受多因素影响的过程,涉及社会、经济、交通运输等宏观环境。这些影响因素对评价方案的指标有不同程度的影响,可量化的程度也不同,因此需要采用多目标、多因素的综合评价方法。方案评价通常遵循以下评价步骤。

一、明确评价目的和内容

首先必须明确评价目的与立场,即明确评价主体是系统使用者,还是系统经营与管理者,抑或二者兼而有之。其次需要明确评价范围与时期,即评价对象涉及哪些地区和部门,评价处于规划研究的哪个时期。

二、分析评价影响因素

综合交通枢纽规划设计方案的评价,是受一个多因素影响的过程,涉及社会、经济、交通运输等宏观环境,以及系统用户的个人属性,如出行目的等。这些影响因素对评价方案的指标有不同程度的影响,可量化的程度也不同。因此,必须根据评价的目的和内容,对评价涉及的影响因素进行辨析。

三、建立评价指标体系

评价指标体系所建立的指标要能够覆盖评价对象涉及的所有方面,要能够全面客观地反映对象使用过程中的一切工作,从而构建多维度的评价指标结构。

四、量化各项评价指标

综合评价指标包括定量和定性两个方面。其中定量指标主要针对一些可以通过量化计算得到的指标,如可用货币、时间、材料等衡量的指标,其评价方法和评价结果都比较直观;而定性评价则针对那些无法定量化的指标,如部分社会环境效益评价指标,其评价方法和评价准则相对模糊,实际操作过程中可采用模糊定量或等级定量的方法。因此,在确定评价指标的量值时,可视具体指标的特点分别加以应用。

五、确定可行评价方法

根据各指标间的相互关系及其对总目标的贡献确定各项指标的计算方法。

六、进行综合评判与决策

最后,按照选定的评价方法计算各项指标值,如评价指标体系有多个层次,则逐层向上计算,直至得到第一层指标值为止,并据此排出各方案的优劣顺序,从而选择出技术上先进、经济上合理、实施上可行的最优或满意方案。

第二节 评价指标体系的建立原则

评价是一些归类的指标按照一定的规则与方法,对评判对象从其某一方面或多方面或全面的综合状况做出优劣评定。科学合理的评价指标体系是保证方案评价成功的前提。在建立方案评价的指标体系时,应该遵循以下原则:

一、科学性

评价指标的选取和评价指标体系的建立要具有科学的理论依据,指标本身应该目的明确、定义清楚、能够进行量化,评价指标体系能够全面、客观、充分地反映评价对象的各方面特质。

二、可操作性

选取的指标要具有可操作性,指标应含义明确且易于被理解,指标量化所需资料收集方便,能够用现有方法和模型求解。

三、可比性

在确定评价指标和标准时,应考虑时间与空间的变化及其影响,合理地选用相对指标与绝对指标,不仅适合于一个城市不同时期的纵向比较,也适合于不同城市之间的横向比较。

四、统一性

评价指标的名称、测定方法、评判标准等应尽量与有关规范、行业标准等保持一致,便于理解和操作。

五、系统性

评价的指标体系是由若干单项指标组成的整体,它应该包括方案目标所涉及的一切方面,并且对定性问题要有恰当定量评价指标,以保证评价的全面性。

六、独立性

评价指标的选取应该遵守非线性原则,各指标之间应该具有相对独立性,关联性要尽量减小,不能够互相包含,从而最优化指标体系结构,便于分析。

第三节 综合评价指标体系的建立

评价指标体系的建立是系统评价的基础,对于枢纽布局的综合评价而言,应选取尽量少的指标,反映最主要和最全面的信息。考虑评价模型的实用性和可操作性,主要从土地利用的合理性、周围路网的适应性、枢纽功能的协调性、换乘的便捷性、舒适性、安全性、信息服务的有效性等方面对枢纽设计方案进行评价。部分具体指标定义描述如下:

日平均集散客流量:枢纽平均每日集散的旅客流量(包括换乘旅客),反映枢纽的集散规模。

主要交叉口饱和度:枢纽站作为人流和车流的集散点,会对周围交通产生较大影响,因此用影响范围内路网中的主要交叉口的饱和度的最大值来衡量枢纽站建设规模和周围路网的协调性。

旅客平均滞留时间:枢纽内所有旅客平均滞留的时间,反映枢纽的集散水平。

平均到达时间:旅客从市区到达枢纽的平均到达时间,反映枢纽的便捷水平。

人均换乘设施面积:枢纽内客流换乘拥挤程度和舒适程度的量化,表现为枢纽总换乘面积与高峰小时旅客流量的比值。

平均换乘时间:枢纽内旅客平均换乘所耗时间,用来反映客运枢纽换乘通道设置是否合理。

与其他客运枢纽的连通度:用于描述枢纽与主要的轨道交通枢纽或对外交通枢纽衔接的顺畅程度。

随着交通行业的发展进步,研究水平不断深入发展,应用于综合交通枢纽规划设计方案的评价方法越来越多,根据评价原理的不同,可将综合评价方法分为定性评价方法、运筹学方法、经济技术分析方法、统计分析法、模糊数学方法、系统过程分析法、粗糙集数学方法、智能化评价方法。常用的集中综合评价方法包括,层次分析法、模糊综合评价法、数据包络分析法、灰色关联度法。下面就这几种常用综合评价方法做简要的介绍。

一、层次分析法

层次分析法(Analytic Hierarchy Process,AHP)是一种定性和定量相结合、系统化、层次化的多目标决策分析方法,适用于目标(因素)结构复杂且缺乏必要数据的情况。AHP 方法将决策问题的有关元素分解成目标、准则、方案等多个层次,进而形成一个层级结构模型,实现决策的思维过程数学化。在此基础上利用求解比较矩阵(或判断矩阵)特征向量的办法,求得每一层次的各要素对上一层次要素的优先权重,再计算出各层次要素对总目标的组合权重,为选择满意方案提供依据。

运用层次分析法建模的具体步骤如下:

(一)明确问题

在分析社会、经济以及科学管理等领域的问题时,首先要对问题有明确的认识,弄清问题的范围,了解问题所包含的要素,确定出要素之间的关联关系和隶属关系。

(二)建立层次结构模型

根据复杂问题所包含的因素及其相互关系,把问题所涉及的要素按性质分层排列,形成目标层次结构。上一层次的要素作为准则对下一层次有关元素起支配作用。一般情形可以划分为三类层次:最上面为目标层,最下面为方案层或措施层,中间是准则层或指标层。

最高层:也称目标层,一般它是分析问题所要实现目标。

中间层:表明采用某种措施或政策来实现预定的目标所涉及的中间环节,一般又分为策略层、约束层、准则层等。

最低层:表示实现目标可供选择的措施或方案等,也称为措施层或方案层。

层次结构通常用结构图的形式表示,如图 6-1 所示。层次的数目和每一层元素的数目与所研究的问题的复杂程度有关,也与所要分析的详尽程度有关,每一层中的元素一般不要超过

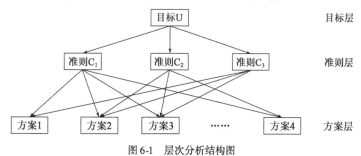

图 6-1 层次分析结构图

9个,这是因为同一层中包含的元素过多会给两两比较判断带来困难。若上层的每个因素都支配着下一层的所有因素,或被下一层所有因素影响,称为完全层次结构,否则称为不完全层次结构,图6-1为不完全层次结构。

(三)构造判断矩阵

建立层次结构后,可以逐层按上一层次某一准则将该层要素的重要性进行两两比较,比较结果用数值表示并形成矩阵形式,即判断矩阵,如表6-1所示。$A_1, A_2, \cdots, A_n$为统一层次要素,C_k为上一层次第k个准则。判断矩阵元素a_{ij}表示要素A_i与A_j对于准则C_k的相对重要性。

判断矩阵   表6-1

C_k	A_1	A_2	$\cdots$	A_n
A_1	a_{11}	a_{12}	$\cdots$	a_{1n}
A_2	a_{21}	a_{22}	$\cdots$	a_{2n}
$\vdots$	$\vdots$	$\vdots$	$\ddots$	$\vdots$
A_n	a_{n1}	a_{n2}	$\cdots$	a_{nn}

在层次分析法中,为了使判断定量化,关键在于设法使任意两个方案对于某一准则的相对重要程度得到定量描述。一般层次分析法采用1-9标度方法,对不同情况的评比给出数量标度,如表6-2所示。

1-9标度准则   表6-2

标度值 a_{ij}	定义与说明
1	两个元素具有同样重要性
3	两个元素相比,前者比后者稍微重要
5	两个元素相比,前者比后者明显重要
7	两个元素相比,前者比后者重要得多
9	两个元素相比,前者比后者极端重要
2,4,6,8	表示两相邻判断的中间值
$1/a_{ij}$	两个元素的反比较

判断矩阵A具有如下特征:

$$\begin{array}{l} a_{ij} > 0 \\ a_{ii} = 1 \\ a_{ij} = \dfrac{1}{a_{ji}} \quad (i,j = 1,2,\cdots,n) \end{array} \quad (6\text{-}1)$$

判断矩阵中的a_{ij}是根据资料数据、专家的意见和系统分析人员的经验经过反复研究后确定的。应用层次分析法保持判断思维的一致性是非常重要的,只要矩阵中的a_{ij}满足上述三条关系式,就说明判断矩阵具有完全的一致性。

1. 层次单排序及一致性检验

层次单排序是根据判断矩阵计算对于上一层次某元素而言本层次与之有关的元素的相对重要性的权重。层次单排序可以归结为计算判断矩阵的特征值和特征向量。

计算单一准则下各要素的相对权重有了单一准则下各要素两两比较的判断矩阵,就可以

计算与判断矩阵最大特征值对应的正交特征向量,即单一准则下各要素的相对权重。于是层次单排序的问题就转化为计算方程组:

$$AW = \lambda_{max} W \qquad (6-2)$$

即最大特征根 λ_{max} 和与之对应的特征向量 W。实际中常采用近似算法,最常用的方法是和积法和方根法。

2. 方根法的计算步骤

计算判断矩阵 A 的每一行元素的乘积 M_i:

$$M_i = \prod_{j=1}^{n} a_{ij} \quad (i = 1, 2, \cdots, n) \qquad (6-3)$$

计算 M_i 的 n 次方根 $\overline{W}_i$:

$$\overline{W}_i = \sqrt[n]{M_i} \qquad (6-4)$$

对向量 $\overline{W} = (\overline{W}_1, \overline{W}_2, \cdots, \overline{W}_n)^T$ 归一化:

$$W_i = \frac{\overline{W}_i}{\sum_{j=1}^{n} \overline{W}_j} \qquad (6-5)$$

3. 和积法的计算步骤

计算判断矩阵的每一行元素的和 V_i:

$$V_i = \sum_{j=1}^{n} a_{ij} \quad (i = 1, 2, \cdots, n) \qquad (6-6)$$

对 V_i 归一化处理,得到各要素在单一准则下的相对权重 W_i:

$$W_i = \frac{V_i}{\sum_{j=1}^{n} V_j} \qquad (6-7)$$

4. 一致性检验(一致性指标)

由于客观事物的复杂性及人主观认识的多样性,构造判断矩阵时,往往出现判断不一致情况,这就必然导致权重计算的偏差,因此,需要对判断矩阵进行一致性检验,以便将偏差控制在允许范围内。对判断矩阵的一致性检验的步骤如下:

计算最大特征根 λ_{max}:

$$\lambda_{max} = \sum_{i=1}^{n} \frac{(AW)_i}{n W_i} \qquad (6-8)$$

其中,$(AW)_i$ 表示向量 AW 的第 i 个元素。

计算一致性指标 CI:

$$CI = \frac{\lambda_{max} - n}{n - 1} \qquad (6-9)$$

查处判断矩阵平均随机一致性指标 RI 值:

RI 是至少经过 500 次以上重复进行随机判断矩阵特征值的计算之后去平均值得到的。假设求得最大特征根的平均值 λ'_{max},则定义:

$$RI = \frac{\lambda'_{max} - n}{n - 1} \qquad (6\text{-}10)$$

计算一致性比例 CR：

$$CR = \frac{CI}{RI} \qquad (6\text{-}11)$$

当 CR < 0.10 时，认为判断矩阵的一致性是可以接受的，否则应对判断矩阵做适当修正。

5. 层次总排序

利用层次单排序的计算结果，进一步综合出对上一层次的优劣顺序，就是层次总排序的任务。确定某层所有因素对于总目标相对重要性的排序权值过程，称为层次总排序。从最高层到最低层逐层进行。

假设以三层结构为例，准则层 m 个要素 $C_1, C_2, \cdots, C_m$ 对目标层 Z 的权重分别为 $b_1, b_2, \cdots, b_m$，方案层 A 中要素 A_i 对准则层要素 C_j 在单一准则下的权重为 W_{ij}。则方案层 A 的各要素对目标层 U 的组合权重 $W_1, W_2, \cdots, W_n$，按表 6-3 中公式计算。

组合权重计算　　　　表 6-3

准则层 C 方案层 A	C_1 b_1	C_2 b_2	$\cdots$	C_m b_m	组合权重
A_1	W_{11}	W_{12}	$\cdots$	W_{1m}	$W_1 = \sum_{j=1}^{m} b_j W_{1j}$
A_2	W_{21}	W_{22}	$\cdots$	W_{2m}	$W_2 = \sum_{j=1}^{m} b_j W_{2j}$
$\vdots$	$\vdots$	$\vdots$	$\ddots$	$\vdots$	$\vdots$
A_n	W_{n1}	W_{n2}	$\cdots$	W_{nm}	$W_n = \sum_{j=1}^{m} b_j W_{nj}$

层次总排序的一致性比例为：

$$CR = \frac{b_1 CI_1 + b_2 CI_2 + \cdots + b_m CI_m}{b_1 RI_1 + b_2 RI_2 + \cdots + b_m RI_m} \qquad (6\text{-}12)$$

同理，当 CR < 0.10 时，认为层次总排序通过一致性检验。

二、模糊综合评价法

模糊综合评判方法，是一种运用模糊数学原理分析和评价具有"模糊性"的事物的系统分析方法。它是一种以模糊推理为主的定性与定量相结合、精确与非精确相统一的分析评价方法。由于这种方法在处理各种难以用精确数学方法描述的复杂系统问题方面所表现出的独特的优越性，近年来已在许多学科领域中得到了十分广泛的应用。

模糊综合评价法的具体步骤：

（一）确定评价对象的因素集合

设 $U = \{U_1, U_2, \cdots, U_m\}$ 为刻画被评价对象 m 中评价因素（评价指标）。其中，m 是评价因素的个数，由具体的评价指标体系所决定。

(二)确定评价对象的评语集

设 $V = \{V_1, V_2, \cdots, V_n\}$ 是评价者对评价对象可能做出的各种总的评价结果组成的评语等级的集合。其中,V_j 代表第 j 个评价结果,$j = 1, 2, \cdots, n$。n 为总的评价结果数。一般划分为 3~5 个等级。

(三)确定评价因素的权重向量

设 $A = \{a_1, a_2, \cdots, a_m\}$ 为权重分配模糊矢量,其中,a_i 表示第 i 个因素的权重,要求 $a_i > 0$,$\sum a_i = 1$。A 反映了各因素的重要程度。权重的确定方法很多,在实际运用中常用的方法有 Delphi 法、专家调查法和层次分析法。

(四)计算模糊综合判断矩阵

对于每一个单因素 U_i,建立单因素评判 $\{r_{i1}, r_{i2}, \cdots, r_{im}\}$,即 r_{ij} 表示 V_j 对因素 U_i 所作的评判,确定从单因素来看被评价对象对各等级模糊子集的隶属度,进而得到单因素评判矩阵:

$$R = (r_{ij})n \times m = \begin{bmatrix} r_{11} & r_{12} & \cdots & r_{1m} \\ r_{21} & r_{22} & \cdots & r_{2m} \\ \vdots & \vdots & \ddots & \vdots \\ r_{n1} & r_{n2} & \cdots & r_{nm} \end{bmatrix}$$

R 是一个从 U 到 V 的模糊关系矩阵。

(五)多指标综合评价

利用合适的模糊合成算子将模糊权矢量 A 与模糊关系矩阵 R 合成得到各评价对象的模糊综合评价结果矢量 B。模糊综合评价的模型为:

$$B = A \circ R = (a_1, a_2, \cdots, a_m) \circ \begin{bmatrix} r_{11} & r_{12} & \cdots & r_{1m} \\ r_{21} & r_{22} & \cdots & r_{2m} \\ \vdots & \vdots & \ddots & \vdots \\ r_{n1} & r_{n2} & \cdots & r_{nm} \end{bmatrix} = (b_1, b_2, \cdots, b_n)$$

其中,b_j 表示被评价对象从整体上看对评价等级模糊子集元素 V_j 的隶属程度;"$\circ$"为模糊合成算子。进行模糊变换时要选择适宜的模糊合成算子,模糊合成算子通常有 4 种。

模型 I:$M(\wedge, \vee)$ 算子。

$$b_j = \bigvee_{j=1}^{m} \{(a_i \wedge r_{ij}), 1 \leq i \leq n\} = \max\{\min(a_i, r_{ij})\} \quad (1 \leq i \leq n, j = 1, 2, \cdots, m)$$

符号"$\wedge$"为取小,符号"$\vee$"为取大。

模型 II:$M(\cdot, \vee)$ 算子。

$$b_j = \bigvee_{j=1}^{m} \{(a_i \cdot r_{ij}), 1 \leq i \leq n\} = \max\{\min(a_i \cdot r_{ij})\} \quad (1 \leq i \leq n, j = 1, 2, \cdots, m)$$

在模型 $M(\cdot, \vee)$ 中,对 r_{ij} 乘以小于 1 的权重 a_i 表明 a_i 是在考虑多因素时 r_{ij} 的修正值,与主要因素有关,忽略了次要因素。

模型 III:$M(\wedge, \oplus)$ 算子。

"⊕"是有界和运算,即在有界限制下的普通加法运算。对 t 个实数 $x_1, x_2, \cdots, x_t$ 有:

$$x_1 \oplus x_2 \oplus \cdots \oplus x_t = \min\left\{1, \sum_{i=1}^{t} x_i\right\}$$

$$b_j = \sum (a_i \wedge r_{ij}) = \min\left\{1, \min_{i=1}^{m} \min(a_i, r_{ij})\right\} \quad (j = 1, 2, \cdots, m)$$

模型Ⅳ:$M(\cdot, \oplus)$ 算子。

$$b_j = \sum (a_i \cdot r_{ij}) = \min\left\{1, \sum_{i=1}^{m} \min(a_i \cdot r_{ij})\right\} \quad (j = 1, 2, \cdots, m)$$

模型 $M(\cdot, +)$ 对所有因素依权重大小均衡坚固,适用于考虑各因素起作用的情况。

(六)综合评价结果分析

最后通过对模糊评价矢量 B 的分析作出综合结论。一般可以采用以下几种方法:

1. 最大隶属原则

模糊评判集中为等级对模糊评价结果矢量 B 的隶属度,按最大隶属度原则作出综合结论,即:

$$M = \max\{b_j\} \quad (1 \leq j \leq m)$$

M 所对应的元素为综合评价结果。该方法虽简单易行,但只考虑隶属度最大的点,其他点没有考虑,损失的信息较多。

2. 加权平均原则

加权平均原则是基于这样的思想:将等级看作一种相对位置,使其连续化。为了能定量处理,不妨用"$1, 2, \cdots, m$"依次表示各等级,并称其为各等级的秩。然后用 B 中对应分量将各级的秩加权求和,得到被评事物的相对位置。加权平均原则可表示为:

$$A = \frac{\sum_{j=1}^{m} b_j^k \cdot j}{\sum_{j=1}^{m} b_j^k}$$

其中,k 为待定系数($k=1$ 或 $k=2$),目的是控制较大的 b_j 所起的作用。

三、灰色关联分析法

灰色关联分析法是根据系统内各元素之间发展态势的相似或相异程度,来衡量因素间关联程度的方法。灰色关联度分析法用于综合评价的基本思想是:从样本中确定一个理想化的最优样本,以此为参考数列,通过计算各样本序列与该参考序列的关联度,对被评价对象做出综合比较合排序。

灰色关联分析法的计算步骤如下:

(一)根据评价目的确定评价指标体系,收集分析数据

假设有 n 个被评价对象,每个被评价对象有 p 个评价指标,则第 i 个被评价对象可描述为:

$$x_i = \{x_{i1}, x_{i2}, \cdots, x_{ip}\} \quad (i = 1, 2, \cdots, n)$$

(二)确定参考序列

根据各评价指标的含义,在 n 个被评价对象中选出各项指标的最优值组成参考序列 x_0：

$$x_0 = \{x_{01}, x_{02}, \cdots, x_{0p}\}$$

实际上,参考序列 x_0 构成了一个相对理想化的最优样本,是综合评价的标准。如果 j 项指标是数据越大越好的正向指标,则 x_{0j} 是 n 个评价对象第 j 项指标实际值的最大值;如果是逆向指标,则是最小值;如果是适度指标,则是该指标的适度值。

1. 对指标数据进行无量纲化

常用的无量纲方法有均值化法、初值化法和 $\dfrac{x - \bar{x}}{s}$ 变换等。

$$x'_{ij} = \frac{x_{ij}}{x_{0j}} \quad (i = 1, 2, \cdots, n; j = 1, 2, \cdots, p) \tag{6-13}$$

假设各指标的最优值均为 1,则最优参考序列为 $x_0 = \{1, 1, \cdots, 1\}$。为叙述方便,把无量纲化后的数据仍记为 x_{ij}。

2. 求两极最大差和最小差

计算被评价对象序列与最优参考序列间的绝对差值,即：

$$\Delta_{ij} = |x_{ij} - x_{0j}| \tag{6-14}$$

在此基础上,利用公式：

$$\Delta(\max) = \max_i \max_j \Delta_{ij}$$
$$\Delta(\min) = \min_i \min_j \Delta_{ij}$$

3. 计算关联系数

$$r_{ij} = \frac{\Delta(\min) + \rho\Delta(\max)}{\Delta_{ij} + \rho\Delta(\max)} \tag{6-15}$$

计算第 i 个被评价对象与最优参考序列间的关联系数。

4. 计算关联度

对各评价对象分别计算其 p 个指标与参考序列对应元素的关联系数的均值,以反映各评价对象与参考序列的关联关系,成为关联度,记为：

$$\gamma_{0i} = \frac{1}{P}\sum_{k=1}^{p} r(k) \tag{6-16}$$

如果各指标在综合评价中所起的作用不同,可对关联系数求加权平均值,即：

$$\gamma_{0i} = \frac{1}{P}\sum_{k=1}^{p} W_k \cdot r_i(k) \tag{6-17}$$

其中,W_k 为各指标权重。

根据各评价对象的关联度,得出综合评价结果。

四、数据包络分析法

数据包络分析法(Data Envelopment Analysis, DEA),是将需要评价的对象及其重要性进行汇总,在考虑用户需求的基础上,由各单位按照自身的特殊性,选择各自的评价权重系数,计算出代表该单位的效率值,主要用于评价相同类型的部门之间的相对有效性,应用于多输入多输出问题的多目标评价方法。数据包络分析法通过比较特定对象和一组类似对象的绩效,最大化评价对象的效率,通过比较获得百分之百效率的对象即为相对有效率对象,剩余对象则是相对无效率对象。该方法可以有效识别不同对象的效率性情况,为进一步研究减低无效率性的方法提供基础。

（一）DEA 基本模型

设有 N 个决策单元,每个决策单元有 m 种类型输入和 s 种输出。用 x_{ij} 表示第 j 个决策单元的第 i 个输入,用 y_{rj} 表示第 j 个决策单元的第 r 个输出,投入指标的权向量为 $v_i = (v_1, v_2, \cdots, v_m)$,产出指标的权向量为 $u_r = (u_1, u_2, \cdots, u_m)$,则第 k 个决策单元的效益评价指数可以通过式(6-18)求得:

$$\max E_k = \frac{\sum_{r=1}^{s} u_r y_{rk}}{\sum_{i=1}^{m} v_i x_{ik}} \tag{6-18}$$

$$\text{s.t.} \quad \frac{\sum_{r=1}^{s} u_r y_{rk}}{\sum_{i=1}^{m} v_i x_{ik}} \leq 1$$

$$u_r \geq 0, v_i \geq 0$$

式中:E_k——第 k 个决策单元的效益评价指数;

x_{ik}——第 k 个决策单元的第 i 个输入;

y_{rk}——第 k 个决策单元的第 r 个输出;

u_r——第 r 个输出变量的权重;

v_i——第 i 个输出变量的权重。

这就是 DEA 模型的 C^2R 模型,将式(6-18)转化为线性规划问题:

$$\max f = \mu^T y_k \tag{6-19}$$

$$\text{s.t.} \quad \omega^T x_j - \mu^T y_k \geq 0$$

$$\omega^T x_j = 1$$

$$\omega^T \geq \varepsilon > 0$$

$$\mu^T \geq \varepsilon > 0$$

其中,ε 为阿基米德无穷小量。

（二）基于 DEA 的层次评价

(1)基于 DEA 的模糊评价具体步骤如下:

将评价因素 $U = (u_1, u_2, \cdots, u_n)$,分成若干组 $U = (U_1, U_2, \cdots, U_k)$,并称 $U = (U_1, U_2, \cdots, U_k)$ 为第一级因素集,$U_i = (u_{i1}, u_{i2}, \cdots, u_{in})$ 为第二级因素集。

(2)根据专家打分和一些定量指标,对评价枢纽的第一级因素集 U_i 中的元素分别进行单因素评价打分,评判矩阵为:

$$R = \begin{bmatrix} r_{11} & r_{12} & \cdots & r_{1m} \\ r_{21} & r_{22} & \cdots & r_{2m} \\ \vdots & \vdots & \ddots & \vdots \\ r_{n1} & r_{n2} & \cdots & r_{nm} \end{bmatrix}$$

上式中，m 为 U_i 下第二级因素的个数，n 为枢纽的数量。利用上述阐述的 DEA 方法，根据式(6-19)，求出该因素 i 下各个枢纽的效率评价指数 E_k，再两两比较得到相对效率评价指数 t_{ij}，可用式(6-20)求得。

$$t_{ij} = \frac{E_i}{E_j} \tag{6-20}$$

式中：t_{ij}——在该因素下枢纽 i 相对于枢纽 j 的相对效率评价指数；

E_i——枢纽 i 的效率评价指数；

E_j——枢纽 j 的效率评价指数。

根据层次分析法构造该因素 i 下各个枢纽的判断矩阵：

$$s_i = \begin{bmatrix} t_{11} & t_{12} & \cdots & t_{1n} \\ t_{21} & t_{22} & \cdots & t_{2n} \\ \vdots & \vdots & \ddots & \vdots \\ t_{n1} & t_{n2} & \cdots & t_{nn} \end{bmatrix}$$

(3) 计算该因素 i 下判断矩阵的最大特征值和对应的特征向量，将特征向量归一化就得到权重向量。再进行一致性检验，当最大特征值为 $\lambda_{\max}$ 时，判断为 n 时，有一致性检验指标如下：

$$\text{CI} = \frac{\lambda_{\max} - n}{n - 1}$$

同时，还需要引入随机一致性指标 RI 进行修正，修正后的随机一致性指标 CR 为 CR = CI/RI。如果 CR < 0.1，则可以接受，否则需要调整评判矩阵中定性指标的得分。

(4) 按照上述步骤，对每一个第一级因素 U_i 都进行评价，得到在该因素下的 $\lambda_{\max}$ 和特征向量。特征向量归一化后，可以看作每个枢纽在该指标下的效率值。

(5) 计算评价指标总效率，将每个枢纽在各个第一级因素下的效率值对应相加，就得到枢纽的总得分，再根据得分最高的原则，选出最优方案。

第四节 综合交通枢纽规划设计方案评价实例分析

案例 1 以一个交通枢纽的合理规划为例，来说明层次分析法求解决策问题的过程。假设政府将投入一笔资金对交通枢纽进行规划设计优化，通过实际调查与专家建议，现有以下方案可供选择：

C_1：完善枢纽周边路网结构；

C_2：优化枢纽配套公交线网结构；

C_3：优化慢行换乘系统；

C_4：增加停车资源；

C_5：补充信息化引导设施。

1. 构建层次分析结构

分析问题的要素及其相互关键，构建层次分析结构，该问题的层次分析结构模型如图 6-2 所示。

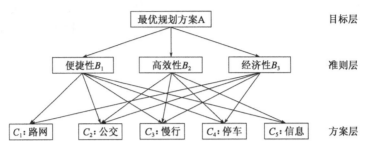

图 6-2　求解问题的层次结构模型

注意：层次之间的元素的支配关系不一定是完全的，即可以存在这样的元素，它并不支配下一层的所有元素。

2. 构造判断矩阵

建立层次分析模型后，按照 1-9 标度准则，从最上层开始，依次以上一层要素为依据，对下一层要素两两比较，构造出判断矩阵。本案例中可以构造的判断矩阵：

$$A-B=\begin{pmatrix} 1 & 1/5 & 1/3 \\ 5 & 1 & 3 \\ 3 & 1/3 & 1 \end{pmatrix}, B_1-C=\begin{pmatrix} 1 & 2 & 3 & 4 & 7 \\ 1/3 & 1 & 3 & 2 & 5 \\ 1/5 & 1/3 & 1 & 1/2 & 1 \\ 1/4 & 1/2 & 2 & 1 & 3 \\ 1/7 & 1/5 & 1/2 & 1/3 & 1 \end{pmatrix},$$

$$B_2-C=\begin{pmatrix} 1 & 1/7 & 1/3 & 1/5 \\ 7 & 1 & 5 & 3 \\ 3 & 1/5 & 1 & 1/3 \\ 5 & 1/2 & 3 & 1 \end{pmatrix}, B_3-C=\begin{pmatrix} 1 & 1 & 3 & 3 \\ 1 & 1 & 3 & 3 \\ 1/3 & 1/3 & 1 & 1 \\ 1/3 & 1/3 & 1 & 1 \end{pmatrix}$$

3. 层次单排序及其一致性检验

计算判断矩阵的最大特征根及其向量。

对于判断矩阵 A 的计算结果：

$$W=\begin{pmatrix} 0.105 \\ 0.637 \\ 0.258 \end{pmatrix}, \lambda_{\max}=0.038, CI=0.019, RI=0.58, CR=0.033$$

对于判断矩阵 B_1-C 的计算结果：

$$W=\begin{pmatrix} 0.491 \\ 0.232 \\ 0.092 \\ 0.138 \\ 0.046 \end{pmatrix}, \lambda_{\max}=5.126, CI=0.032, RI=1.12, CR=0.028$$

对于判断矩阵B_2-C的计算结果：

$$W=\begin{pmatrix}0.55\\0.564\\0.118\\0.263\end{pmatrix},\lambda_{\max}=4.117,CI=0.039,RI=0.90,CR=0.043$$

对于判断矩阵B_3-C的计算结果：

$$W=\begin{pmatrix}0.406\\0.406\\0.094\\0.094\end{pmatrix},\lambda_{\max}=4,CI=0,RI=0.90,CR=0$$

由于 CR 均小于 0.1，故认为判断矩阵的一致性较好，是可以接受的。

4. 总层次排序

计算总体的优先级向量，见表 6-4。

总体优先级向量   表6-4

B C	B_1 0.105	B_2 0.637	B_3 0.258	总 排 序
C_1	0.491	0	0.406	0.157
C_2	0.232	0.055	0.406	0.164
C_3	0.092	0.564	0.094	0.393
C_4	0.138	0.118	0.094	0.113
C_5	0.046	0.263	0	0.172

所考虑的 5 种改善策略的相对优劣排序为：$C_3>C_5>C_2>C_1>C_4$。根据综合评价结果，决定各改善方案的实施顺序，或者决定枢纽规划设计方案改善的投资比例。

案例 2　旅客对城市客运站的满意程度成了对客运站设计方案进行调整及规划的依据，从而保证为使用者提供高质量的出行服务。本案例利用模糊综合评价法来对客运站的服务质量满意度进行综合评估。

1. 确定模糊综合评价指标

取 $U=\{$便捷性，高效性，舒适性，可达性，灵活性$\}$。

2. 建立综合评价的评价集

取 $V=\{$很满意、满意、一般满意、不满意$\}$。

3. 进行单因素模糊判断，并求得评价矩阵

$$R_1=(0.2,0.5,0.3,0.0)$$
$$R_2=(0.1,0.3,0.5,0.1)$$
$$R_3=(0.0,0.1,0.6,0.3)$$
$$R_4=(0.0,0.4,0.5,0.1)$$
$$R_5=(0.5,0.3,0.2,0.0)$$

设 $R = \begin{pmatrix} 0.2 & 0.5 & 0.3 & 0.0 \\ 0.1 & 0.3 & 0.5 & 0.1 \\ 0.0 & 0.1 & 0.6 & 0.3 \\ 0.0 & 0.4 & 0.5 & 0.1 \\ 0.5 & 0.3 & 0.2 & 0.0 \end{pmatrix}$。

4. 建立评判模型,进行综合评价

调查各类旅客对各因素的偏重程度,确定对各因素的权重:

$A = (0.10, 0.10, 0.15, 0.30, 0.35)$,

$B = A \circ R = A * R$

$= (0.10, 0.10, 0.15, 0.30, 0.35) \begin{pmatrix} 0.2 & 0.5 & 0.3 & 0.0 \\ 0.1 & 0.3 & 0.5 & 0.1 \\ 0.0 & 0.1 & 0.6 & 0.3 \\ 0.0 & 0.4 & 0.5 & 0.1 \\ 0.5 & 0.3 & 0.2 & 0.0 \end{pmatrix} = (0.35, 0.30, 0.30, 0.15)$。

5. 对评价结果综合处理

将上述指标进行归一化处理,可得:

$B' = (0.32, 0.27, 0.27, 0.14)$

结果表明,在公交客运站旅客中,32%的人"很满意",27%"满意",27%"一般满意",14%的人"不满意"。

案例 3 某市有 4 个公交枢纽需要进行评价,将每个公交枢纽作为一个决策单元,分别定义标号为 A、B、C、D。利用层次分析法确定枢纽的评价指标体系,如图 6-3 所示。

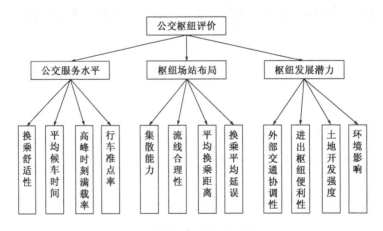

图 6-3 城市公交枢纽评价指标体系图

根据专家打分和一些定量指标,对枢纽进行单因素评价。公交服务水平见表 6-5。

公交服务水平得分表 表6-5

评价指标 枢纽	换乘舒适度	平均候车时间	行车准点率	高峰时刻满载率
A	0.6	3.5	0.7	1.3
B	0.7	3.2	0.8	1.2
C	0.5	4.7	0.8	1.3
D	0.6	3.8	0.7	1.1

在 DEA 方法中，必须要有输入和输出，在此选取平均候车时间和高峰时刻满载率作为决策单元的输入，选取换乘舒适性和行车准点率作为输出。根据上述阐述的 DEA 模型，建立线性规划模型。对于枢纽 A，得到的线性规划模型为：

$$\max E_A = 0.6 y_1 + 0.7 y_2$$
$$\text{s.t. } 3.5 x_1 + 1.3 x_2 - 0.6 y_1 - 0.7 y_2 \geq 0$$
$$3.2 x_1 + 1.2 x_2 - 0.7 y_1 - 0.8 y_2 \geq 0$$
$$4.7 x_1 + 1.3 x_2 - 0.5 y_1 - 0.8 y_2 \geq 0$$
$$3.8 x_1 + 1.1 x_2 - 0.6 y_1 - 0.7 y_2 \geq 0$$
$$3.5 x_1 + 1.3 x_2 = 1$$

计算得到，在公交服务水平影响因素下，$\max E_A = 0.8$。

同理，对于枢纽 B，线性规划模型为：

$$\max E_B = 0.7 y_1 + 0.8 y_2$$
$$\text{s.t. } 3.5 x_1 + 1.3 x_2 - 0.6 y_1 - 0.7 y_2 \geq 0$$
$$3.2 x_1 + 1.2 x_2 - 0.7 y_1 - 0.8 y_2 \geq 0$$
$$4.7 x_1 + 1.3 x_2 - 0.5 y_1 - 0.8 y_2 \geq 0$$
$$3.8 x_1 + 1.1 x_2 - 0.6 y_1 - 0.7 y_2 \geq 0$$
$$3.2 x_1 + 1.2 x_2 = 1$$

计算得到 $\max E_B = 1.0$。

对于枢纽 C，线性规划模型为：

$$\max E_C = 0.5 y_1 + 0.8 y_2$$
$$\text{s.t. } 3.5 x_1 + 1.3 x_2 - 0.6 y_1 - 0.7 y_2 \geq 0$$
$$3.2 x_1 + 1.2 x_2 - 0.7 y_1 - 0.8 y_2 \geq 0$$
$$4.7 x_1 + 1.3 x_2 - 0.5 y_1 - 0.8 y_2 \geq 0$$
$$3.8 x_1 + 1.1 x_2 - 0.6 y_1 - 0.7 y_2 \geq 0$$
$$4.7 x_1 + 1.3 x_2 = 1$$

计算得到 $\max E_C = 0.9$。

对于枢纽 D，线性规划模型为：

$$\max E_D = 0.6 y_1 + 0.7 y_2$$
$$\text{s.t.} \ 3.5 x_1 + 1.3 x_2 - 0.6 y_1 - 0.7 y_2 \geq 0$$
$$3.2 x_1 + 1.2 x_2 - 0.7 y_1 - 0.8 y_2 \geq 0$$
$$4.7 x_1 + 1.3 x_2 - 0.5 y_1 - 0.8 y_2 \geq 0$$
$$3.8 x_1 + 1.1 x_2 - 0.6 y_1 - 0.7 y_2 \geq 0$$
$$3.8 x_1 + 1.1 x_2 = 1$$

计算得到 $\max E_D = 0.9$。

两两比较,求得相对效率指数 t_{ij},如 $t_{AB} = E_A / E_B = 0.8/1 = 0.8$,因此,判断矩阵为:

$$\begin{pmatrix} 1 & 4/5 & 8/9 & 8/9 \\ 5/4 & 1 & 1 & 10/9 \\ 9/8 & 9/10 & 1 & 1 \\ 9/8 & 9/10 & 1 & 1 \end{pmatrix}$$

求解得到 $\lambda_{\max} = 4$,与其对应的特征向量为 $s_A = (0.44, 0.55, 0.49, 0.49)$,进行归一化处理得到 $s'_A = (0.22, 0.28, 0.25, 0.25)$。

进行归一化检验,$CI = 0$,查表当 $n = 4$ 时,$RI = 0.9$,则 $CR = CI/RI = 0 < 0.1$,故矩阵满足一致性检验。

同理可以得到枢纽场站布局、枢纽发展潜力的评价结果,汇总评价结果见表6-6。

公交枢纽效率值 表6-6

枢纽\评价指标	公交服务水平		枢纽场站布局		枢纽发展潜力	
	DEA评价	DEA层次评价	DEA评价	DEA层次评价	DEA评价	DEA层次评价
A	0.8	0.22	0.9	0.26	0.9	0.26
B	1.0	0.28	1.0	0.29	0.8	0.23
C	0.9	0.25	0.7	0.19	0.7	0.21
D	0.9	0.25	0.9	0.26	1.0	0.30

综上,最终枢纽评价总效率见表6-7。

公交枢纽总效率值 表6-7

枢纽	DEA评价得分	排名
A	0.74	3
B	0.80	2
C	0.65	4
D	0.81	1

由表6-7可以看出,在4个枢纽中,枢纽D的DEA层次评价得分最高,枢纽D不论是公交服务水平、枢纽场站布局还是枢纽的发展潜力,都具有较大的优势,而枢纽C的枢纽场站布局的得分较低,严重制约了枢纽最后的总排名,说明枢纽C在枢纽布局方面还需要进行较大的改进。

案例 4 利用灰色关联度分析发对某市公交枢纽的公交服务水平进行综合评价。利用层次分析法确定枢纽的评价指标体系,如图 6-4 所示。

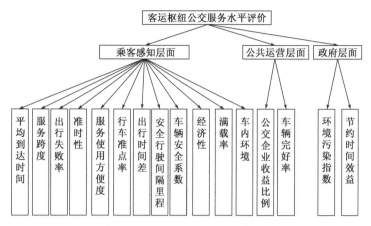

图 6-4 城市公交枢纽评价指标体系图

1. 评价指标无量纲化

根据评价值特性,参考各个评价指标的等级界定建议值,利用式(6-21)和式(6-22)对各指标进行无量纲化处理,评价体系各指标无量纲评价值如表 6-8 所示。

公交评价指标值及无量纲化结果　　　　　　　　　　　　　　　　　　表 6-8

指 标 层	指 标 值	无量纲化评价值
平均到达时间	1h	0.73
服务跨度	15h	0.78
出行服务失败率	0%	1.00
方便度	2.5min	0.50
准时性	78.5%	0.19
出行时间差	13.6min	0.57
安全行驶间隔里程	251 万 km	1.00
车辆安全系数	6 项	0.85
经济性	占小汽车费用比例	0.63
满载率	75%	0.50
车内环境	6 项	1.00
公交企业收益比例	80%	0.60
车辆完好率	98.65%	1.00
环境污染指数	0.50	0.70
节约时间效益	10.8	0.46

针对越小越优型(如成本)和越大越优型(如效益)两种评价指标,分别给出两种类型的评价指标隶属度函数,其中 X_i 为原评价指标值,$U_{di}(X_i)$ 为无量纲化处理后评价指标值,$d_i = [m_i, M_i]$ 为评价指标值论域。

(1) 指标越小越优型无量纲化隶属度函数

$$U_{di}(X_i) = \begin{cases} 1, X_i \leq m_i \\ (M_i - X_i)/(M_i - m_i), X_i \in d_i \\ 0, X_i \geq M_i \end{cases} \quad (6-21)$$

(2) 指标越大越优型无量纲化隶属度函数

$$U_{di}(X_i) = \begin{cases} 1, X_i \geq M_i \\ (X_i - m_i)/(M_i - m_i), X_i \in d_i \\ 0, X_i \leq m_i \end{cases} \quad (6-22)$$

2. 确定综合评价等级

采用五等级划分,即综合评价等级优秀、良好、一般、较差、差(一级、二级、三级、四级、五级),为综合评价结果的衡量提供依据,具体等级量化见表6-9。

公交服务水平评价等级 表6-9

等级	一级	二级	三级	四级	五级
	优秀	良好	一般	较差	差
范围	[0.8,1]	[0.6,0.8)	[0.4,0.6)	[0.2,0.4)	[0,0.2)

3. 确定指标权重

利用层次分析法中相对权重矩阵计算方法,得到指标权重矩阵。

目标层:

$$W = (0.765 \quad 0.074 \quad 0.161)$$

准则层:

$$W_1 = (0.145 \quad 0.090 \quad 0.047 \quad 0.072 \quad 0.185 \quad 0.252 \quad 0.013 \quad 0.123 \quad 0.015 \quad 0.024)$$

$$W_2 = (0.33 \quad 0.67)$$

$$W_3 = (0.83 \quad 0.67)$$

4. 建立二级指标评价矩阵

根据规定的指标评价等级,对无量纲化的二级指标值进行单独评价,参照图6-4及表6-9的二级指标无量纲值,从而建立二级指标评价矩阵,如下所示。

$$E_1 = \begin{pmatrix} 0 & 0.73 & 0 & 0 & 0 \\ 0 & 0.78 & 0 & 0 & 0 \\ 1 & 0 & 0 & 0 & 0 \\ 0 & 0 & 0.5 & 0 & 0 \\ 0 & 0 & 0 & 0 & 0.19 \\ 0 & 0 & 0.57 & 0 & 0 \\ 1 & 0 & 0 & 0 & 0 \\ 0.85 & 0 & 0 & 0 & 0 \\ 0 & 0.63 & 0 & 0 & 0 \\ 0 & 0 & 0.5 & 0 & 0 \\ 1 & 0 & 0 & 0 & 0 \end{pmatrix}$$

$$E_2 = \begin{pmatrix} 0 & 0.6 & 0 & 0 & 0 \\ 1 & 0 & 0 & 0 & 0 \end{pmatrix}$$

$$E_3 = \begin{pmatrix} 0 & 0.7 & 0 & 0 & 0 \\ 0 & 0 & 0.46 & 0 & 0 \end{pmatrix}$$

5. 建立灰色关联度评价矩阵

根据式(6-16),得出灰色关联度矩阵,如下所示。

$$R_1 = \begin{pmatrix} 0 & 0.60 & 0 & 0 & 0 \\ 0 & 0.65 & 0 & 0 & 0 \\ 1 & 0 & 0 & 0 & 0 \\ 0 & 0 & 0.45 & 0 & 0.33 \\ 0 & 0 & 0 & 0 & 0 \\ 0 & 0 & 0.49 & 0 & 0 \\ 1 & 0 & 0 & 0 & 0 \\ 0.73 & 0 & 0 & 0 & 0 \\ 0 & 0.52 & 0 & 0 & 0 \\ 0 & 0 & 0.45 & 0 & 0 \\ 1 & 0 & 0 & 0 & 0 \end{pmatrix}$$

$$R_2 = \begin{pmatrix} 0 & 0.5 & 0 & 0 & 0 \\ 1 & 0 & 0 & 0 & 0 \end{pmatrix}$$

$$R_3 = \begin{pmatrix} 0 & 0.51 & 0 & 0 & 0 \\ 0 & 0 & 0.43 & 0 & 0 \end{pmatrix}$$

6. 确定一级指标评价向量

以二级指标权重向量与二级指标灰色关联度评价矩阵的乘积,得到一级指标灰色关联度评价矩阵:

$$\overline{C} = W * R = \begin{pmatrix} 0.113 & 0.254 & 0.187 & 0 & 0.035 \\ 0.670 & 0.195 & 0 & 0 & 0 \\ 0 & 0.581 & 0.078 & 0 & 0 \end{pmatrix}$$

由一级指标的灰色关联度矩阵以及一级指标的权重向量,得到一级指标评价向量为:

$$\overline{Z} = W * \overline{C} = (0.136, 0.303, 0.156, 0, 0.027)$$

7. 确定综合评价结果

将一级指标评价向量按照公式进行归一化处理得到:

$$Z = (0.219, 0.487, 0.251, 0, 0.043)$$

公交运营综合评价结果见表6-10。

枢纽公交运营服务水平评价结果　　　　　表6-10

等级	一级	二级	三级	四级	五级
范围	[0.8,1]	[0.6,0.8)	[0.4,0.6)	[0.2,0.4)	[0,0.2)
结果	21.9%	48.7%	25.1%	0%	4.3%

取各评价等级值向量 $D = (0.9, 0.7, 0.5, 0.3, 0.1)^T$，则 $S = Z * D = 0.668$，可知公交评价等级为二级，同时按照隶属度最大原则，其评价值在二级范围内所占比例最大，综上所述案例枢纽的公交运营处于二级良好水平。

思考题

1. 方案综合评价要遵循哪些原则？如何进行合理的评价？
2. 方案综合评价的方法有哪些，有何区别？
3. 论述层次分析法的原理及步骤。
4. 列举实例，利用层次分析法进行方案评价。
5. 列举实例，利用模糊评价法进行方案评价。
6. 简述灰色关联分析法的基本步骤。
7. 查阅文献，思考其他常用的综合评价法有哪些。

第七章
货运枢纽与物流中心规划

第一节 铁路货运枢纽功能布局设计

一、铁路货运枢纽平面布局

(一)平面布置的原则

1. 平面布置原则

总平面布置必须统筹兼顾,全面考虑,做到既重视地形地貌,又注意地质情况;既适应近期需要,又考虑预留发展;既保证生产工艺流程的高效率,又兼顾建筑布局的高质量。房屋平面位置要合理,竖向设计要做到各高度配合良好,场地排水畅通,地下管线短而不交叉。

2. 货场平面布置原则

在货运量较大的车站,一般都设有货场。货场是货运站的一个生产车间,是车站办理货运作业的场所,也是铁路与地方短途运输衔接的地方。货场内各货区的位置应根据货场的具体情况确定,一般应考虑以下原则:

成件包装货区应远离散堆装货区,以避免被散装货物灰尘所污染,最好设在货场上风方向和靠近城市一侧。

散装箱货区应靠近长大笨重货区,以便集中管理和共用装卸机械,提高装卸机械的使用效率。集装箱及长大笨重货区可布置在成件包装货区与散堆装货区之间,起隔离作用。

散堆装货区最好布置在货场的下风方向及远离市区的一侧,应和成件包装货区保持一定的间隔距离,以保证货场内的整洁。

危险品货区和牲畜装卸区应根据消防安全规则及卫生防疫规定,布置在远离其他货区的地方。在货场内设有危险货物专用仓库时,最好设置单独的出入口。

当货场与车站车场横列布置时,为了避免将来车场发展而引起拆迁仓库、站台等建筑物,应将成件包装货区布置在远离车场的外侧,而将散堆装货区布置在靠近车场的一侧。

(二)货运站的总平面布置

1. 总平面布置要求

(1)正确选址,合理分区

选址应尽量避开高填土、滑坡、水冻土、流沙层、淤泥层、断层、溶洞等地质严重不良地段;有开采价值的矿体或采空区;受山洪或内涝严重威胁的地段;受邻近工厂严重污染的下风地段。

各类房屋选址要配合地方城市规划,货运房屋选址还应适应地方工农业发展的需要。

除因生产运输要求必须布置在靠近铁路线的房屋外,一般房屋应尽量考虑利用铁路站区附近的山坡、荒地和脊地。

有条件时,各场段的同类型车间可集中布置或合并,以提高房屋及设备的利用率。

房屋总平面布置应注意邻近房屋体型和竖向高度上的互相协调。

(2)布置紧凑,节约用地

紧凑布置房屋及各类建筑物、构筑物、堆场、绿地的位置,合理见效互相间距。

在采取措施保证安全卫生的基础上,合理减小防火、防爆及卫生间距。

近期建设与远期发展相结合,近期建设应尽量集中,避免过多或过早地占用土地,预留发展用地力求符合实际。

充分利用各种零星边角碎地及铁路曲线形成的扇形地带来布置次要建筑物。

(3)利用地形,节省工程量

山坡地上房屋和构筑物,在生产性质、工艺流程、运输要求许可情况下可以分台阶布置。

使建筑物的长轴平行等高线布置,以节省土石方。

厂区、居住区道路不强求平直,可根据地形灵活布置。

重要及大型建筑物应建在较平坦地段及挖方地段。

不同类别用地的合适坡度可参考表7-1。

铁路车站用地合适坡度 表7-1

用 地 性 质	合适坡度(%)	用 地 性 质	合适坡度(%)
生产技术作业场地	0.5~2	居住用地	0.5~6
铁路车站用地	0.3~2	绿化用地	不限

(4)有利生产,方便生活

厂、段的地点要便于连续公路,以利于外部联系和协作。

厂、段站内部的总平面布置,必须符合生产作业要求,保证生产过程的连续性,并使生产作业线最短、最方便,避免往复运输或互相交叉。

动力供应设施,包括变配电所、氧气站等的布置应考虑靠近负荷中心。

对生产、检修工作有较高精密度要求或装有较高精度的机械设备和仪表的车间应布置在远离振动源(如锻工间等)的地方。

布置房屋要注意生产或业务工作队朝向的特殊要求,如机床间应避免朝西向布置,以防止强烈阳光照射而影响工作。

仓库及堆场要靠近运输主要干道及向之供应材料的主要车间。

厂、段办公房屋宜布置在靠近通往城镇干道或公路的处所,或街道出入口附近,以便工作联系。

在地形困难的沿线中间站,布置房屋不要片面强调利用地形,要注意使职工上下班不穿越隧道及攀登临河陡峭的山路,尽量把房屋布置在对职工生产和生活都较方便的地方。

沿线中间站的居住房屋要尽量布置在供水方便之处,例如水井附近或供水车库停车卸水点附近。

(5)防火、防洪、安全、卫生

建筑物、构筑物之间的距离,既要执行有关规范和当地公安机关对防火、防爆和卫生间距的规定,又要贯彻节约用地的方针,多方面采取措施,做到既保证安全,又节约用地。

确定建筑物的位置和朝向时,应考虑当地的常年主导风向。锅炉房及其他散发烟尘或有害气体的房屋应布置在下风侧;空气压缩机房应布置在产生有害气体的乙炔发生器间、煤气发生器间的上风侧;乙炔发生器间应布置在氧气站的下风侧,有明火或散发火花地点的上风侧;各类房屋的出入口,在炎热地区应尽量与夏季主导风向一致,在严寒地区应尽量与冬季主导风向相背;在严寒风害地区,建筑物应选择在风力受阻后减弱的地点。

在地震地区的房屋总平面布置,要适当考虑抗震疏散需要。易受洪水侵袭淹没的场地要有一定的挡水措施,使房屋及场地高程在一定频率的洪水位以上。

2. 换装站

换装站设在不同轨距铁路的接轨地点,是为货物换装和旅客换乘服务的车站。换装站按其设置的地点和担负的作业性质分为国境换装站和国内换装站。

(1)换装站的作业设备

国境换装站设于轨距不同的两国国境铁路衔接的地点,除办理货运站所有的技术作业外,还要办理以下作业:

①旅客列车作业。包括有关边防的检查作业;餐车和邮政车的摘挂作业;行李的交接与邮政的换装作业;全部客车转向架的更换或旅客的换乘作业。

②货物列车作业。包括边防部门对进、出口货物列车的验收;外运代理部门对进、出口货物的报关检验;海关、商检、卫生防疫检查、动植物检疫等部门对进、出口货物的检疫、检验;货物和车辆的交接、检斤和验收作业;货运票据的翻译、签封,各种费用(如换装费、验关费等)的核收;货物的换装,必要时还办理个别特大货物车辆更换转向架的作业。

国境换装站应设置下列主要设备:不同轨距铁路公用的旅客列车到发场;为客车车底过轨而设的旅客列车转向架更换设备;不同轨距的货物列车到发场、调车场;两种轨距共用或分开的机车维修和整备设备,车辆检修设备;两种轨距布置在一起的换装场、货物储存仓库或储存场。

国境换装站有两种设置方式,一种是在两国国境边界附近的适当地点各设一个换装站,分别担负本国进口货物的换装;另一种是换装站设在某一方国境的附近,集中办理双方进、出口货物的换装。采用何种设置方式,应根据双方协议及当地条件而固定。

国内换装站设在国内两种不同轨距铁路的衔接地点,主要办理不同轨距列车到发、调车和取送作业。货运作业只办理货物的换装以及当地货物的装卸。对于旅客列车,一般只办理旅客换乘的作业。国内换装站由于运量小,货物品种不同,一般根据所办理货物的性质设置几组换装线即可。

(2) 换装站布置

换装站布置除应遵守一般车站的布置原则以外,还应满足下列要求:

①两种不同轨距的线路应最大限度地避免互相交叉;
②换装站与铁路区间应有直接通路,以便必要时列车能直接向区间发车;
③大型换装场内各换装区的布置应保证作业安全便利、节省场地面积;
④换装线的布置要考虑能相互调剂、长短线配合,同时设有一定的储备线,以便停放车辆;
⑤换装设备应尽可能采用机械化、半机械化,以提高作业效率;
⑥两种轨距的客车到发线和客运设备一般应集中设于一处,以便旅客的换乘;
⑦两种轨距的机车整备设备可以合设也可以分设,机车检修设备则应合并设置,库内可有混轨线或分设台位两种布置形式,车辆检修设备一般均共用。

根据两种轨距的到发场、调车场与换装场的相互位置,国境换装站布置图可分为横列式、纵列式和混合式三种。

3. 工业站

工业站是设在工业企业专用铁道的接轨点或铁路枢纽内的工业区附近,主要为工企业外部运输服务的车站。

(1) 工业站的分类和设置布置

工业站按服务对象可分为以下三类:

①为采掘工业服务的工业站。采掘工业是大量货流的发源地,其发送量超过到达量,运输特点是以装车为主,装车大于卸车。
②为加工工业服务的工业站。加工工业是大量货流的消失地,一般到达量超过发送量,运输特点是以卸车为主,卸车大于装车。
③多企业共用的工业站。设在工业企业比较集中的工业区,衔接多条专用线,为几个不同性质的企业服务。这种车站的车流往往比较零散,货物品种较多,到发方向也多,车站取送调车工作量也较大。

工业站的位置应靠近大量货流入口或出口的地点,以使企业的原材料来源和产品流向与总布置图生产流程相适应,尽量避免车流在铁路线上或厂(矿)内部折角和迂回运输。

(2) 工业站布置图

工业站布置图应根据企业的性质和规模、交接作业方式、工业站与企业站的分设或联设及其在铁路网和枢纽内的作业分工等因素选定。

工业站与企业站分设时,两站往往相隔一定的距离,而路、厂(矿)双方车辆交接需根据重、空车流的连接分阶段进行。为了缩短车辆在到发线或调车线上的占用时间并考虑作业安全。

工业站与企业站联设的特点是设有分别属于铁路和企业的两套车场。根据这两套车场的相互位置,有横列联设、纵列联设及混合联设三种类型。工业站与企业站联设时,一般应采用横列式布置,如图7-1所示。少数为特大型企业服务的车站,当出入企业大部门车流集中在一站办理时,为了提高车站的能力,可考虑采用纵列联设或混合联设布置,如图7-2所示。

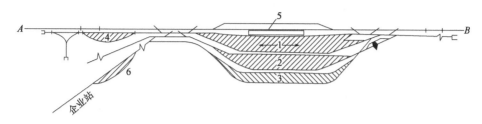

图7-1 分设的横列式工业站布置图
1-铁路到发场;2-铁路调车场;3-交接场;4-机务段;5-客运设备;6-交接场方案

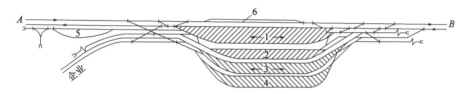

1-铁路到发场;2-铁路调车场;3-企业到发场;4-企业调车场;5-机务段;6-客运设备

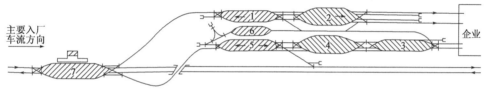

1-铁路到达场;2-企业编发场;3-企业到达场;4-铁路调车场;5-铁路出发场;6-机务段;7-铁路接轨站

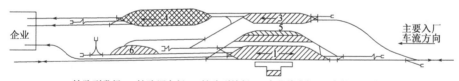

1-铁路到发场;2-铁路调车场;3-铁路到达场;4-企业编发场;5-交接场;6-机务段

图7-2 工业站与企业站联设的布置图

4. 港湾站

港湾站是专为港口服务的车站,办理列车的到发、解编及向港区车场或装卸地点取送车辆等作业。港湾站距码头、仓库作业区不宜太远,主要是为便于取送车作业与编组站间有方便的通路,并考虑港口联络线(指港湾站和港口的联络线)接轨的合理性,以及便于地方运输。

港湾站按其主要车场的位置分为横列式和混合式两种。其共同点是向港内码头线方向不设单独的出发场,通往各港区车场根据需要设单独的进路。

(1)横列式港湾站

横列式港湾站(图7-3)的作业程序为:自路网的编组站到达港口的列车在接入到发场(到达场)后,按港区车场或装卸码头解体选编后,由编发场以小运转列车或取送调车方式送入港内。由港口发路网的车辆,在接入到发场,经牵出线或驼峰解体编组后,以直达列车或小运转列车方式,由到发场发往路网的编组站。

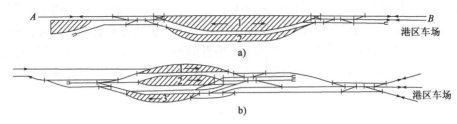

图 7-3 横列式港湾站布置图
1-到达场；2-调发场；3-到发场

这种布置图的优点是占地少，车站定员少，管理方便。但如作业量大时，将会出现作业交叉干扰大等缺点。当港口吞吐量不大，且大宗货物较多、直达和坐编列车比重较大时，可采用横列式布置图。

(2) 混合式港湾站

混合式港湾站(图7-4)的特点是面向港口方向到达场与编发场纵列，以满足入港车流改编作业的要求。出港方向车流的改编作业大部分系由路网的编组站担当。就不设调车场或到达场与调车场横列。这种布置图作业能力较大，适合既为港口服务又为路网服务的编组站，也适合货物品种比较复杂、改编作业较大的港口。

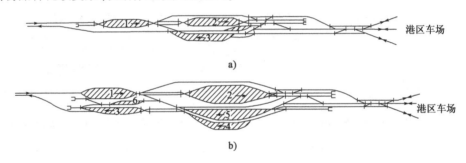

图 7-4 混合式港湾站布置图
1-到达场；2-调车(编发)场；3-出发场；4-调车场；5-到达场；6-机车整备设备

(3) 路港车场联设的港湾站

图 7-5 为路、港双方车辆联设的双向二级四场港湾站布置图。港湾站的车场分别由铁路、港口双方管理。港湾站可不设交接场，直达列车和大租车宜在各自的到发场或到达场向对方交接，有条件也可以在对方到发场或到达场交接。其他车辆的交接地点应根据车站布置形式和作业方式确定。这种布置图的优点是作业能力大，但由于路、港双方车场及机务、车辆等设备分设两套，占地多、投资大、运营成本高。

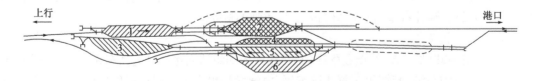

图 7-5 路、港双方车辆联设的双向二级四场港湾站布置图
1-铁路到达场；2-港口编发场；3-机务段；4-港口到达场；5-铁路到发场；6-铁路调车场

(三)货物的布置

货场是车站的一个生产车间,是车站办理货运作业的场所,也是铁路与地方短途运输相衔接的地方。在货运量较大的车站,一般都设有货场。货场按办理货物的种类可分为综合性货场和专业性货场。综合性货场根据每日平均装卸作业车数可分为大、中、小型货场。货运量较大,货物种类较多的车站,为避免作业过分集中和便于货场管理,可分设几个货场,各货场应进行合理分工。铁路货场的配置图形包括尽头式、通过式和混合式三种。

(四)主要货物仓库的平面布置

1. 货物仓库类型划分

货物仓库是在铁路运输过程中,为了满足装卸作业的需要,防止气候对货物的损坏和影响,对成件包装货物进行临时保管的场所。其类型划分见表7-2。

货物仓库类型划分 表7-2

分类方法	仓库名称
按日平均作业量分	大型货物仓库
	中型货物仓库
	小型货物仓库
按组织形式分	整车货物仓库
	零担货物仓库
	整车与零担混合货物仓库
按货物品种分	综合性货物仓库
	专用物品货物仓库
按装卸线布置形式分	库内装卸线仓库
	库外装卸线仓库

2. 仓库、站台与线路的布置形式

仓库、站台与线路的布置,应保证取送车、装卸作业及搬运车辆的停留和走行都很便利。

3. 仓库主要尺寸确定

宽度应根据货运量、货物品种、作业性质、装卸机械类型、取送车长度及建筑物模数等因素确定。仓库宽度越大,叉车通道间隔距离等辅助面积占总面积的比例越小。

长度应根据需要的堆货面积和所采用的仓库宽度计算确定。为了便于仓库管理及成组装卸作业,减少取送车作业与装卸作业的干扰,仓库不宜过长,一般以50t货车1~5节长为宜。

高度主要根据货物不同的堆放高度确定。库内装卸线仓库高度还应考虑铁路建筑接近限界的要求。

考虑到今后货车车辆以50t、60t为主以及对门装车的要求,两库门间的距离通常采用14.032m,折合模数为14.4m,因此开间尺寸基本上可用3.6m、4.8m两种。如屋面采用折板、网架薄壳等结构时,开间尺寸不受此限。

货物仓库主要尺寸参考表7-3。

货物仓库主要尺寸(m)　　　　　　　　　表7-3

名 称	宽 度	长 度	高 度
大型货物仓库	不小于15	不大于210	不小于4.5
中型货物仓库	不小于15	不大于140	不小于4.5
小型货物仓库	9~12	不大于70	不小于4.2

二、铁路货运枢纽的规模确定

(一)货运量主要资料的编制

铁路车站货运量以货运营业站为单元进行设计。凡是有专用线接轨及设置货场的车站,称为货运营业站。

货运营业站应设置在能形成经济中心或集散中心的地方。车站货运量原则上应按运营5年、运营10年分别设计。货运量预测年度,应按铁道部颁布的设计任务书中规定的运营设计年度作为货运量预测年度。对既有线(枢纽)设计,还应列出最近两个统计年度的货运量。设计中货物品类的划分原则上与年度运输计划分类相同,即煤、焦炭、石油、钢铁、金属矿石、非金属矿石、矿建材料、水泥、木材、化肥及农药、粮食、棉花、盐及其他等14个品名(必要时增磷矿石、集装箱等专项品名)。因各线(枢纽)运输货品不尽相同,在不影响设计质量的条件下,编制线路货流图、货流密度表及枢纽货物交流表时可只列主要品名货运量,将货运量过小的品名省略而归入"其他类"。但车站到发运量,应详细分析品种,以便分出仓库、站台及货区等的堆存量,据此计算和设计货运设备规模及数量。货运量单位以百万吨、万吨、千吨表示。中、小站到发运量可取较小单位。货运量资料应符合铁道部颁布的《铁路基本建设项目可行性研究、可行性研究和设计文件编制方法》的规定要求。

编制货运量的主要资料。首先要对货运量进行分类。通常把货运量分为两类,即地方运量和通过运量。所谓地方运量,是指经由设计线路及枢纽的车站发出和到达的货运量。它包括车站地方吸引范围内产生的运量和通过其他运输工具与铁路项目产生的联运量两部分。所谓通过运量,一般是指由设计项目的一端接入,通过本项目至另一端交出而无装卸作业的运量(对枢纽就是从一个方向接入并通过该枢纽至另一方向交出而无装卸作业的交流运量)。集装箱及少量的零担货物,由设计项目的一端接入,需在项目范围内车站落地配装并至另一端交出者,也应属于该项目的通过运量。

货运量主要资料包括下列4项表格:

1. 枢纽货物交流表

枢纽货物交流表全面表示了枢纽的地方运量、通过运量及总运量,是枢纽设计的主要经济资料。

表中的枢纽地方运量按各站分列。当枢纽内有运量很大的工矿企业线时,应将工矿企业线单独列出。

枢纽各方向的线路分为本枢纽至相邻枢纽间和相邻枢纽间两个交流区段。个别情况,当两枢纽间有区段站且货流变化又很大时,可将两枢纽间以区段站划分为两个交流区段。

表列内容有统计和预测的近期及远期年度,近期年度分出货物品名。

2. 车站发到运量表

车站发到运量表内应分别列出近、远期运量,且近期运量中要分出货物品名。

3. 大宗货物始发终到表

枢纽设计应列枢纽内车站与工业企业线的大宗货物发到运量和车站的通过运量;线路设计一般仅做车站的大宗货物发运量。

列入本表的大宗货物通过运量每天应在 1 列以上,发到运量应在 0.5 列以上。

为满足行车组织的需要,通过的大宗货物最好明确起讫点车站,困难时亦可按线(段)、地区或省(区)市表示;车站发到的大宗货物,应按站及工业企业线填列。

4. 车站仓库、货区及工业企业线运量表

货物品名原则上与车站发到运输量表一致,必要时可细分。

预可行性研究阶段,按预测年度仅对主要车站编制;可行性研究、初步设计阶段,各站均需编制。

(二)车站货运量的计算

1. 划定地方吸引范围

货运营业站的吸引范围是指铁路车站的服务地区。地方吸引范围,是指对外经济联系的货物运输必须以设计项目为主要运输工具的地区。

若车站所在地区的对外运输货物,全部或基本货流的运出和运入都是经过该项目的车站为装卸点,且经济合理,则该区域的范围就是车站的货运地方吸引范围。各车站吸引范围的总和,就是全线的货运地方吸引范围。

划分沿线车站的地方吸引范围有几何作图、综合分析和费用计算三种方法。

(1)几何作图法

几何作图法有几种,常用的是垂直平分线法,它是粗略确定车站吸引范围的一种方法。这种方法的基本原理是将设计的车站与相邻站间分别连成若干直线,然后在各直线上作垂直平分线,利用垂直平分线上任意一点与直线两端(即两站)等距的原理,得出环绕设计车站的闭合多边形。这个闭合多边形就是车站的吸引范围,如图 7-6 所示。

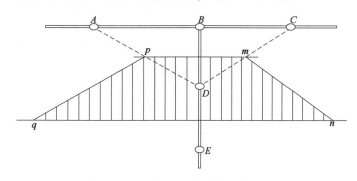

图 7-6 垂直平分线法确定车站的吸引范围

图 7-6 中阴影部分为 D 站的几何吸引范围。这个吸引范围的界限是由 A、B、C、D、E 各站连线的垂直平分线相交而成的,这些平分线上的交点 p、m、n、q 至相邻车站的距离是相等的。

垂直平分线法只是一种理想的几何作图法，因为它没有考虑到车站的具体位置，也没有考虑地形条件和交通条件的影响，更没考虑货流方向和经济据点间的经济联系，因此只是一种粗略的划分方法。它只能作为综合分析方法的一种辅助办法，不能单独使用。

(2) 综合分析法

综合分析法是首先用垂直平分线法概略地划出地方吸引范围，然后对影响吸引范围的诸类因素进行分析，继而对吸引范围进行必要的调整，最后划定出吸引范围。

影响吸引范围划定的主要因素有：

①地形条件。如果一个经济据点被高山或河流分隔，而又无交通条件与车站联系，则会影响车站吸引范围的划定。

②交通运输条件。指铁路、公路、水运等交通网的分布、能力及发展情况对吸引范围的影响。

③行政区划。在一般情况下，物资的集散应按经济区划考虑。但有时也受行政区划的影响，因为在所属行政区划内的集散物资具有一定的方便条件。

④货流方向及地区间经济联系。指在两个相邻的货运营业站间，由于货流方向不同而影响车站的吸引范围。

⑤货物品类。一些货物品类对车站的吸引范围有直接影响，如石油、百货等物资装卸车站比较集中，这种装卸车站往往吸引一个县或市大部分地区的物资。因此，对个别品类，其吸引范围应个别考虑。

⑥季节性和运输时间。季节性影响主要是指河流冰冻期和洪水期对吸引范围的影响。如由于受洪水影响，货物不在原有车站装卸而被其他车站所吸引。运输时间的影响主要是指易腐货物的运输，由于它有运输组织方面的特殊要求，货主将货物运到货源较多、便于组织快运列车的较远车站装运，而不在本站装运。

在分析上述因素时，还要考虑设计年度可能出现的情况变化，如旧线改造中增设车站封闭车站、新线设计中暂缓设置车站等均会引起相邻车站的吸引范围缩小或扩大。

在应用综合分析法时还要注意研究下列各项内容：

要按"由站到线"，即先车站后全线的顺序来划分；分析吸引范围应从沿线经济集散点，如县城、工矿点、城镇等开始。待各点划分后，再按各站所能吸引的地区(根据行政区划、交通情况、集散方式)扩大到面，得出车站的吸引范围；各种运输工具在运输量上的合理分配，应该根据货物种类、性质、发到地点、运费、运输时间、服务质量以及工矿企业的分布位置等因素，选择适当的运输工具和经济的径路；确定地方吸引范围的界限时，必须注意到范围内运输条件的改变对界限的可能影响，如预计在预测年度项目区域范围内将要修筑其他新线等。

(3) 费用计算法

费用计算法是在考虑了货物的具体流向及短途运输条件的基础上，通过运杂费比较而划出吸引范围的方法。

运杂费比较是指所运货物起、讫点之间全部运输费用的比较。即货物从产地运至车站，并通过铁路运至货物终点的全部运输和装卸费用；或从外地运至车站，继而转运到消费点的全部运输和装卸费用。通过运杂费比较，可以明确由哪一个车站装卸货物运输费用最省，从而确定货物的归属车站问题。

费用计算法是确定地方吸引范围比较精确的方法，一般是用综合分析法仍不能明显看出它的合理性时采用。

2. 计算车站地方运量

(1)经济资料的分析

计算地方运量首先应对经济资料进行分析研究,其内容包括搜集的资料齐全程度能否满足计算地方运量和客货运设备的要求;资源是否查清;各部门的规划资料可靠程度是否符合国民经济发展的方针政策;分析统计资料,找出运量与经济发展的历史规律。

(2)地方运量计算的一般方法

地方运量计算方法有归纳法、平衡法、推算法和类比法等。由于货品种类繁多,以及资料的齐全和精确程度的差异等,采用哪一种计算方法或几种方法综合使用视具体情况而定。

归纳法:当工矿企业或物资单位既有生产计划又有调拨计划和运输方式的资料时,只需稍作调查研究,确认无误,即可确定铁路运量。这种方法常用于专用线设计。

平衡法是利用产销平衡的原理计算,其公式为:

$$运出量 = 生产量 - 当地消费量$$

$$铁路运量 = 运出量 - (水运量 + 公路运量)$$

推算法是在资料缺乏的情况下,根据基期运量和平均增长速度,分析可能增减的因素,推算出预测年度的运量。在工作中,为了方便起见,将运量递增系数制成表格,从表中查得递增系数后,即可计算出所求的运量。

3. 机构组成人员及设备

货运车站机构设置和定员计算标准,所依据的原则与客运站相同。

货运调度员、货运检查员与所在站运转人员实行相同的班制。

三等站及客货运定员分设的站,货运员的设置不必分内、外勤,故分项计算后先汇总货运员总数(专用线外勤单列),然后划分班制。全站不足3人的,设3人。

其他货运人员,特、一等站实行三班制,个别繁忙者可实行三班半制;二、三等站及客货运定员分设的四等站,业务量在日均装卸150车以上或日均发到量零担200批以上者,实行三班制;其余站实行两班制。

站务员设置标准(四、五等站):站务员的总数,应按整车、零担、客运的计算标准分别计算,然后汇总后再分班制。整车、零担、客运的计算标准为:日均装卸整车,每5辆设1人;日均发到零担,每10批设1人;日均发送旅客,每100人设1人。一般实行两班制,每班不足1人时,设每班1人。

装卸工定员设置标准:二等及以上大站,可设装卸作业所,定员配备,设主任1人,副主任1~2人,技术员1~2人,会计1人,统计1人,出纳1人,计工员1~2人,安全劳保1人,材料员1人,值班员(派班员)每班1人。三等及以下站,一般不设脱产的装卸管理人员,而由车务段进行技术业务领导。机械装卸定员,原则上按路员考虑。主要装卸机械每班定员的配备,见表7-4。班制的确定,原则上应按机械作业工作量的饱和程度考虑。一般来说,三等及以上站,实行三班制的比较多,实行两班制的较少。

在车站设计中可根据铁道部规划设想的机械作业定额标准确定班制。按定额工作量计算,作业量为定额的50%以下时设一班;为定额的50%~80%时设两班;达定额的80%以上时设三班。如按机械纯工作时间计算,5h以下设置一班,8h左右设置两班,10h以上设置三班。各种机械每小时可完成的工作量由机械专业供给。

装卸机械每班定员配备表　　　　　　　　表7-4

机械类型	司机(副司机)	辅助工	司机长	备注
门吊	1	4	两班以上设1人	5~20t吊
汽车吊	1	4		
蒸汽吊		4		
履带吊	1	4	两班以上设1人	
轮带吊	1	4	两班以上设1人	
卸煤吊	1	4	两班以上设1人	有清底器时,设辅助工1人
装砂机	1		两班以上设1人	
推土机				
叉式车		2		
单斗装卸机				

在品种单一、货源充足时,可考虑高于上述定额标准。行包装卸搬运件数,在换算吨数时按6件折合1t考虑。

在考虑机械作业量时,应考虑部分货主委托的作业量。货主对笨重货物全部委托铁路机械装卸作业,包件中稍大、稍重的货物,人工搬运困难,也可考虑由铁路代为作业;散装货物、易腐货物,原则上不考虑铁路代为作业,但煤、片石等在大站设起重机抓斗或单斗装载机时,可为货主作业。

劳力装卸工,根据机械作业以外的工作量及劳动力装卸定额计算确定。装卸定额可按3600t/(人·年)考虑。作业比较困难且货物较多时,可采用3000t/(人·年)定额。新线设计,劳力装卸工为路外的装卸组织(含铁路家属装卸组织);既有线设计,维持现有比例或保持现有人员数。班制,二等及以上站按三班制;四等及以下站,工作量均衡者按两班,不均衡者按一班。

至于货运站行政管理部门管理机构定员标准,可参照铁路客运站设计中的表和所在路局的具体情况,结合机构改革的发展趋势,征求运营单位意见后确定。

4. 货运站的面积计算

铁路货运房屋是受货主委托,办理日常货物的托运、提取、保管、装卸等货运业务和维护货运设备良好状态的房屋设施。货运房屋组成和设置地点见表7-5。

货运房屋组成和设置地点　　　　　　　　表7-5

房屋名称	设置地点
货物仓库	(1)大、中型货物仓库,设于大、中型货场; (2)小型货物仓库,设于中间站上的小型货场; (3)沿零仓库,一般设在中间站基本站台上靠近站房附近
危险货物仓库	(1)在综合件货场有零包危险货物到发和中转时,可在成件包装货物仓库区设置; (2)中间站货场内有零星危险货物到发时,分隔开单件专门保管危险货物
货运办公室	一般应设在货场进口处,一面正对市区,一面通向货场,以便于货运人员办理承运和交付手续及货运票据的移交

续上表

房屋名称	设置地点
货运员室	(1)整车货运员办公室,可设在仓库的端部或堆积场的适中地点; (2)零担到发货运员室,设在仓库的中部; (3)零担中转计划货运员室,设在仓库的中部或端部; (4)零担中转包区货运员室,应根据分区和货位管理具体情况设置
装卸工休息室	应分别设在各主要货区或靠近货运员办公地点
装卸机械维修 (包括叉车库及充电间)	应与成件包装货区有方便的联系,能及时到达装卸工作地点,也可和装卸机具修配厂合建
食堂、浴室	设在货运办公室及装卸工休息室附近的适中地点

货运站的面积计算和确定,主要是对仓库、站台、堆货场三类面积计算,以及货运办公室的计算和确定。

(1)仓库、站台、堆货场等各项设备的面积计算

仓库、站台、堆货场等各项设备的面积(包括有效面积和机械通道、货位间隔距离等辅助面积)是根据货运量、货物保管期限以及每平方米的堆货量等因素确定,可按式(7-1)计算:

$$A = \frac{Q_{at}}{365P} \quad (7-1)$$

式中:A——使用面积,包括有效面积和机械通道、货物间隔距离等辅助面积,m^2;

Q——仓库、站台或堆货场年货运量,t;

a——货物到发波动系数(货物到发月度不平衡系数,即当年最大月运量/当年月均运量),一般大、中型货物仓库,$a=1.2\sim1.3$,中间站仓库,$a=1.2\sim2.0$;当季节性特别显著或有特殊情况时,按具体条件计算确定;

t——货物保管期,d;

P——仓库、站台或堆货场单位面积的堆货量,t/m^2。

(2)货运办公室面积确定

货运办公室是铁路接受货主委托办理货运业务的场所,一般设置在货场的进口处,一面正对市区,一面正对货场,以便货运人员办理承运、交付手续和货运票据的移交。货运办公室房间组成和面积见表7-6。

货运办公室房间组成和面积(m^2)　　　　　表7-6

房间名称		人数 4人	6人	10人	15人
主任室		15	15	15	15
营业室	铁路办公	18	30	36	48
	货主活动	18	30	36	48

第二节　公路货运枢纽功能布局设计

公路货运枢纽是公路货运系统的节点,即货物的集散点,是实现货物从部门到部门运输和在物流的大系统中为物主或用户提供多种服务的场所。在公路运输市场中,它起到集散货物、

停放车辆、运行指挥以及其他综合服务等作用,是物流配送十分重要的环节。

一、公路货运枢纽的主要功能

(一)货运组织与管理功能

货运组织与管理功能指进行公路货物运输市场的管理和站内运输能力与物流的组织及管理。具体包括以下职能:

1. 货运生产组织管理

货运生产组织管理包括承办货物的发送、中转、到达等作业,即组织与铁路、水运、航空的换装运输和联合运输,以及货物的装卸、分发、保管,还包括运输能力的调配和货物的配载作业,制定货物运输计划,进行货物运输全过程的质量监督与管理等项工作。

2. 货源组织与管理

货源是运输市场中的基本要素,是货运经营者在市场中竞争的焦点。公路货运站通过货运生产的组织与管理、货源信息和物流变化规律等资料,及时掌握货源的分布、流向、流量、流时等特点,实现公路货物的合理运输。货运站应加强与货主单位的联系、洽谈,承揽货运业务,并协助货主单位选择合理的运输方式和运输线路,签订有关运输合同和运输协议,为货运业务的有序运作提供可靠的保证。

3. 运输能力的组织与管理

公路货运站通过向客户提供货源、物流信息,组织各种营运车辆从事公路货运运输,为社会运输能力提供配货服务,运用市场机制协调货源与运力之间的匹配关系,使运输能力与运输量始终保持相对平衡。

4. 运行的组织与管理

根据物流的特点,确定货运车辆行驶的最佳路线和运行方式,制订运行作业计划,使货运车辆有序运行。同时运用通信手段和计算机网络技术,及时掌握营运线路通阻情况,向驾乘人员及时提供线路的通阻信息,会同有关部门及时处理行车事故、组织救援等。

5. 公路货运市场管理

公路货运站应协同行业管理部门,通过运输管理把用户、经营者、公路运输管理部门有机地联系起来。运用经济杠杆和有效的管理手段,充分满足用户和经营者的需求,为货主提供运输车辆,为车主提供配载货物,促使社会上的分散车辆和物流的组织化,运输秩序正常化,能源和资金利用合理化,从而达到使物流的各个环节如储运、装卸机器等能协调、灵活运转。

(二)中转换装功能

公路货运站的货物运输以集装箱运输或零担运输为主要对象。因此,汽车货运不仅要完成公路、水运、铁路、航空中的货物运输转换,而且还要在不同的运输方式、不同企业之间的联合运输过程中进行优质的运输服务,利用货运站内部的装卸设备、仓库、堆场、货运受理点以及相应的配套设施,保证中转货物安全可靠地完成换装作业,及时地运送到目的地。

(三)装卸储存功能

公路货运站应为货主提供进货、仓储、保管、分拣、配货、分放、配装、搬运作业。

(四)联运和运输代理功能

公路货运站除从事公路货物运输外,还应与其他运输方式联合,充分发挥各种方式的特点和优势,逐步完善综合运输体系。公路货运站应通过信息中心和自身的信息系统,与铁路、水运与空运等行业及部门建立密切的货物联运关系,协调开展联合运输业务。

运输代理是指由公路货运站为其服务区内的各有关单位或个体代办各货物运输业务,为货主和车主提供双向服务。其中包括选择最佳运输路线,合理组织多种方式运输联运,以达到方便货主,提高企业经济效益和社会经济效益的目的。

(五)通信信息功能

建立通信信息中心,通过计算机联网及现代通信设施,使公路货运站与本地区有关单位以及其他地区的公路货运站形成物流信息网络,从而获取与运用有关信息进行货物跟踪、仓库管理、运输付款通知、运费结算、托运事物处理、发货事物处理和运输信息交换等。通过网络系统,使公路货运站与港口、码头、铁路、航空形成的有机联系,相互衔接,实现联网运输与综合运输相结合。同时,货运站还要向社会提供货源、运力、货流信息和车货配载信息等服务。

(六)综合服务功能

公路货运站除开展正常的货运生产外,还提供与运输生产有关的服务,如为货主代办报关、报检等业务;提供商情信息等服务;开展商品包装、分拣、配货、分放以及加工等工作;代货主办理货物的销售、运输、结算等服务。另外,它还应为货运车辆提供停放、清洗、加油、检测和维修等服务;为货主和驾乘人员提供食、宿、娱乐等服务。

货运站的技术经济指标主要包括总体指标和单位指标两类,具体见表7-7。

货运站技术经济指标 表7-7

序 号	总体指标	单 位	单位指标	单 位
1	年度货物吞吐量(零担)	t	日均货物最大吞吐量	t
2	集装箱拆装箱工作量	t	日均货物最大受理量	t
3	驻站运输车辆数	辆	日均集装箱运输量	t
4	货运站工作人员数	人	货物平均堆存期	d
5	货运站占地面积	m²	单位货物平均面积	m²/t
6	货运站建筑面积	m²	单位人员平均面积	m²/人
7	货运站动力消耗量(电、气、水)		单位车辆平均面积	m²/车
8	建设投资总额	元	平均单位投资额	元/t;元/人;元/车

二、公路货运枢纽的分类及其作业分析

(一)公路货运场站分类

为了适应物流系统运输市场发展的新形势,公路货运场站必须根据物流各项业务范围进行合理分工和组织,向专业化方向发展,形成由不同的货运业务受理站点、载运工具及运行线

路组成的货运系统。当前,我国公路运输企业的货运站大致可分为整车货运站、零担货运站、集装箱货运站三类。

1. 整车货运站

整车货运站是以货运商务作业机构为代表的汽车货运站。这种机构在我国各地的名称不统一,如营业所、运输站、运管办等。它是调查并组织货源、办理货运商务作业的场所。商务作业包括托运、承运、受理业务、结算运费等项工作。有的整车货运站也兼营零担货运。

按照托运货物的数量,可把货物分为大批货物和小批货物两类。大批货物是进行大量运输的货物,通常要在连续的较长时间内才能完成。整车货运站主要经办大批货物运输。

2. 零担货运站

零担货运站是专门经营零担货物运输的公路货运站,简称零担站。汽车零担货物运输是指货主一次托运、同一到站、计费质量不足 3t 的货物运输。零担货物要求单件质量不超过 200kg,单件体积不超过 $1.5m^3$,高度不超过 1.3m。零担货物在公路运输总量中所占的比例虽然不大,但随着我国商品经济的发展,特别是网络电子商务的迅速发展,品种复杂,量少批多的各类产品大量涌向运输市场,使零担货运增长速度十分显著。

3. 集装箱货运站

集装箱货运站主要承担集装箱货运的中转运输业务,所以又称集装箱中转站。其主要业务功能是:港口、火车站等与货主之间的集装箱部门到部门的运输;集装箱适箱货物的拆箱、装箱、仓储和接取、送达;空、重集装箱的装卸、堆放,以及集装箱的检查、清洗、消毒、维修;车辆、设备的检查,以及清洗、维修和存放;为货主代办报关、报检等货运代理业务。

近年来,我国的公路集装箱运输发展迅速,成立了不少集装箱公司和集装箱货运站,已初步形成了由港口连接铁路、公路集装箱物流网络,这将对我国的物流建设起到推动作用。

(二)各类货运站组成与功能

零担货运站及集装箱货运站其功能各有特色,因此其组成和主要作业也不尽相同。

1. 零担货运站

零担货运站的组成。零担货运站应由站房、仓库、货棚、装卸场、停车场及生产附属设施等组成。

零担货运站各作业单元的主要功能。零担货运站的各作业单元,既有各自的工作内容(工作明确),又有其作业和程序的连续性,相互联系和协助。

2. 托运处、提货处及工作间

零担货运站的托运处、提货处及工作间,应设在车站站房内。为了便于货主运送货物,必须与主干道有较方便的道路衔接。

托运处是物主办理托运、货物临时堆放及站务人员办理验货、司磅的场所。由于办理托运的高峰时间比较集中,人流和货流容易发生交叉和干扰,因此,必须组织好托运作业流程,并提供足够的用地面积,受理托运的工作间应按作业流程设置,便于物主办理托运手续。

受理托运作业包括检查货物的包装、检验货物的性质、确定质量和办理单据等项工作。因此,必须认真核对货物名称、件数、质量、包装、到达(中转)站及托运人姓名、地点;查验货物包装标准,严禁夹带危险品(必要时应拆包检查)。零担货物的质量应过磅后确定,零担轻泡货物的计费质量按货物体积折算确定。托运处与仓库间的距离应短捷,便于受理托运后的货物入库存放保管。对于货流较大的零担货运站,可采用货物传送装置。

提货处是供货主办理提货手续的场所。根据站级不同,货物可由货主到仓库处凭证提取,也可由装卸工将货物由库中搬出后由货主运走。在有条件的零担货运站,还可由货运站送货上门。所以,提货处的面积不必太大,但应靠近仓库或货位。

3. 仓库与货棚

仓库是存放保管受理托运货物、到站交付货物及中转货物的场所。仓库作业是零担站务作业的关键环节。仓库位置应便于货物的入库和提取。合理的仓库布置应满足以下功能要求:

有利于仓储生产的正常进行,并适应零担货物仓储的生产工艺要求。

有利于提高零担车辆的装卸效率。采用先进的装卸工艺设备,保证库内运输方便畅通。

保证仓库的安全和文明生产。配备必要的安全消防设施,合理组织装卸作业。

创造良好的工作环境及条件。合理设置仓库的装卸门数十分重要,既要考虑车辆在比较集中到达时有可能进行同时装卸作业,又要考虑尽量减少由于增设装卸门数而造成仓库有小面积的损失。

4. 装卸站台

在靠近装卸场的仓库一侧,设置装卸站台,其功能要求是:满足同时有较多车辆进行作业的装卸方便性,并有利于采用装卸机械(如叉车)作业,以减轻装卸工人的劳动强度。对于规模较小的零担货运站,也可利用装卸站台放置少量笨重货物,或作为货物进出仓库的临时堆放场地,便于在仓库管理上做到货主不直接进入仓库。装卸台上方应设置防雨篷,以免装卸货物时遭受雨淋或湿损。

装卸台一般分为直线形和阶梯形两种。根据车辆进行作业时与站台的相互位置,直线形又可分为平行式和垂直式,设计时应根据装卸场地大小、车辆装卸门的位置等情况进行选择。当装卸场地条件受限制,又要保证足够的装卸作业点时,可采用阶梯形站台。

5. 装卸场与停车场

零担货运站的装卸场是为装卸车辆行驶、调车和装卸货物的场所,应与站内的车辆进出通道合理地衔接,避免车流在站内发生交叉相互干扰。场地的大小及宽度与所采用的车型相适应,保证车辆行驶、停靠和装卸作业的方便,避免车辆在场内行驶时采用不合理的辅助调车。

零担货运站的停车场是停放、保管驻站车辆的场所,其面积与营运车辆的车型及驻站车辆数目有关,并且要适当考虑驻站车辆的维护、小修作业场地,以保持车辆技术状况的良好。

6. 集装箱货运站

(1)集装箱货运站的组成

集装箱货运站应有站房、拆装箱库和拆装箱作业、集装箱堆场、停车场及生产辅助设施等组成。

(2)集装箱货运站组成部分的功能

集装箱货运站的主要组成部分及其功能要求与零担货运站大致相同。与零担货运站相比,集装箱货运站不同的组成单元是集装箱堆场、拆装箱库和拆装箱作业区。

7. 集装箱堆场

集装箱堆场是堆放集装箱的专用场地,需满足中转箱、拼装箱、周转和维修箱等分区堆放的不同功能要求,应缩短运距,避免作业交叉,并能准确、便捷地运送所有集装箱,便于管理。合理地集装箱堆场布置应符合下列基本原则:

中转箱区应布置在便于"箱不落地"的由一辆车换装到另一辆车的交通方便处。拼装箱区应尽量设置在仓库的附近,这样可使作业干扰小,减少中间运输量。周转和维修箱区可布置在作业区的外围,以便于取送和维修,并减少对正常作业区的干扰。合理采用集装箱的运输机械,除保证机械进出场地畅通和足够的作业半径外,应尽量减少其行走距离,提高机械利用效率。合理布置箱位,既要考虑充分利用堆场面积,又要留足箱与箱之间的距离,做到发送安全方便。多数集装箱堆场采用双层堆码方法。场区内有一定坡度,以便于排水。

8. 拆装箱库和拆装箱作业区

拆装箱库及其作业区指对拼装箱进行拆箱及装箱的场所,也是拼装箱零担货物的集散地。其作业内容主要是把适箱零担货物装入集装箱,或从集装箱中取出,按类保管、存放和发放。因此,拆装箱箱库及其作业区应满足下列功能要求:

设置拆装箱平台,留有足够的场地,便于进行拆箱和装箱作业。能满足机械装卸作业所需工作场地的要求,以免相互干扰。留有适当的理货空间,有利于货物的集结疏运。

拆装箱平台通常设置在拆装箱库的两侧或四周,所需场地应保证车辆进出于人员操作互不干扰。拆装箱平台的工位数应满足拆装箱作业的需要。

集装箱运输是以集装箱作为基本工具实现成组运输的一种形式,同时也为适箱零担货物提高运输质量和新的运输方式,所以零担运输与集装箱运输关系密切,相互促进。因此,目前有不少汽车运输企业的货运站同时经营零担运输和集装箱运输,以适应社会发展的需要。

三、公路货运枢纽的作业流线设计

(一)零担货运站

零担货物运输是集零为整、化零为整的运输组织形式,它通过零担货运站将货物集零为整,然后按货物流向分拣后配送或将货物卸车进库、分拣整理、送达货主或等候提货。

1. 作业流线设计原则

零担货运站作业流线是货物、车辆和货主在场内运动所产生的流动线路,它包括货物流线、车辆流线、人员流线。合理组织与设计作业流线,是汽车零担货运场站布局与设计的关键,也是评价零担货运站布局设计优劣的主要因素。组织零担货运站作业流线时,应遵循下列原则与要求:

正确处理货流、人流和车流三者之间的关系,避免相互交叉和相互干扰,确保分区明确。

各流线的组织力求简捷、明了、通常、不迂回,尽量缩短有相互联系的生产环节作业线路间的距离,并使各流线自成体系又有机地联系在一起。

组织货流时,要充分考虑零担货运站站务作业和生产流程的特点,以满足零担货运站的功能要求。

组织车流时,应在保证营运货车流线短捷、明确、畅通的基础上,尽可能使装卸机械流线短捷、畅通、不迂回，避免与营运货车流线交叉干扰。

2. 作业流线设计

由于汽车零担货运站内货流、车流以及人流等作业过程复杂，所以必须合理组织其作业流线。在进行汽车零担货运站作业组织时，应坚持以货流为主导流线，车流和人流为辅助流线。

按照零担货物在站内的流动方向，货物流线可分为发送流线和到站流线。其中发送流线指零担货物受理托运、验货司磅、验货入库、仓库保管、分线装配、交接换车、零担车出站，同时包括中转零担货换装运输；到达流线指零担车进站卸货、验货入库、仓库保管以及货主凭票提货，同时包括中转零担货的保管和组织中转。

(二) 公路集装箱货运站

公路集装箱货运站是腹地运输的一个重要环节。其主要任务是：组织整箱中转、拼箱、拆箱业务，为集装箱向腹地延伸提供有利条件；组织腹地内的干支线、长短途和水陆、公路联运的衔接配合，促进"门到门"运输的实现；办理集装箱的堆场、清洗、消毒、修理以及与货主有关的集装箱业务。在腹地内设置公路集装箱货运站，对于保证码头畅通和铁路集装箱编组站的集装箱及时疏散，实现"门到门"运输以及方便货主均起重大作用。

按照集装箱多式联运的特点，集装箱货运站的作业流线主要有"门到门"运输作业流线，港口、车站至集装箱货运站运输的作业流线和站内作业流线三种形式。

1. 装卸工艺方案

集装箱装卸工艺由龙门起重机械装卸作业工艺、叉车装卸作业工艺、汽车（或轮胎）起重装卸作业工艺和跨运作业工艺4种方案。

(1) 龙门起重机装卸作业工艺

龙门起重机装卸作业工艺的特点是堆码层数多，可"堆三过四"，重箱码达三层以上；作业通道窄；堆存箱列多，可在通道两侧密集堆放，每侧可堆放四纵列；堆场平面利用系数大，每个平面箱位只需 $35m^2/TEU$；使用寿命长；装卸效率高，平均效率约 $17TEU/h$。但需要设置龙门起重机的转弯机构，且其自重大，要求基础强度高，因此堆场结构复杂，投资较大。

(2) 叉车装卸作业工艺

叉车装卸作业工艺既可以在堆场上装卸、堆码，又可在拆装库前作业场上装卸集装箱，还可在空箱堆场等等地灵活作业。另外，不论堆场大小或作业量多少，均可采用叉车作业。因此，叉车装卸作业工艺操作灵活，适应性强，对堆场基础要求也较低。但由于叉车行驶于堆场各处，其作业半径较大，所以堆场平面利用系数较低，作业通道宽。

(3) 汽车（或轮胎）起重机装卸作业工艺

汽车（或轮胎）起重机装卸作业工艺，不但操作灵活，而且可跨箱作业、堆码层数多。但因汽车起重机采用液压系统，可靠性和完好率较差。

(4) 跨运车装卸作业工艺

跨运车装卸作业工艺，装卸效率高，使用年限长，并可使集装箱密集堆放，堆场面积利用系数高。但操作技术要求较高，可靠性较差。

2. 工艺方案选择

选择工艺方案时，要以货运站年集装箱吞吐量和堆存量为依据，充分考虑各工艺方案的特点,并结合我国公路集装箱货运站的实际情况及发展趋势进行选择。

(1)工艺方案

一级站:以龙门起重机装卸工艺为主,辅以大型叉车或汽车起重机。

二级站:推荐以汽车或轮胎起重机装卸工艺为主,辅以叉车。

(2)占地面积

一级站:40000~55000m^2;二级站:20000~33000m^2;三级站:13000~20000 m^2;四级站:10000m^2左右。

四、公路货运枢纽平面布局

(一)平面布置的基本类型

货运站的办公楼通常与仓库分开建造并布置在临主干道一侧。由于仓库的位置对零担站和集装箱站的总体布置有重要影响,所以,这里以仓库为主,说明货运站的平面布置类型。

1. 按仓库外形分类

按仓库外形,货运站的平面布置可分为"一"字形、"L"形及"T"形。在生产实践中,"一"字形仓库对货物的装卸作业比较有利,所以零担站仓库较为广泛采用。采用"L"形及"T"形仓库,可以保证分区明确和联系方便,是供选择的基本类型。

2. 按仓库的高度分类

按仓库的高度不同,仓库可分为平地式仓库和高台式仓库两种。平地式仓库地面与路面相平;高台式仓库地面一般高出路面1.20~1.30m,与运输车辆车厢底板相平。

当集装箱仓库为平地式时,其周围不可设置拆装平台,拆装箱作业可在库内和拆装箱作业区内进行;当仓库为高台时,仓库的拆装箱作业区侧应设置作业平台,为拆装箱作业提供方便。

新建的零担货运站宜采用高台式仓库,并设置相应的作业平台,便于货物装卸和采用叉车作业。可在仓库附近的位置,设置专门装卸的站台。

3. 按仓库建造层数分类

按仓库建造层数的不同,仓库可分为单层仓库和多层仓库两种。其中高层货架仓库,建筑结构是单层的,但内部设置层数很多,有高度较高的货架,总高度甚至高于一般的楼库(多层仓库),是仓库中的一种自动化程度高、存货能力强的立体仓库,发展前景较好。在建造多层或立体仓库时,要考虑停电或发生设备故障时货物竖向移动的措施,以免对正常生产造成严重影响。

4. 按仓库存放货物的类型分类

按仓库存放货物的类型,仓库可分为综合仓库和专用仓库两种。零担货运站货物按其流向可分为发送货物和到达货物两类,其中到达货物又分为中转货物和交付货物两种。目前多数零担站采用综合仓库,即将上述各类货物在同一仓库内分区、分线保管存放。对于日均货物吞吐量较大的零担站,也可按发送、中转、交付等不同货物类型分别设置专用仓库,以免发生货运差错。对于承运危险品的零担站,必须单独设置危险品仓库。

集装箱站的拆装箱库,多数采用综合式仓库。由于集装箱堆场为露天仓库,一般应按中转箱、拆装箱、周转箱和维修箱分区堆放。各种箱子的堆码层数应与选用的起重设备相适应。根据经验,重箱堆码最多不得超过6层。

(二)零担货运站平面布置设计

1. 平面布局设计原则

零担货运站的平面布局设计的基本任务是根据选定的站址地形特点、生产工艺流程和计算结果等,对零担货运站各类建筑设施的相互位置及站房内部各功能部位等进行合理的布局,并获得工艺上和经济上的合理性。进行零担货运站平面布局设计时,一般应遵循以下原则:

根据零担货运站生产工艺要求,合理划分生产区、生产辅助区、业务办公区和生活区。为了满足生产工艺要求和加强生产联系,力求做到各区域划分明了,通行线路短捷,联系方便。根据货运站的特点,仓库是货运生产作业的中心和关键环节,所以必须很好地规划仓库的位置以及它与各作业区的相互配合,使之满足生产工艺要求,并取得良好的生产协作联系。

尽可能使车辆及货物在站内流通路线短捷,避免发生相互交叉和拥挤,确保站务作业有序进行和安全生产。对于一、二级站,进出车辆的大门宜分开设置,并应远离托运处和提货处;为了避免货流与人流的交叉,托运处和提货处位置应尽可能分开设置。站内道路应采用无交叉的环形行驶路线,组织车辆单向流动。

因地制宜,重视技术经济分析与论证,对不同方案进行比较,使确定的方案在工艺上合理、经济上可行、技术上先进。在满足城市规划对零担货运站建设要求的同时,既要考虑节约占地面积,又要满足功能与工艺要求,并留有发展余地。

2. 各功能区布局基本要求

零担货运站各个组成部分,既分工明确,又有其作业程序的连续性,相互联系与协作。对其主要功能区布局有以下要求:

托运处、提货处及其工作间应设置在交通方便的进站口附近,通常在办公楼底层营业,很少单独建造,并与所在地主干道有较方便的道路衔接,以便于货主送、取货物。由于办理托运的时间比较集中,托运处人流、货流容易发生交叉和干扰,因此必须组织好托运作业流程,并提供足够的使用面积;受理托运的工作间应按作业流程设置,便于办理货物托运手续。

托运处与仓库间的距离应短捷,便于承托货物的搬运和保管存放。对于货物吞吐量较大的零担货运站,应设置货物传送装置;提货处应靠近到达仓库或货位布置,以便货物的提取。

仓库是存放保管受理托运货物、到站交付货物以及中转货物的场所,仓库作业是零担货运站站务工作的关键,仓库位置和布局不但便于货物的入库和提取,而且必须有利于仓库生产的有序进行,并适应零担货物仓储的生产工艺要求;有利于保证仓库作业的安全生产和文明生产。零担站仓库的作业平台,可以设置在仓库的一侧或两侧。当仓库两侧均设置作业平台时,可以把货物的装卸作业按入库和出库方向分区进行,这样可以避免货流、车流间的相互干扰。但两侧均设置作业平台和装卸场,必然增加占地面积。

进出仓门的多少,既要考虑车辆在比较集中到达时有可能同时进行装卸作业,又要考虑由于增设货门造成仓库有效对方面积的损失。

装卸站台应设置在靠近装卸作业场的仓库一侧,其长度应满足同时有较多车辆进行作业的方便性,并有利于采用装卸(如叉车)作业。

装卸作业场和停车场应与站台的车辆通道合理衔接,尽可能避免车流在站内发生交叉;场地的大小及宽度要与所选用的车型相适应,确保车辆行驶、停放和装卸作业方便、安全,避免不必要的辅助调车。

货运站的办公室(楼)一般宜邻近主干道,以满足城市建设的基本要求。

3. 站台与货位布局形式

根据作业时车辆与站台的相互位置关系,可以把站台布设成直线形和阶梯形两种。直线形的站台又有两种布设方式:平行式和垂直式。

(三)集装箱货运站平面布置设计

根据作业性质、运量和附近的地理位置等具体情况不同,集装箱堆场可分为铁路-公路换装集装箱堆场、海洋-公路换装集装箱堆场和公路-公路换装集装箱堆场三种形式。前两种形式的堆场应用于铁路集装箱编组站和港口码头附近的公路集装箱货运站,后一种应用于腹地公路运输枢纽的集装箱货运站。

1. 总平面布局设计原则

公路集装箱中转站的总平面布局设计主要包括区域划分、各组成部分的形式和占地面积及位置的确定。进行总平面设计时既要满足货运站总的作业要求,又要考虑土建和其他方面的要求,最大限度地满足生产要求及最少的建设投资。据此,总平面设计过程中,应遵循以下原则:

充分考虑站址的地形、地貌和集装箱运输的功能要求,合理划分营业区、生产区、辅助生产区、库区、停车区和生活区,力求做到区域划分明确,联系方便。除了具备零担货运站的功能分区外,集装箱货运站的生产区还应包括堆场及拆装箱作业区;有条件的货运站生产辅助区还应设置集装箱的清洗、消毒、熏蒸和维修作业的专用场地。仓库对于集装箱货运站同样是货运生产作业的中心和关键环节,所以必须很好地规划仓库的位置以及它与各作业区的相互配合。

各区域的布置,既要做到节约面积,提高土地利用率,又要满足作业场面积要求和生产工艺流程的要求;有作业联系的区域应使运输距离最短,并尽量避免交叉往返;场区内车流、货流的移动线路要通畅,且互不交叉,力求做到笨零重货物和重箱在场区的移动线路最短。为了避免货流与人流的交叉,托运处和提货处位置应尽可能分开设置。站内道路应采用无交叉的环形行驶路线,组织车辆单向流动。

建筑物的位置、形式要符合城市建设规划要求,并能突出反映集装箱运输的特征。

充分考虑防火、卫生、环保及"三废"处理等方面的要求,留有必要的绿化区带和发展余地。

在进行平面布置时,要因地制宜,重视对不同方案进行比较和技术论证,既要考虑占地面积节省、经济,又要为以后的发展留有余地。根据不同的站级、运输量及其分布特征、站址条件等因素,拟定多种布置方案,进行技术经济论证和比较,选出最佳方案,以使最后确定的方案在工艺上合理、经济上可行、技术上先进。

2. 集装箱堆场布置原则

集装箱堆场应按中转箱、掏装箱和维修等几个部分划分布置,并尽量缩短运输距离,防止与避免交叉作业,做到能够及时、准确、便捷地找出所需集装箱,方便管理。进行堆场平面设计时,一般应遵守以下原则:

中转箱区应布置在便于"箱不落地"并能顺利地由装卸机械换装到运输车场上的交通方便处。

拼装箱区和掏装箱区尽量设置在仓库附近，以减少各环节的作业干扰和中间运箱量。

周转和维修箱区应布置在作业区外围靠近维修车间的一侧，以便于取送和维修，减少对正常作业的干扰。

合理布置箱位，既要考虑充分利用堆场面积，又要留足运输通道及箱与箱之间的距离，做到安全方便。

合理利用装卸机械和起重运输设备，除保证机械进出畅通和足够的作业半径外，应尽量减少机械设备的行驶距离，提高设备利用率。

堆场应有一定的坡度，并有良好的排水系统，以免积水，但要力求平坦，以保证集装箱堆码稳妥。

堆场的场地必须坚固、耐用。

3. 仓库布置原则

进行仓库平面设计时，应遵循以下原则与要求：

仓库的位置尽量靠近营业区和公路主干线，以便于货物进出库，并减少不必要的运输环节。

库内要留有足够的叉车行驶通道，满足装卸机械作业工作面的要求。

要留有适当的理货空间。

留有足够的拼、装箱场地，便于进行拆掏箱和拼装箱作业。

设置适量的货架以充分利用仓库空间，提高面积与空间利用率。

采用单层仓库和单层堆码集装箱，将会给生产作业提供方便和有利条件，但占地面积大；如果采用立体仓库或多层仓库，占地面积小，但生产作业却增加了难度，造价明显增加。目前，货运站仓库仍以单层居多，近几年逐渐向双层或立体仓库发展。采用双层或立体仓库时，要注意装卸设备的选择，解决货物的垂直运输问题和集装箱的堆码方法。现在，货运站多建为双层仓库，堆场以钢筋混凝土浇制，并注意重箱堆场基础加固。

4. 装卸作业场布置原则

进行装卸场布置时，不仅要留有足够的场地来保证装卸作业，而且要考虑场地的适应性（既可适应侧面装卸，又能适应后面装卸），对汽车停靠线、行车通道、集装箱堆放区、装卸机械作业区均要进行合理的布置。

五、公路货运枢纽设计计算

（一）零担货运站占地和配置计算

1. 年度货物吞吐量的计算

零担货运站的设计年度，是指零担站竣工投入使用后的适用年度。为了保证零担站有较长的适用时期，零担站设计年度至少比统计年度多 10 年。零担站的建设规模，需以设计年度的适用要求为依据，因此，必须计算设计年度的货物吞吐量。零担站设计年度货物吞吐量 Q_s，可按式(7-2)计算：

$$Q_s = Q_t (1 + \alpha_i)^{n_i} \tag{7-2}$$

式中：Q_t——统计年度货物吞吐量；

α_i——货物吞吐量预计每年递增幅度；

n_i——统计年度至设计年度的年数。

采用该种预测方法,必须分析当地历年零担货物运输的统计资料,以确定预测期内零担货运量递增率,然后,再根据此递增率求出预测期的货物吞吐量。

2. 零担货运站的面积计算

(1)站房面积 S_1

$$S_1 = S_2 + S_3 + S_4 \tag{7-3}$$

式中:S_2——托运处面积,m^2;

S_3——工作间面积,m^2;

S_4——提货处面积 m^2。

(2)托运处面积 S_2

$$S_2 = S_5 + S_6 \tag{7-4}$$

式中:S_5——托运处工作面积,m^2;

S_6——办理托运手续、货物临时堆放场所的面积,m^2。

办理托运手续、货物临时堆放场所的面积与日均货物最大受理量每吨货物的占地面积有关。其中,日均货物最大受理量是指在货物受理偏高期内平均每日的货物受理量,可由一年的日均货物受理量乘以日均货物受理量系数求得。每吨货物占地面积可按 $1.20m^2$ 计算。

(3)提货处面积 S_4

$$S_4 = S_7 + S_8 \tag{7-5}$$

式中:S_7——提货处工作人员工作面积,m^2;

S_8——办理提货手续场所的面积,m^2。

由于货主办好提货手续后即行提货,所以办理提货场所的面积不大,可按提货处工作人员工作面积的 0.5 倍计算。在提货处工作人员数尚未确定前,也可按托运处面积的 10% 估算。

(4)工作间面积 S_3

工作间面积由办公设备(如文件柜、写字台、计算机等)占地面积及工作人员活动所需的基本面积组成,可按每个工作人员 $4\sim6m^2$ 计算,其中单件面积应不小于 $10m^2$。

$$S_3 = (4\sim6)KR \tag{7-6}$$

式中:R——工作人员数,人;

K——折合系数。

3. 仓库与货棚的面积计算

(1)仓库面积

零担仓库面积以日均货物最大吞吐量为依据,并结合货物平均堆存期限及每吨货物平均占地面积进行计算。日均货物最大吞吐量是指零担货运站在货物吞吐偏高期内平均每日的货物吞吐量。它可以用一年的日均货物吞吐量乘以日均货物吞吐量系数求得。

货物平均堆存期是指报告期内每吨货物自进库场开始,到出库场为止的所堆存的平均时间,一般为 $4\sim6h$。吞吐量越大的站,相应的班次密度越大,货物周转越快,货物平均堆存期就越短。因此,对一、二、三级别零担货运站,其货物平均堆存期分别按 4d、5d、6d 计算。

货物平均占地面积是指每吨货物实用堆积面积、平均占用仓库的装卸门面积、进出货通道面积和货位间隔面积等之和。根据对多种零担货物实际堆码占地面积的抽样调查,每吨货物

的平均占地面积为 $4m^2$。因此,零担站仓库面积的经验公式为:

$$S_9 = 4T_{max}Y_d = 4T_0\gamma Y_d \quad (m^2) \tag{7-7}$$

式中:T_{max}——日均货物最大吞吐量,t/d;
$\quad Y_d$——货物平均堆存期,d;
$\quad T_0$——日均货物吞吐量,t/d;
$\quad \gamma$——平均货物吞吐量系数,取 1.23~1.25。

(2)装卸台面积

装卸台面积 S_{10} 按式(7-8)计算:

$$S_{10} = L_t B_t \tag{7-8}$$

式中:L_t——装卸站台长度,m;
$\quad B_t$——装卸站台宽度,m。

通常,装卸站台的宽度不小于 3m,长度宜与仓库长度相同,两端应设置斜坡,以便装卸机械的行驶。站台高度为 1.20~1.30m,力求与零担车厢底层的高度相适应,便于装卸货物。对于仓库两侧均设置装卸站台的某些大站,装卸站台面积也应增加一倍。

(3)仓库的进出仓门

仓库的进出仓门数取决于日均货物最大吞吐量 T_{max} 及每一仓门的日均货物吞吐量。每一仓门的日均货物吞吐量通常定为 30t,在理论上是按每门工作时间为 8h,每小时平均进出货物 7~8t(包括托运、提取进出库货物)求得。因此,仓库的进出仓门数 N_a 可按式(7-9)计算:

$$N_a = \frac{T_{max}}{30} \tag{7-9}$$

为了便于装卸作业,避免货流发生相互干扰,一级站的进出仓门宜双向设置;二级站的进出仓门必须分开设置;三级站进出仓门的设置,可根据日均货物吞吐量的大小而定。装卸仓门的设置要考虑有较充裕的吞吐能力和它所对应的作业车辆数。若车辆停靠站台作业时,以一车对一门,则有装卸便捷和不拥挤的特点,但相应装卸门数要增加,造成仓库有效堆存面积的损失;若多车对一门,则必然产生装卸作业的拥挤,容易发生货流的干扰,影响装卸效率,严重时还可能发生仓门堵塞。根据实地调查,以不超过二车对一门较为合适。仓门宽度取 2.50~3.00m。

(4)货棚的面积

根据零担货运站货物存放情况,货棚与仓库的面积比以 1:(4~5)较为合适。因此,货棚的面积 S_{11} 可按式(7-10)计算:

$$S_{11} = (0.20 \sim 0.25)S_9 \tag{7-10}$$

4. 装卸场的面积计算

为了保证装卸车辆行驶和调车的方便,必须提供合适的装卸场地。其长度应不小于装卸站台的长度,宽度应根据零担车型和场地条件,选取 13m 或 22m。选取宽度 13m 时,只能对 4~5t 和厢式零担车采用后门装卸,而对 8~10t 的零担车必须用侧门装卸;只有装卸场宽度为 22m 时,才能保证 8~10t 零担车采用后门装卸。因此,装卸场面积的计算公式为:

$$S_{12} = 13L_t \quad \text{或} \quad S_{12} = 22L_t \tag{7-11}$$

式中:S_{12}——不同情况下装卸场面积,m^2。

5. 停车场的面积计算

零担货运站的停车场面积应以日均驻站最大车辆数为依据。目前,停车场面积在实际调查中普遍反映不足,由于各地管理体制不同(有站与车队合一的,有站与车队分设的),停车数量各地相差较大。在新站建设中,每一驻站车辆所需停车面积可以采用车辆最大投影面积的3倍来确定。这种估算方法简便可行,完全可以满足零担车辆的停放要求。

零担货运站停车面积 S_{13} 可按式(7-12)计算:

$$S_{13} = 3C_m S_t \tag{7-12}$$

式中:C_m——日均驻站最大车辆数,辆;

S_t——车辆最大投影面积,m^2/辆。

6. 生产辅助设施面积计算

在生产辅助设施中,行车人员宿舍是较为重要的面积(S_{14}),可按每人 $4m^2$ 计算,因此:

$$S_{14} = 4R_s \tag{7-13}$$

式中:R_s——最大驻站的行车人员数。

此外,一级站还应设置业务洽谈室、会议室、食堂、浴室、锅炉房、汽车维修间、洗车台、行车人员和装卸人员休息室等。

7. 零担货运站的设施与设备

为了方便作业,提供优质服务,提高经济效益,各级零担货运站必须结合企业实际配置各种设施和设备。营业场所必须设置零担车运行线路图、营运班次表、里程运价表、托运须知和营业时间标志,并设座椅、电话、意见簿等设施。

一级站应采用货物传送装置;一、二级站均应配置装卸笨重零担货物的设备,如叉车等;三级站视本站情况自行配备装卸设备。各级零担货运站必须采用经验定合格的计算器具,并尽可能采用数字显示计量装置。

8. 零担货运站人员

零担货运站人员的配备,应按零担货物吞吐量确定。月均货物吞吐量 30t 的配备 1 人;30~100t 的配备 2 人;100t 以上的每增加 100t 增加 1 人;1500t 以上每增加 200t 增配 1 人。上述指业务人员不包括装卸人员。

零担货运站的机构设置和行政管理、后勤人员的配备,应根据实际需要由各主管部门研究确定。工作间面积按 $5m^2$/人计算;仓库进深 20m。车辆(8~10t)按投影面积计算,取 $29.8m^2$/辆。根据调查,行政管理人员和后勤人员占业务人员总数的 23% 左右,故取 23%。全站正式职工中不包括装卸人员。

(二)集装箱货运站占地和配置计算

我国公路汽车集装箱货运起步较晚,集装箱公路货运站的建设标准正在制定中,以下集装箱货运站的设计计算仅供参考。

1. 设计计算的参数选择

(1)基本箱型

首先确定采用的集装箱基本箱型和规格,目前 5t 箱是我国广泛使用的一种箱型,但理论和实践证明,多数情况下采用 10t、20t、30t 的集装箱较为合理。

需要指出的是,标准箱型的概念是为统一核定站级标准提出来的,而基本箱型是根据运输实际情况提出来,两者不能混淆。当然在确定基本箱型以后,也可以统一折算为标准箱型进行有关计算。

(2)拆装箱工作量

集装箱的拆装箱工作量,是指在站内进行起封、拆装标准箱(或基本箱)的工作总量。

集装箱运输有三种类型的集装箱:其一是中转箱,这种箱通过汽车站直接运给货主,在站内只作短暂停留,因此,对于中转箱不必计算拆装箱的工作量。其二是拼装箱,这种箱到站后,必须起封开箱拆装,并和库内的零担适箱货物一起根据不同方向到达站点,重新组装后运出。其三是集零箱,它是装运零担货物,并沿途接受各站点货物,进行往返运输的集装箱。这种集零箱运输,实质上已演变成为一种特殊形式的零担厢式班车,只有在兼营零担业务数量较大的集装箱站才可能采用。计算拆装箱工作量就是确定拼装箱和集零箱的年运输量。

(3)重载箱比例

重载箱比例是指重载箱与总的集装箱数量(包括周转箱)之比,一般为70%~80%。这是因为集装箱站必须储备一定数量的周转箱,以满足集装箱周转和维修的需要。

(4)集装箱保管期

不同的集装箱在站内停留和保管时间是不相同的。站级不同,保管期也有较大差别。推荐中转箱可按1d计,发送箱可按2d计。库内各种货物均可按3d计。

(5)堆放层数

集装箱堆放可以单层、双层或多层,堆码方式对堆场占地面积有较大影响。通常以双层堆码较多,设计中可根据具体条件合理选择。

2. 集装箱站占地面积计算

(1)业务办公用房的面积

业务办公用房面积包括工作人员工作间和货主办理手续场所。工作间面积按每人占用 $6\sim8\mathrm{m}^2$ 考虑;办理手续场所的面积可按工作间总面积的一半计算。因此,业务办公用房面积 A_1 的计算公式为:

$$\begin{aligned} A_1 &= A_2 + A_3 \\ &= 1.5A_2 \\ &= 1.5R_1(6\sim8) \\ &= (9\sim12)R_1 \end{aligned} \tag{7-14}$$

式中:A_2——工作间面积,m^2;
A_3——办理手续场所面积,m^2;
R_1——工作人员数。

(2)生产调度及联合办公用房面积

生产调度及联合办公用房(包括海关、检验、理货、商检等)面积 A_4,按每人占用 $8\sim10\mathrm{m}^2$ 计算,即:

$$A_4 = (8\sim10)R_4 \tag{7-15}$$

式中:R_4——生产调度及联合办公人员数。

(3)拆装箱库面积

根据集装箱货运站业务开展情况,拆装箱并非全部入库,仍有一部分货放在露天场或作业

平台上。一般库与场面积之比为 7:3,所以拆装箱库面积 A_5 可按式(7-16)计算:

$$A_5 = \frac{0.7Q_h\alpha_1 t_H}{g_0} = \frac{0.7C_1 G_1 \alpha_1 t_H}{g_0} \tag{7-16}$$

式中: Q_h——日均拆装箱货总质量,t;

α_1——集装箱货物到发不均衡系数,取 1.5;

t_H——货物占用仓库货位时间,取 2.5d;

g_0——单位面积堆货质量,取 $0.25t/m^2$;

C_1——日均拆装箱数,箱;

G_1——每箱货物平均质量,标准箱取 11t/箱。

(4)拆装箱作业工位数及作业平台面积

①拆装箱工位数。

工位数及布局是保证按计划进行作业的因素之一。根据有关资料的介绍,20t 的国际标准箱,每班可拆 6 个,且一个国际标准箱相当于 3 个国内 5t 箱。但因搬运次数不同,在计算时应采用不同的系数加以修正。因此,拆装箱工位数 N_c 可按式(7-17)计算:

$$N_c = \frac{n_c \alpha_1}{n_b B_d} \tag{7-17}$$

式中: n_c——日均拆装箱数,箱;

α_1——修正系数;

n_b——每班拆装箱数,箱;

B_d——每日工作班数。

②拆装箱作业平台面积。

为了集装箱装卸和拆装箱工作的方面,可在仓库或露天场周围(一侧或两侧)的作业工位上设置拆装平台,其面积及高度均可参考零担货运站仓库装卸站台确定。

(5)拆装箱作业区面积计算

单面作业拆装箱作业区面积 A_6 可按式(7-18)计算:

$$A_6 = 2aL_t \tag{7-18}$$

式中: a——运输车辆长度,m;

L_t——拆装仓库总长度,m。

双面作业拆装箱作业区面积 A_7 可按式(7-19)计算:

$$A_7 = 2A_6 = 4aL_t \tag{7-19}$$

(6)维修车间面积

车辆维修车间面积包括维修车间面积、辅助间面积、材料库面积,可参照客运站维修间面积计算方法确定。

(7)驾驶员宿舍面积

$$A_8 = 4R_8 \tag{7-20}$$

式中: R_8——宿站驾驶员人数。

(8)集装箱堆场面积

集装箱堆场面积包括有效堆场面积和辅助堆场面积。其中,有效堆场面积包括集装箱占用的实际面积与场内箱排之间通道、箱间距离等占用面积;辅助堆场面积包括装卸设备及安全距离、汽车停靠作业位置及吊装作业、运输通道等占用面积。

(9) 堆场有效面积

堆场有效面积与平面箱位数及每一平面箱位面积有关。平面箱位是指堆场场地平均堆放一个标准箱所占用的场面位置;平面箱位面积指平均堆存一个标准箱所需要堆场场地的面积,该面积因集装箱堆放方法、堆码层数及采用的装卸方式不同而异。箱位通常采用单元布置形式,每个单元布置4个平面集装箱,且多数呈斜置停放。其优点是吊装作业方便,照明条件好。集装箱行与行之间通常留有1.50m的检查通道,以便进场检查箱号,进行吊运和堆箱码垛,并可供特殊情况下在现场进行掏装箱作业。堆场有效面积A_9,可按式(7-21)计算:

$$A_9 = M\alpha_0 = \frac{n_y k_4 t_j \alpha_0}{T_m C_d K_s} \tag{7-21}$$

式中:M——平面箱位数;

α_0——每一平面箱位面积,m^2;

n_y——年堆放集装箱量;

k_4——不平衡系数,一般取 1.3~1.5;

t_j——平均堆存期,d;

T_m——年工作日数,d;

C_d——堆码层数;

K_s——高度利用系数,取 0.85~0.95。

(10) 辅助堆场面积

辅助堆场面积(A_{10})与所选装卸设备、作业方式、通道布置等因素有关,可以在总体布置时统一解决。也可用堆场有效面积A_9乘以辅助面积系数k_9进行计算:

$$A_{10} = k_9 A_9 \tag{7-22}$$

式中:A_{10}——辅助堆场面积,m^2;

k_9——辅助面积系数,可取 2.50~3.00。

集装箱站的停车场面积,可参照零担货运站停车场面积的计算方法确定。

第三节　物流中心选址的一般理论与方法

一、物流中心选址的意义

选址的重要性在于一旦中心地址选定,其对投产后的生产经营费用、产品和服务质量以及成本都有极大而长久的影响。一旦选择不当,它所带来的不良后果不是通过建成后的加强和完善管理等其他措施可以弥补的。因此,在进行选址时,必须充分考虑到多方面因素的影响,慎重决策。

物流中心选址是物流系统中具有战略意义的投资决策问题。物流中心选址是否合理,将对整个系统的物流合理化和商品流通的社会效益有着决定性的影响,因此,合理的物流中心选址具有以下重要意义:

（一）合理的物流中心选址将会提升企业的核心竞争力

企业的竞争力始终是企业家和战略管理家关注的焦点，因为企业的竞争力关系到企业的生存和发展。合理的物流中心选址将会降低供应商和制造商以及销售商的交易成本，加强物流中心上下游之间的关系，提高整个供应链的绩效。

（二）合理的物流中心选址将会促进区域经济的发展

区域物流中心与区域经济是相互依存的统一体，区域物流中心是区域经济的主要构成因素，是区域经济系统形成与发展的一种主导力量，因此合理地选择物流中心将会提高生产领域、流通领域的效率和经济效益，提高区域市场的竞争能力，改变生产企业的布局和生产方式都发挥积极的作用。

（三）合理的物流中心选址将会缓解城市交通的压力，促进城市的可持续发展

随着经济的发展和生产规模的扩大，区域内物资输入输出的数量、种类急剧加大。为了降低成本，企业都最大限度地压缩库存，从而使得货物配送的方式由原来的大批量、小批次、少品种转向小批量、大批次、多品种。配送次数的增加使得城市交通变得日益拥挤、噪声污染严重。物流中心的建设使得这些问题得到了缓解。合理地选择物流中心可以降低配送的空载率，减少配送的次数。除此之外，物流中心还可对回收和废弃的商品进行再加工利用，从而促进了城市的可持续发展。

二、物流中心选址的基本原则

（一）适应性原则

城市物流中心的选址必须与国家以及省市的经济发展方针、政策相适应，与物流资源分布和需求分布相适应，与国民经济和社会发展相适应。

（二）整合性原则

整合性原则主要指系统内部整合、系统外部整合和协调整合。系统内部整合是指物流中心在选址过程中不仅要考虑单一设施因素，而且要考虑系统的整体结构效应。外部整合是指物流中心的选址不仅要考虑物流中心自身的要求，而且要考虑物流中心与城市交通的整体协调关系。协调整合是指物流中心选址时不仅要考虑经济效益，而且要考虑社会效益，从而有利于物流中心的可持续发展。

（三）经济性原则

城市在物流中心的发展过程中，有关选址的费用，主要包括建设费用及物流费用(经营费用)两部分。

（四）战略性原则

城市物流中心的选址，应具有战略眼光，一是要考虑全局，二是要考虑长远、局部要服从全

局。目前利益要服从长远利益,既要考虑目前的实际需要,又要考虑日后发展的可能。例如:服务对象是否发生变化及其变化趋势;交通条件是否发生变化及其变化趋势;成本价格因素是否会变化及其变化趋势等。

(五)统筹性原则

企业对于物流中心的建设要密切观测客户分布,使物流中心在数量、层次上的分布,构成合理的网络化布局。随着市场竞争由企业间的竞争扩展为不同供应链企业群之间的竞争,物流中心的设立可以促进供应链整体效率的提高,统筹考虑物流中心建设和布局的问题。

三、物流中心选址的影响因素

设施选址是一个多目标决策的问题,受到众多因素的影响。以往的研究主要侧重于运输成本和劳动力成本等众多定量因素对选址影响的分析上,随着经济发展和环境的变化,定性因素对设置选址的影响越来越大。目前的研究方向是在进行定量研究的基础上,结合定性因素分析,从而得到比较满意的结果。

(一)定量影响因素

1. 成本效益因素

成本效益因素主要包括物流服务收益、运输成本、物流中心内部的固定成本与可变成本、人力资源成本、能源成本、土地成本、建设/租用成本以及其他成本。

物流中心选址的目标之一是效益最大化,因此,物流中心选址过程中必须充分考虑各种成本效益因素对物流中心选址的影响,使得物流中心选址的效益最大化。

2. 物流数量

物流数量主要包括物流中心货物流通量的大小、流通的频度以及货物变动的频率等。物流流量的大小在一定程度上决定了物流中心的建设规模以及物流中心的目标和定位。

(二)定性因素

1. 客户需求

客户的需求永远是物流中心选址时的最重要影响因素之一,在许多选址实例中最终定案的物流中心建址,从很多方面考虑,如经济性、柔性、劳动力等,坐落位置明显不具优势,但出于客户需求,全面衡量得失后,依然要以满足顾客需求作为最终定址的决定性因素。

2. 竞争者状况

竞争者的状况对物流中心的选址决策也有重要的影响。在进行物流中心的选址时考虑所选择地点周围有没有物流中心或者拟建中的物流中心,如果有,则要清楚这些物流中心的功能定位和服务的内容,从而确定自己的功能定位和服务模式,进而相应地对物流系统进行合理的规划。

3. 资源因素

物流中心是靠近商品生产地还是靠近客户,在很大程度上取决于综合费用的比较,但也应把对资源的占用看作是一种成本支出,在考虑自然资源对物流中心的影响时,原材料如何经过加工最终配送给客户,把这些资源的消耗与维护生态环境综合起来考虑。

4. 交通环境

物流中心日常运作中会有大量的物资输入、输出,需要便利的交通条件,以便及时、快速地进行物品的集散运输。在考虑选址问题时,应尽可能使物流中心靠近交通主干道出入口,尽量避开繁忙的城市交通要道。

5. 基础设施条件

物流中心所在地要求城市的道路、通信等公共设施齐备,有充足的供电、水热、燃气的地方,且场区周围要有污水、固体废弃物处理能力。既可保证物流作业安全,满足消防、生活等方面的需要,又能保证商品品质。

6. 政策影响

在我国一些物流发展起步较早的地区和城市,对于物流的发展有早期的发展布局。为了鼓励企业在规划下进行投资、建设和发展,这些地区对符合规划布局要求的企业给予相应的政策扶持,包括企业用地价格、税收、贷款等系列优惠措施。政策上的倾斜所带来的吸引自然会对物流中心建设时是否参照政府的规划、是否按总体布局要求选址产生影响。

7. 社会环境影响和文化因素

社会环境和文化因素对物流中心的选址也有重要影响,主要包括社会稳定性、居民的消费偏好、居民的语言和风俗习惯、居民的生活水平、当地社团组织对物流中心存在的态度等因素。这些因素将会对物流中心在该地区的发展产生重要的影响。

四、物流中心选址模型

物流中心的合理选址可以有效节省费用,促进生产和消费两种流量的协调与配合,保证物流系统的平衡发展。正是基于物流中心的重要作用,近几十年大量科研人员对这一问题开展了研究,建立了一系列的选址模型与算法。这些模型大致可归纳为两种:应用连续性模型选择地点和应用离散性模型选择地点。

第一种方法认为物流中心的地点可取直角坐标上的任意点;第二种方法认为物流中心的被选地点是有限的几个场所,最合适的地点只能从中选出。

(一)连续性模型选择地点

1. 交叉中值模型

交叉中值模型用来解决连续点的选址问题,它使用城市距离,其目标函数为:

$$\min Z = \sum_{i=1}^{n} w_i \{ |x_i - x_m| + |y_i - y_m| \} \tag{7-23}$$

式中:w_i——与第 i 个点对应的权重(例如需求量);

x_i——第 i 个点的横坐标;

y_i——第 i 个点的纵坐标;

x_m——待选址物流中心的横坐标;

y_m——待选址物流中心的纵坐标;

n——需求点的个数。

2. 重心法

交叉中值模型使用城市距离,只适合解决一些小范围内的城市选址问题。重心法使用直线距离,能够求出一个最优解。

目标函数为:

$$\min Z = \sum_{i=1}^{n} w_i \sqrt{(x-x_i)^2 + (y-y_i)^2} \tag{7-24}$$

式中:w_i——与第 i 个点对应的权重(例如需求量);

x_i——第 i 个点的横坐标;

y_i——第 i 个点的纵坐标;

x——待选址物流中心的横坐标;

y——待选址物流中心的纵坐标;

n——需求点的个数。

(二)离散性模型选择地点

离散点选址指的是在有限的候选位置里面,选取最为合适的一个或一组位置为最优方案,相应的模型就叫作离散点选址模型。它与连续点选址模型的区别在于:它所拥有的候选方案只有有限个元素,在进行选址时只需对有限个位置进行分析。

1. P-中值

P-中值模型是指在一个给定数量和位置的需求集合和一个候选设施位置的集合下,分别为 p 个物流中心找到合适的位置并指派每个需求点到一个特定的物流中心,使之达到在物流中心和需求点之间的运输费用最低(图7-7)。

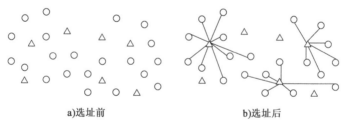

a)选址前   b)选址后

图7-7 P-中值模型的图形表达

〇-需求点;△-物流中心

P-中值模型可以用以下的精确数学语言进行描述,目标函数为:

$$\min Z = \sum_{i \in I} \sum_{j \in J} a_i d_{ij} y_{ij} \tag{7-25}$$

约束条件为:

$$\sum_{j \in J} y_{ij} = 1, \forall i \in I$$

$$\sum_{j \in J} x_j = p$$

$$y_{ij} \leq x_j, \forall i \in I, j \in J$$

$$y_{ij} \in \{0,1\}, \forall i \in I, j \in J$$

式中:I——需求点的集合,$I = \{1, 2, \cdots, m\}$;

a_i——第i个需求点的需求;

J——可能建立的物流中心的集合,$J=\{1,2,\cdots,n\}$;

d_{ij}——第i个需求点到第j个物流中心的单位运输成本;

p——可以建立的物流中心的个数;

y_{ij}——需求点i在物流中心j处得到满足时为1,否则为0;

x_j——物流中心在j点建立时为1,否则为0。

P-中值模型需要解决两方面问题:选择合适的物流中心位置;指派客户到相应的物流中心去。

2. 覆盖模型

所谓覆盖模型,就是对于需求已知的一些需求点,如何确定一组物流中心来为其服务。在这个模型中需要确定物流中心的个数和合适的位置。该模型适用于商业物流系统,如零售店、加油站、宅急便配送中心、急救中心、消防中心等的选址问题以及计算机与通信系统的设置。

根据解决问题的策略不同,覆盖模型可以分为集合覆盖模型和最大覆盖模型。

(1)集合覆盖模型

集合覆盖模型的目标是用尽可能少的物流中心去覆盖所有的需求点(图7-8)。

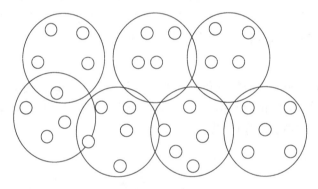

图7-8 集合覆盖模型的图形表达

集合覆盖模型的目标函数为:

$$\min \sum_{j \in N} x_j \tag{7-26}$$

约束条件为:

$$\sum_{j \in N} y_{ij} = 1, i \in N$$

$$\sum_{j \in B(i)} d_i y_{ij} \leq C_j x_j, j \in N$$

$$x_j \in \{0,1\}, j \in N$$

$$y_{ij} \geq 0, i,j \in N$$

式中:N——n个需求点;

d_i——第i个节点的需求量;

C_j——物流中心j的容量;

$B(i)$——可以覆盖需求点i的物流中心j的集合;

y_{ij}——节点 i 需求中被分配到物流中心 j 的部分。

对于像此类问题带有约束条件的极值问题,有两大类方法可以求解。一是精确的算法,应用分支定界方法可以找最小规模问题的最优解;二是启发式方法,所得到的结果不一定是最优解,但可以对大型问题进行有效的分析、求解。

(2)最大覆盖模型

最大覆盖模型的目标是对有限的物流中心进行选址,去覆盖尽可能多的需求点(图 7-9)。

最大覆盖模型的目标函数为:

$$\max \sum_{j \in N} \sum_{i \in A(j)} d_i y_{ij} \quad (7\text{-}27)$$

约束条件为:

$$\sum_{j \in B(i)} y_{ij} \leq 1, i \in N$$
$$\sum_{j \in A(j)} d_i y_{ij} \leq C_j x_j, j \in N$$
$$\sum_{j \in N} x_j = p$$
$$x_j \in \{0,1\}, j \in N$$
$$y_{ij} \geq 0, i,j \in N$$

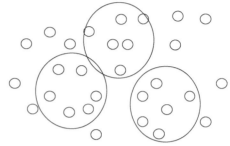

图 7-9　最大覆盖模型的图形表达

式中:N——n 个需求点;

d_i——第 i 个节点的需求量;

C_j——物流中心 j 的容量;

$A(j)$——物流中心 j 所覆盖的需求节点的集合;

$B(i)$——可以覆盖需求点 i 的物流中心 j 的集合;

p——允许投建的物流中心数目;

y_{ij}——节点 i 需求中被分配到物流中心 j 的部分。

3. 其他模型

离散模型认为物流中心的地点是有限的几个可行点中的最优点,代表性模型有 Kuehn-Hamburger 模型、Baumol-Wolfe 模型和 Blson 模型。模型求解常用的方法有解混合整数规划问题的分支定界法、CFLP 法、SAD 法、GPSS 模拟法等。

Baumol-Wolfe 模型是解决从几个工厂经过几个物流中心向多个用户运输货物的问题,其目标是总费用(发送费、仓库可变费、固定费之和)最小。

总费用包含以下部分:

c_{ki}——从工厂 k 到物流中心 i 每单位运输费用;

h_{ij}——从物流中心 i 到用户 j 的每单位发送费用;

c_{ijk}——从工厂 k 经过物流中心 i 到用户 j 的每单位运送费用,即 $c_{ijk} = c_{ki} + h_{ij}$;

X_{ijk}——从工厂 k 经过物流中心 i 到用户 j 的运量;

W_i——经过物流中心 i 的运量;

v_i——经过物流中心 i 的单位运量的可变费用;

F_i——经过物流中心 i 的固定费用。

总费用函数表示为:

$$f(X_{ijk}) = \sum_{i,j,k}(c_{ki} + h_{ij})X_{ijk} + \sum_i v_i(W_i)^\vartheta + \sum_i F_i r(W_i) \quad (7\text{-}28)$$

式中:$0 < \vartheta < 1$;

$r(W_i) = \{0,1\}$，$W_i > 0$ 时为 1，$W_i = 0$ 时为 0。

Kuehn-Hamburger 模型和 Blson 模型与 Baumol-Wolfe 模型类似，只是 Kuehn-Hamburger 模型的目标是使运费、发送费、仓库管理费、可变费、损失费之和最小；而 Blson 模型的目标是使运费、发送费、可变仓库费、建设费、扩建费总和与关闭仓库节省费之差最小。

五、物流中心选址时应注意的问题

(一) 不同类型城市物流中心选择不同的模型

1. 以制造商为主的物流中心

这种物流中心里的商品都是由企业内部生产制造，可将物流中心与企业选址融合在一起。因为设施选址的研究已比较成熟，可以采用很多方法进行选址决策，要视企业具体情况（如产品类型）而定。

2. 以批发商为主体的物流中心

批发商一般是按部门或商品类别的不同，把每个制造厂的商品集中起来，然后以单一品种或搭配形式向消费地的零售商进行配送。这种物流中心的商品来自各个制造商，一般情况下，从厂商到批发商的运输费用由批发商承担，而从批发商到零售商的运输费用由零售商承担，或者相反。它们都可采用 P-中值的方法进行选址。

3. 以零售商为主体的物流中心

零售商发展到一定规模后，就可以考虑建立自己的物流中心，为专业商品零售店、超级市场、百货商店、建材商场、粮油食品商店、宾馆饭店等服务，可以使用覆盖模型，使用 0-1 整数规划求解。当需求很多时也可以建立多级物流中心，综合运用重心法和 Baumol-Wolfe 模型进行双层规划，即上层采用 Baumol-Wolfe 模型找到几个地方建立小型物流中心，下层使用重心法计算出物流中心的具体坐标。

4. 以仓储运输业者为主体的物流中心

这种物流中心最强的是运输物流能力，而且地理位置优越，如港湾、铁路和公路枢纽，可迅速将到达的货物配送给用户。储运企业是物流配送中心最常见的一种企业类型，也是第三方物流的外部提供者之一。它本身不拥有货物，而是为外部客户向消费商家和企业提供物流作业、仓储、管理、运输以及其他专业服务的企业。可以使用重心法，因为重心法的应用对象是 OD 流网络问题，即 Origin 到 Destination 流量的物流网络规划。

(二) 不同类型城市物流中心选址时的注意事项

1. 转运型物流中心

转运型物流中心大多经营倒装、转载或短期储存的周转类商品，大都使用多式联运方式，因此，一般应设置在城市边缘地区的交通便利地段，以方便转运和减少短途运输。

2. 储备型物流中心

储备型物流中心主要经营国家或所在地区的中、长期储备物品，一般应设置在城镇边缘或城市郊区的独立地段，且具备直接而方便的水陆运输条件。

3. 综合型物流中心

这类物流中心经营的商品种类繁多,可根据商品类别和物流量,选择设置在不同的地段。例如,与居民生活关系密切的生活型物流中心,若物流量不大又没有环境污染问题,可选择接近服务对象的地段,但应具备方便的交通的交通运输条件。

(三)经营不同商品的城市物流中心选址时的注意事项

1. 果蔬食品等易腐物品物流中心

果蔬食品等易腐物品物流中心应选择在城市干道处,以免运输距离拉得过长,商品损耗过大。

2. 冷藏品物流中心

冷藏品物流中心往往选择在屠宰场、加工厂、毛皮处理厂等的附近。因为有些冷藏品物流中心会产生特殊气体、污水、污物,而且设备及运输噪声较大,可能会对所在地环境造成一定影响,多选择在城郊。

3. 建筑材料物流中心

通常建筑材料物流中心的物流量大、占地多,可能会产生某些环境污染问题,有严格的防火等安全要求,应选择城市边缘交通运输干线附近。

4. 燃料及易燃材料物流中心

石油、煤炭及其他易燃物品物流中心应满足防火要求,选择城郊的独立地段。在气候干燥、风速较大的城镇,还必须选择大风季节的下风位或侧风位。特别是油品物流中心,选址应离居住区和其他重要设施远一些,最好选在城镇外围的低洼处。

思考题

1. 铁路货场的配置形式有哪些?简述其优缺点。
2. 什么是货物场库的堆存能力?受哪些因素的影响?
3. 公路货运枢纽的主要功能是什么?

第八章
客运交通枢纽功能布局与设施规划

第一节 铁路客运站

一、铁路客运站的基本概念

铁路客运站是专门办理铁路上客运作业的车站。其主要任务是安全、迅速、准确、方便、有秩序地组织旅客上下车;行包、邮件的承运、装卸及搬运;为旅客提供舒适的候车条件;组织旅客列车安全、正点到发及客车车底的取送,高质量、高效率地完成旅客运输任务;保证铁路与市内交通联系便捷,使旅客迅速地疏散。

二、铁路客运站分类

(一)按客运量和技术作业量大小分类

铁路客运站根据日接发换算旅客列车对数,日均上、下车旅客人数和旅客列车到发线数量。考虑政治、经济、文化及在铁路网上的地位,客运站可分为特等站、一等站、二等站、三等站、四等站和五等站。三等及其以下车站一般为无始发、终到旅客列车的客货运站。

日接发换算旅客列车 30 对及以上,日均上、下旅客人数 45000 人以上和旅客列车到发线 7 条以上的客运站为大型客运站;其他客运站为一般客运站。若按等级划分,可将客运站分为特等站、一等站、二等站、三等站、四等站、五等站6个等级。三等以下客运站通常为客、货混合站。核定客运站等级的依据条件如下：

1. 具备下列三项条件之一者为特等站

(1) 日均上下车及换乘旅客在6万人以上，并办理到发、中转行包在20000件以上的客运站。

(2) 具备下列三项条件中两项的综合业务站：日均上下车及换乘旅客20000人以上，并办理到发及中转行包在2500件以上；日均装卸车在400辆以上；日均办理有调动作业车在4500辆以上。

(3) 首都、中央直辖市及个别省府所在的车站，可酌定为特等站。

2. 具备下列三项条件之一者为一等站

(1) 日均上下车及换乘旅客在15000人以上，并办理到发、中转行包在1500件以上的客运站。

(2) 具备下列三项条件中两项的综合业务站：日均上下车及换乘旅客8000人以上，并办理到发及中转行包在500件以上；日均装卸车在200辆以上；日均办理有调动作业车在2000辆以上。

(3) 省府所在地的车站及重要国境站、口岸，可酌定为一等站。

3. 具备下列三项条件之一者为二等站

(1) 日均上下车及换乘旅客在5000人以上，并办理到发、中转行包在500件以上的客运站。

(2) 具备下列三项条件中两项的综合业务站：日均上下车及换乘旅客4000人以上，并办理到发及中转行包在300件以上；日均装卸车在100辆以上；日均办理有调动作业车在1000辆以上。

(3) 省府所在地的车站及重要国境站、口岸，可酌定为二等站；工矿企业比较集中地区的车站及位于三个方向以上并担当机车更换、列车技术作业的车站，可酌定为二等站。

4. 具备下列三项条件之一者为三等站

(1) 具备下列三项条件中两项者为三等站：日均上下车及换乘旅客2000人以上，并办理到发及中转行包在100件以上；日均装卸车在50辆以上；日均办理有调动作业车在500辆以上。

(2) 矿企业比较集中地区的车站及位于三个方向以上并担当机车更换、列车技术作业的车站，可酌定为三等站。

办理综合业务，但按核定条件不具备三等车站条件者为四等站；只办理列车会让、越行会让车站与越行车站，均为五等站。

(二) 按其线路布置图形分类

1. 通过式客运站

通过式客运站的特点是正线和到发线两端均连通区间，具有两个列车到发的咽喉区，站房设在线路一侧或设跨越线路的高架候车室，基本站台与中间站台用地道(天桥)相连，客运站与客车整备所和客运机务段纵列配置。单线或改建客运站能力满足需要时,亦可采用横列配置,如图 8-1 所示。

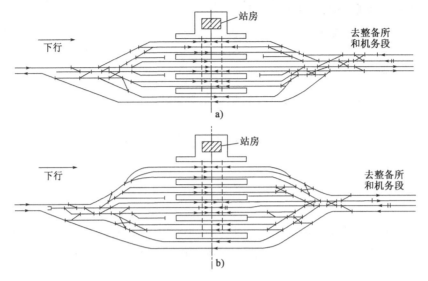

图 8-1 通过式客运站布置图

优点:车站有两个咽喉区,能分担接发列车的作业,使车站的客车送出入段与接发列车的交叉干扰减少,通过能力大;到发线使用机动灵活,办理始发、终到及通过列车作业都很适用,特别对通过列车作业更为方便;此外,便于组织旅客进出站和行包搬运,相互干扰较尽端式车站小,旅客行走距离较短,改新建客运站一般应按通过式站型设计。

缺点:一般不宜深入市区,旅客乘车较为不便,与城市道路干扰较大;站坪较尽头式长,要设旅客跨线设备,增加投资,旅客进出站上下车需克服高程。

综上所述,这种类型的客运站,具有较大的优越性,因此,客运站一般按通过式站型设计。

2. 尽端式客运站

尽端式客运站的特点是到发线为尽头式的,站房设在到发线的一端或一侧,如图 8-2 所示。

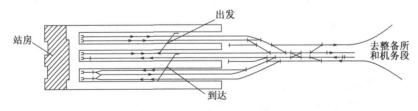

图 8-2 尽端式客运站布置图

优点:客运站比较容易深入市区,与城市道路干扰小,旅客乘车方便,可减轻城市交通负担,旅客出入站可不必跨越线路。

缺点:全部列车到发、客车车底取送及客机出入段等作业均集中在一个咽喉区进行,交叉干扰大,影响车站通过能力;对通过列车的换挂机车及变更运行方向等作业较为困难;列车接入尽头线是速度较低;旅客进出站定行距离较长,并与行包搬运交叉干扰较大;而客运工作的特点是接发列车时间比较集中,因此,上述缺点更为严重,同时,当客运站旅客列车到发线数量

156

较多时,由于铺设的机车走行线数量较多,占地和铺轨数量随之增大。因此,一般新建客运站不宜采用。仅在以始发、终到旅客列车为主的客运站,如采用通过式站型将引起巨大工程或当地形条件不允许时,方可采用尽头式站型。

为了减轻咽喉区交叉干扰,提高通过能力,使旅客列车的接发与客车车底的取送及客机出入段分别在车站两端咽喉区办理和便于组织旅客和行包流线,结合城市规划和地形地质条件,尽头是客运站可将旅客站房设在线路一侧,而将客车整备所和客运机务段配置在车站进站线路引入的另一端,此时,客运站的两端均成了贯通的咽喉区。

3. 混合式客运站

混合式客运站(图8-3),其线路布置由通过式车场和尽端式的尽头线车场所组成,通过式车场主要用于接发长途大编组站通过列车,尽头线车场可用于接发市郊、小编组及其他的始发、终到列车。

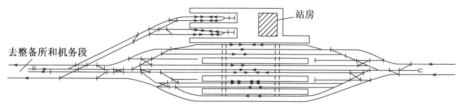

图8-3 混合式客运站布置图

优点:当某一方向有市郊及小编组列车时,设置部分尽头线,可节省用地及投资,并将城际(市郊)旅客流线与长途旅客流线分开,互不干扰,建设灵活性大。

缺点:在进出站咽喉区产生了长途列车与城际(市郊)列车到发的交叉干扰,尤其是二者共用客车整备所和机务段时,交叉尤为严重。

三、铁路客运站设施与布局

铁路客运站主要规划设施可以归纳为三大类:主站房、站台和站前广场,其相对位置通常布局如图8-4所示。

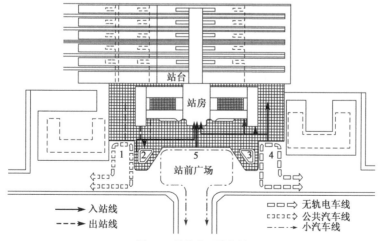

图8-4 铁路客运站布局
1-公共汽车站;2-地铁上车站;3-地铁下车站;4-无轨电车站;5-小汽车站

(一)主站房平面布置

1. 布置要求

在客运站,不同的旅客对使用各种站房的要求是不同的。换乘的长途旅客下车后要在站内办理换乘手续、寄存小件行李及候车,使用站房时间最长;始发的长途旅客要买票、托运行李及候车,使用站内各项设备的时间也较长(在市内买票的旅客除外);到达的长途旅客一般只提取行李或打电话,在站内停留时间较短;始发的市郊旅客只在开车前进站,终到的市郊旅客下车后直接出站,他们很少使用站房。除了旅客本人外,接送旅客的人也要使用站内设备,一般与始发终到的长途旅客使用同一设备。

根据上述情况,在设计和布置客运站房的各项设施时,必须满足下列要求:

(1)旅客站房位置要与城市规划及市内交通相互配合,站房与站前广场及城市交通工具停车点之间应有便捷而安全的通路,以便利旅客进出站。

(2)各种交通流线应保证畅通无阻,行程便捷,避免交叉干扰,使旅客、行包和各种车辆在站内安全、迅速地集散和通行。

(3)站房建筑的平面应按旅客需要来布置,使旅客容易找到办理各种旅行手续的地点,并便于车站工作人员组织旅客上下车。

(4)站房各种房室及跨线设备的布置,应避免多余的上坡和下坡,以免造成旅客行走困难和降低客运设备的通行能力。

(5)根据客流量的大小,尽可能使到达与始发客流、市郊与长途客流分开。在站房内及站台上应将行包、邮件的搬运与旅客上、下车的通路分开。

(6)站房各房室、通道及售票窗口必须有足够的面积和数量,保证满足客运量最繁忙时的要求,并为扩建改建留有余地。

(7)站房应力求适用、经济,在可能条件下注意美观,并显示出城市的建筑风格和地理环境的特点。

2. 站房与站台平面高差关系

站房按其地面与站台面间的高差关系可分为以下三种形式:

(1)线平式。站房与站前广场毗连一层的地面高程与站台面的高程相平或相差很小,如图 8-5 所示。

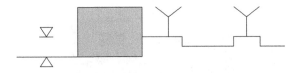

图 8-5 站房与站台线平式布局

(2)线上式。站房与站前广场毗连一层的地面高程高于站台面的高程,如图 8-6 所示。

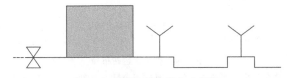

图 8-6 站房与站台线上式布局

(3)线下式。与线上式相反,如图 8-7 所示。

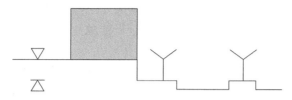

图 8-7　站房与站台线下式布局

线下式或线上式一般是由于受地形、城市规划等条件的限制,为了减少填、挖方数量,节省工程造价,或使旅客进出站行走的升降高度最小而建造的。

按服务旅客的性质,旅客站房可设计为长途与市郊旅客合用的站房,或转为市郊旅客用的市郊站房,或铁路与其他种类运输共用的联合站房等。

3.旅客站房内各种用房的设置

旅客站上所有用房及其布置,应根据站房等级、类型、服务的种类、车站工作量及工作性质等因素来确定。小型站房比较简单,大、中型站房一般应具有下列三类用房:

(1)客运用房。客运用房由候车部分(各种候车室)、营业部分(包括售票厅、行包房、小件行李寄存处、问讯处、服务处等)以及交通联系(广厅、通廊、过厅)三部分组成。

①候车室(厅)。候车室(厅)是旅客休息候车和组织旅客进站的场所。因此,对候车室除要求有适宜的候车环境外,还需与站房的主要入口、检票口联系方便,并尽可能地靠近站台,以减少旅客进站的行程。候车室的布置形式视站房的规模、客流的类型和布局的需要,可分下列几种。

集中候车方式:在这种布置方式下,候车室使用机动灵活,利用率高。但当客流量较大,而且客流性质复杂时,候车秩序较难维持,甚至会造成个别旅客误上其他列车的现象。因此,这种候车方式只适用于客流较小的客运站。

分线候车方式:如图 8-8 所示,这种布置的特点与上述集中候车方式相反。因此,在客流量较大,且客流性质复杂时予以采用。其中图布置形式的旅客行走距离较长,邻近广场候车室的旅客上车时行走距离更长,缺点较多。图 8-8a)布置形式旅客行走距离较短,旅客在候车室内无往返行走,秩序也易维持。但在选择图 8-8b)、c)两种布置形式时,尚应结合站房造型统筹考虑。

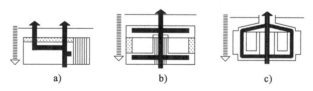

图 8-8　分线候车室布置形式示意图

②售票处(厅)。售票处(厅)位置主要根据普通进站旅客流线的流程来确定。通常要求将售票处设在旅客进站流线中靠前而且明显易找的地方。

a.售票处直接向综合候车室开设窗口的布置形式。这种布置的优点是明显易找,在空间使用上也具有较大的灵活机动性,旅客流线行程短。其缺点是购票旅客对候车旅客影响较大。因此,对旅客候车时间较短和客运量较小的客运站,可采用这种布置形式。

b.售票处设于营业大厅内或靠近主要入口处的布置形式。这种布置的最大优点是旅客的购票活动与候车等其他活动互不干扰。

c. 在站房之外单独设置售票处，如图 8-9 所示。采用这种布置形式时，宜用廊道把售票处与站房连接起来，以免旅客有露天流程。这种布置形式的旅客流程长。

在市郊旅客较多的客运站，可在其检票口附近设置独立的售票处。在中转旅客较多的客运站，可在站台内或出站口附近设中转签票处。

③行包房。在整个站房布局中，行包房的位置是否妥当，对旅客进、出站流线与行包流线和车辆流线交叉与否，工作人员管理是否方便有很大影响。因此，行包房的位置应与站房的其他客运用房、站台、广场取得有机联系。

a. 只设一个行包房兼办行包的托运和提取业务，如图 8-10 所示。这种布置形式对行包仓库的利用、管理人员的安排和行包的搬运等具有方便和灵活的优点。但由图 8-10 可知，取、托行包客流与进、出站客流有交叉，由于取、托行包客流比较小，尤其是出站后立即提取行包的旅客更少。因此，在行包和车辆流量均较小的客运站，宜采用这种布置方式。

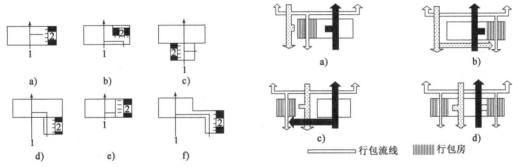

图 8-9 售票处在站房中的位置示意图
1-旅客进站流线；2-售票处

图 8-10 行包房在站房中的位置示意图

b. 分别设置发送行包房和到达行包房。这种布置的缺点与上述相反。此外，当行李车固定编组在列车运行方向一端时，对设在另一端行包房的行包搬运带来不便，增加了搬运距离，并与旅客流线交叉。为避免与客流交叉及便利行包的运送，在到发行包量大的客运站，可设置专用的行包地道。

④小件寄存处。小件寄存处是旅客暂时寄存随身携带的小件行李的地方。业务量不大的小型客运站，可将小件寄存处附设在问讯处或行包房内，以节省管理人员和建筑面积。大、中型客运站的小件寄存处应单独设置，其位置最好能供进出站旅客共用；如有困难时，应以照顾出站旅客为主，布置在出站口附近。当小件寄存量很大，在布局上又不便于兼顾进出站旅客时，可在进站大厅、出站口附近或候车区等地方分设几处，以便旅客就近存取。

⑤问讯处。设立问讯处是用于回答旅客旅行中有关列车到发时刻、购票手续等问题的。较小的站房一般不设问讯处，大、中型站房需设专门的问讯处，其位置应在站内较明显的部位，便于旅客到站后能立即发现，且宜靠近售票处。

(2) 技术办公用房包括运转室、站长室、办公室、会议室、公安室等。

(3) 职工生活用房包括为车站职工生活服务的各种房间。

(二) 旅客站台及跨线设备

1. 旅客站台

为保证旅客上、下车的安全和便利，加快旅客的乘降速度，缩短行包、邮件的装卸时间，在办理旅客乘降的车站和乘降所,均应设置旅客站台(Passenger Platform)。

旅客站台的数量及位置应与站房、旅客列车到发线的布置相适应,站台与站线的相互位置如图 8-11 所示。每两站台之间设一条到发线,能保证旅客由一个站台下车的同时另一个站台的旅客上车,缩短旅客上、下车时间。但当旅客到发线较多时,站台增多,占地面积大,对列检作业及换枕木不方便,站台利用率也低,只适用于采用电动车组的市郊列车车站。每两站台之间设两条到发线,可克服上述缺点,是一种最广泛的布置形式。两站台之间布置三条到发线,如图 8-11 所示,在通过式客运站上,中间一条作用列车通过或机车走行,在尽端式客运站上,中间一条仅用作机车走行。

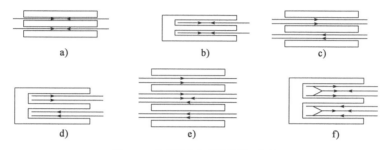

图 8-11 旅客站台与到发线相互位置

2. 跨线设备

跨线设备(Track-crossing Facilities)是站房与中间站台间或站台与站台间的来往通道。按与站内线路交叉方式的不同,跨线设备分为平过道、天桥和地道。按其用途之不同,跨线设备分为供旅客使用和供搬运行包、邮件使用的跨线设备。如图 8-12 所示。

(1)平过道。在客运量较小的通过式客运站上,供旅客使用的平过道(Foot Pass between Platform)布置在站台的中部接近进、出站检票口处。供搬运行包使用的平过道设在站台的两端。平过道的宽度不应小于 2.5m。

(2)天桥和地道。天桥(Passenger Foot-bridge)和地道(Underground Path)应设在大、中城市的通过式车站和旅客上、下车人数较多且旅客出、入站的通路经常被通过列车、停站列车或调车车列阻断的车站上。

天桥的优点是造价低,受水文、地质条件影响小,维修、扩建方便,排水、通风、采光条件好,但其升降高度较大,斜道占用站台面积较多,遮挡工作人员视线,而地道则相反,故应优先采用地道。天桥和地道的出、入口应与进、出站检票口相配合,以减少旅客在站内的交叉干扰。其位置应保证旅客通行和行包、邮件装卸作业的安全与便利。

(3)行包地道。在行包和列车对数都较多的大型客运站,为了使人流和行包流分开,应设置专用的行包地道,采用机动车与各中间站台联系。

对于线侧式站房,当到达与发送行包集中于一处时,可在站台一端设置行包地道,另一端采

图 8-12 客运站跨线设备图

用平交道;当到达与发送行包房设两处时,应在站台两端各设一行包地道。为了便于行包的中转作业,可设置纵向地道,将到达与发送行包房联系起来。为了便于邮件运送,可将行包地道与邮政大楼联系起来。

对于线端式站房,因运送行包经由一端的分配站台,故一般不设行包地道。但应在咽喉区的站台端部设平过道。

行包地道同向各站台应设单向出、入口,其宽度不宜小于4.5m。当受条件所限且出、入口处设有交通安全显示时,其宽度不应小于3.5m。

(三)站前广场

站前广场是铁路客运站与城市交通的结合部,是客流、车流和行包流集散的地点。个别情况下,站前广场还可作为迎宾集会场所。

1. 站前广场组成部分

(1)站房平台。站房平台是站房室外向城市方向延伸一定宽度的平台,为联系站房各部位并与进出站口、旅客活动地带及人行通道连接之用。

(2)旅客车站专用场地。旅客车站专用场地由旅客活动地带、人行通道、车行道、停车场及绿化、建筑小品组成。

(3)公交站点。公交站点包括公共汽车、电车、地铁等在站房附近设的首末和中途站点。

2. 站前广场的布置要求

站前广场的布置应根据客流的大小及性质、站房规模、城市干道布置、公交车辆流线和停车场分布等因素来考虑。

(1)结合城市发展规划、绽放规模、地形等情况,合理确定广场的面积和布局,使广场内和周围各种设施与城市道路及站房出入口有机地结合,保证旅客安全迅速疏散。

(2)合理地设计和组织广场内各种流线,妥善地安排各种车辆的行驶路线和停车场地,尽量避免各种流线相互间的干扰。

(3)尽量利用广场的立体空间,将广场设计为多层场地。

(4)广场周围各种建筑物必须统一规划,在空间上既不感到压抑拥挤,也不至于空旷无边;在建筑形式上要求突出站房主体,周围建筑物要与站房协调一致。

(5)注意站前广场的绿化带设计,满足城市绿化的要求。

(四)客运站现代化设施

随着计算机技术与信息科学的发展,客运站现代化系统应运而生。该系统由下列几个子系统组成:售票子系统、检票子系统、行包管理子系统、广播子系统、安全子系统、旅客查询子系统、旅客导向子系统、运转作业子系统、车站管理子系统等。

此外,旅客电子信箱服务、小件行李自动存取、子母钟自动调时、旅客留言显示及导游服务等也包括在客运站现代化系统中。

1. 售票子系统(Ticketing System)

该系统采取集中与分散相客户服务器结构,由铁路总局客票中心、地区客票中心、车站售票系统三级联网组成,能实现全路营业站联网售票,具有发售和预订联程、往返等异地购票功能,全面实现售票、退票、订票、计划、调度、计费、结账、统计、查询等业务的计算机管理现代化。

2. 检票子系统(Checking Tickets System)

该系统采取计算机检票方式,一般分为两类:一类为联网检票,由检票服务器、监控统计机和前端检票机构成检票网络系统,实现检票、生成与打印上车人数通知单和客流统计报表等功能;另一种为脱网检票,不需要计算机网络环境,仅利用检票机单独工作。检票机又有固定式和手持便携式检票之分,固定式检票机安设在进站口,具有联网检票功能,采用定点扫描式(手插式)或通过式(轨道式)操作方式,手持便携式可用于车站进站口或列车上检票。

3. 行包管理子系统(Packets Management System)

利用计算机和网络技术完成发送、到达、中转行包作业的信息管理,如票据录入、运价计算、货票制备打印、货位管理、交付通知、行包查询以及编制装卸车计划等功能。主要设备有计算机、票据打印、标签打印、条形码制备和判读设备,以及电子衡器、自动分拣和自动化仓储设备等。

4. 广播子系统(Broadcast System)

采用计算机技术与专业音响技术相结合,应用触摸屏、电子模拟开关等新技术,实现全自动、半自动和手动广播控制,话筒任意插播、磁带录音、监听跟踪、无线对讲及无线广播等多种功能,向旅客通告有关旅行事项。

5. 安全子系统(Safety System)

采用微量X射线对行包进行安全检查;采用电视摄像镜头、监视器对车站重点部位进行动态监视和报警;采用自动排烟、自动关闭防火门、自动喷淋等进行自动监视与控制。

6. 旅客查询子系统(Passenger Inquiry System)

采用电视问询、电话自动查询、自动应答等设备为旅客提供旅行信息。

7. 旅客导向子系统(Passenger Guide System)

采用显示屏为旅客提供各种导向信息,如列车到发时刻、停靠站台、候车地点、检票时刻等。有的客运站还装有大型彩色电子显示屏,发布国内外新闻和商业广告等信息。

8. 运转作业子系统(Operation System)

运用计算机网络、多媒体技术,建立客运作业指挥系统,主要功能是:采集列车到发预报信息、组织列车接发、编制行车作业计划、进行现车管理以及组织召开站内电视会议等。

9. 车站管理信息子系统(Management Information System of Station)

将站长办公室、技术室、财务室、人劳室等业务科室的有关信息纳入该系统,实现办公自动化。

第二节 公路客运站

一、公路客运站的基本概念

公路客运站是旅客集散的地方,在客运生产服务活动中,客运站起着组织、协调、指挥、监督运输工作的重要任务。根据公路旅客运输市场的客观要求,较大规模的汽车客运站,应该具备运输组织管理、中转换乘、通信信息、多式联运和辅助服务等功能。

二、公路客运站分类

(一)按车站规模划分

等级站:指具有一定规模,可按规定分级的车站。

根据地理位置和设施年度平均日旅客发送量(以下简称日发量)等因素,车站等级划分为5个级别以及简易车站和招呼站。

1. 一级车站

具备下列条件之一的为一级车站:

(1)日发量在10000人次以上的车站;

(2)省、自治区、直辖市及其所辖市、自治州(盟)人民政府和地区行政公署所在地,如无10000人次以上的车站,可选取日发量在5000人次以上具有代表性的一个车站;

(3)位于国家级旅游区或一类边境口岸,日发量在3000人次以上的车站。

2. 二级车站

具备下列条件之一为二级车站:

(1)日发量在5000人次以上,不足10000人次的车站;

(2)县以上或相当于县人民政府所在地,如无5000人次以上的车站,可选取日发量在3000人次以上的具有代表性的一个车站;

(3)位于省级旅游区或二类边境口岸,日发量在2000人次以上的车站。

3. 三级车站

日发量在2000人次以上,不足5000人次的车站为三级车站。

4. 四级车站

日发量在300人次以上,不足2000人次的车站为四级车站。

5. 五级车站

日发量在300人次以下的车站为五级车站。

6. 简易车站

达不到五级车站要求或以停车场为信托,具有集散旅客、停发客运班车功能的车站。

7. 招呼站

达不到五级车站的要求,具有明显的等候标志和候车设施的车站。

(二)按车站位置和特点划分

1. 枢纽站

枢纽站指可为两种及两种以上交通方式提供旅客运输服务,且旅客在站内能实现自由换乘的车站。

2. 口岸站

口岸站指位于边境口岸城镇的车站。

3. 停靠站

停靠站指为方便旅客乘车,在市(城)区设立的具有候车设施和停车位,用于长途客运班车停靠、上下旅客的车站。

4. 港湾站

港湾站指道路旁具有候车标志、辅道和停车位的旅客上落点。

(三)按车站服务方式划分

1. 公用型车站

公用型车站指具有独立法人地位,自主经营,独立核算,全方位为旅客经营者和旅客提供站务服务的车站。

2. 自用型车站

自用型车站指隶属于运输企业,主要为自有客车和与本企业有运输协议的经营者提供站务服务的车站。

三、公路客运站设施与布局

(一)公路客运站设施

公路客运站设施一般有生产设施、生产辅助设施和生活服务设施三部分组成。

1. 生产设施

生产设施是公路客运站建设的主要内容,包括站前广场、站房、发车位和停车场等。其中,站前广场在传统意义上是客运站房与城市联系的连接区,是旅客、行包和站外各种车辆集散场所,通常由停车场、旅客集散区、行包集散区、绿化区等部分组成。站房是最主要的生产设施,进站、购票、行包托运、候车、检票等工作均在此完成,对应设置有售票厅、票据库、候车厅、行包托运厅、行包提取处、小件寄存处、问讯处、广播室、调度室、办公室、驾驶员室、执勤室、卫生间等功能空间。

2. 生产辅助设施

生产辅助设施包括维修车间、洗车台、油库、配电室、锅炉房等。生产辅助设施在经营和管理上有一定的独立性,也需注意一些特殊要求,如维修设施与停车场应有间隔,设通道供待修及管缮车辆进出;当周边具有两条以上次干道时,生产辅助设施应邻近次干道,以便车辆进出。

3. 生活服务设施

生活服务设施包括司乘公寓、单身职工宿舍、职工食堂、浴室等。此类生活服务设施按实际需要进行建设,满足相应建筑设计规范即可。

（二）各级车站的设施设备配置

按照前面各站级的划分,各级车站的设施设备配置见表8-1、表8-2。

公路客运站设施配置　　　　　　　　　　　　　　　　表8-1

设施项目			一级站	二级站	三级站	四级站	五级站
场地设施		站前广场	●	●	★	★	★
		停车场	●	●	●	●	●
		发车位	●	●	●	●	★
建筑设施	站房	候车厅(室)	●	●	●	●	●
		重点旅客候车室(区)	●	●	★	—	—
		售票厅	●	●	★	★	★
		行包托运厅(处)	●	●	★	—	—
		综合服务处	●	●	★	★	—
	站务用房	站务员室	●	●	●	●	●
		驾乘休息室	●	●	●	●	●
		调度室	●	●	●	★	—
		治安室	●	●	●	★	—
		广播室	●	●	★	—	—
		医疗救护室	★	★	★	★	★
		无障碍通道	●	●	●	●	●
		残疾人服务设施	●	●	●	●	●
		饮水室	●	★	★	★	★
		盥洗室和旅客厕所	●	●	●	●	●
		智能化系统用房	●	★	★	—	—
		办公用房	●	●	●	★	—
	辅助用房	汽车安全检验台	●	●	●	●	●
		汽车尾气测试室	★	★	—	—	—
	生产辅助用房	车辆清洁、清洗台	●	●	★	—	—
		汽车维修间	★	★	—	—	—
		材料间	★	★	—	—	—
		配电室	●	●	—	—	—
		锅炉房	★	★	—	—	—
		门卫、传达室	★	★	★	★	★
	生活辅助用房	司乘公寓	★	★	★	★	★
		餐厅	★	★	★	★	★
		商店	★	★	★	★	★

注:●-必备;★-视情况设置;—-不设。

公路客运站设备配置 表 8-2

设施项目		一级站	二级站	三级站	四级站	五级站
基本设备	旅客购票设备	●	●	★	★	★
	候车休息设备	●	●	●	●	●
	行包安全检查设备	●	★	★	—	—
	汽车尾气排放检测设备	★	★	—	—	—
	安全消防设备	●	●	●	●	●
	清洁清洗设备	●	●	●	★	—
	广播通信设备	●	●	●	★	—
	行包搬运与便民设备	●	●	★	—	—
	采暖或制冷设备	●	★	★	★	★
	宣传告示设备	●	●	●	★	★
智能系统设备	微机售票系统设备	●	●	★	★	★
	生产管理系统设备	●	★	★	—	—
	监控设备	●	★	★	—	—
	电子显示设备	●	●	★	—	—

注：●-必备；★-视情况设置；—-不设。

(三)公路客运站设施布局

公路客运站总平面布置是车站设计的重要组成部分,必须服从工艺流程的要求。总平面布置力求合理、紧凑、通畅、简捷,既方便旅客,又便于管理,尤其是要处理好人流、车流、行包流三者之间的关系等。如果客运站总平面布置混乱,分区不明确,流线颠倒,各部分互相影响、干扰,将直接影响车站的正常使用。

(四)总平面布置的基本原则和要求

客运站的工艺流程设计、工艺计算数据和各部分的使用功能要求,是总平面布置的主要依据。为了合理布局,构成完整有效的统一体,在总平面布置时必须遵循下列基本原则和要求：

(1)因地制宜,符合城市规划总体布局的要求。在总平面布置时必须了解城建部门的总体规划意图,掌握建设地段在总体规划中的地位和作用,了解所在地近远期的发展情况,以及对客运站的建筑要求等。总体布置要因境而异,切忌盲目沿袭旧有的格局和模式。

(2)布局合理,分区明确,流线简捷,满足客运站的使用功能。站前广场应处在车站总平面流线的最前端,并适当考虑站前各种服务点和接送旅客交通工具的位置,明确划分不同流路线、停车区域、活动区域及服务区域,保证流线简捷通畅。站内业务办公、营运作业、生活用房等应分区明确,联系方便,互不交叉影响,保证站内营运正常。

(3)应组织好进出站旅客流线、车辆流线及行包流线,避免交叉。在总平面布置时,客运站的入口应迎向主要客流的来向,为旅客进站提供方便。旅客出入口和车辆的出入口应分别独立设置,且汽车进出站口距站房旅客主要入口的距离不宜小于25m,同时要增加车辆进出口的缓冲地段,以防止进出站车辆与城市干道车辆互相影响。此外,在站房平面布置时,要特别重视售票厅、行包托运处及候车厅三者之间的互相位置和联系,售票厅及行包托运处应单独设置出入口,并保证与候车厅有较好的联系。

(4)要进行建筑组合多方案比较与可行性分析,以选择最佳布置方案。根据具体条件、客运站的总平面布置可采用多种组合方式,方案设计的主要目的是研究、探讨建筑空间的可行性和合理性,解决局部与整体的关系。一般应根据资料进行具体分析计算,做出比选方案,从而确定出既经济又合理的最佳布置方案。

(5)布置要紧凑,合理利用地形,节约用地和投资。汽车客运站占地较多,总体布置时要室内外空间一起考虑,布置紧凑,合理利用地形。由于候车厅是客运站房中占地最多的组成部分,通常应设置于地面层,当候车厅面积需要较大时,可根据实际情况将部分面积设于二层,以减少占地面积。客运站的立面力求大方、美观,线条力求简单、清晰,能反映客运站的特色。要防止盲目追求雄伟、壮观,造成不必要的投资浪费。

(五)站房总体布置形式

公路客运站的主体建筑是客运楼,通常由站房和办公服务用房所组成。根据站房所处位置不同,其布置形式大致可分以下三种:

1. "一"字形布置

其特点是候车厅、售票厅均沿城市主要道呈一字形排列,且两厅大门朝向一致。这种布置的车站,立面雄伟、壮观,缺点是车站占据主要街道地段长,立面处理面积大,增加造价;又因城市规划对车站临街建筑有一定高度要求,造成辅助房间过多。这种布置适应大、中型车站。

2. "T"字形布置

其特点是售票厅与候车厅呈"T"字形排列,临街部分采用高层建筑,通常地面层作售票综合服务厅,二层以上作为办公及生活用房,将大跨度的单层候车厅布置在后面,候车厅的形状可以是矩形或半圆环形。这种布置占据临街地段短,容易满足城市对车站建设的要求。

3. "L"字形布置

其特点是售票厅与候车厅的大门分别面临两条大街,呈"L"字形。这种布置形式适于客运站位于城市交叉路口,布置形式比较灵活,但两个临街部分都要做立面处理。为了满足城市规划对车站建筑高度的要求,临主要街道一侧布置多层建筑,而临次要街道一侧可布置单层候车厅。

四、公路客运站设施布局案例

这里沿用第三章中"长沙汽车南站"案例,在得到南站客运需求之后,对枢纽进行设施的规划与设计。

交通设施的规模、布局与设计,受到车站固有客流与交通需求规模的双重约束。

车站固有约束主要源于两部分:第一部分的约束是用地条件的约束。南站的总用地面积为 $13hm^2$,其中包括 10% 以上的公共开敞空间及绿地面积;南站还受到城际轨道的约束(图 8-13),其线位、站位和占地面积都有严格的规定,不能移动和更改;还受到军用机场的限高约束(图 8-14),大托军事机场在南站的西南侧,相距 6km,对南站建设有高度限制。

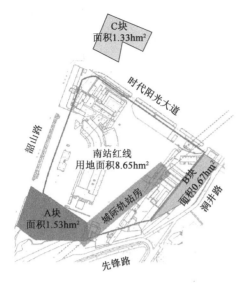
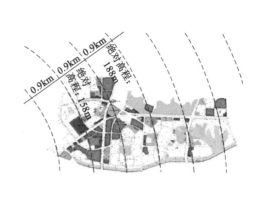

图 8-13 城际轨道站点约束　　　　图 8-14 机场控高示意图

第二部分的约束是周边路网条件的约束。基地西侧韶山路(北-南 5 车道,南-北 2 车道),由南向北方向采用隧道方式,交通压力较大,并且没有继续拓宽的可行性,需要通过其他道路分流减压;客运车辆大部分经过南三环进入市区,双向四车道的先锋路是连接基地和南三环的主要通道,但目前先锋路现状不能满足客运车辆快速进出基地的需求,因此需要在先锋路建立地面客运专用道或者高架快速客运通道。

交通需求约束是南站客流量总体需求的约束。但是,各交通方式的需求在供给的调节下是可以改变的。例如,如果完善公共交通服务,减少换乘接驳距离,可以使客流向公交出行转移;将社会停车场定位为停车换乘设施,布置合理的停车场位置,则有利于小汽车向公共交通的转移等。因此,在各种约束条件下,以集约土地资源,减少公共交通换乘距离,保证其他方式的可达性,保证步行环境的安全与方便;保证多模式交通组织有序,保证商业综合开发既能增加枢纽"活力"又不会干扰枢纽的交通功能为基本原则,提出三种紧凑型的枢纽布局模式。

(1)方案 1:主站房南侧布局方案(城际轨道车站有上盖),如图 8-15 所示。
该方案的特点是:
沿城际轨道站点上方加盖主站房(售票厅、候车厅/管理服务设施),极大利用用地空间,使土地利用达到集约与节约的要求;

客运停车楼与到发区设在基地南侧,可迅速进出南三环;

公交场站分两部分设在城际轨道车站及主站房的南北两侧,其中南侧公交场站设 11 条线,北侧公交场站与客运停车楼、到发区设在一个地块中,有 9 条线,这样不仅满足与轨道交通形成很好的公交接驳,增加公共交通的吸引力,而且可以分散公交客流,避免一个地块内的人流、车流过于拥挤的状况;

车站的综合开发位于站前广场的北面,既能满足车站滞留人员的商业需求,而且与交通设施以站前广场分隔,避免拥挤,可以通过将城际轨道出入口之一通向综合开发地块,方便购物休闲客流;

出租车上下客和社会停车场都设在地下一层,其中东侧出租车上客位 5 个,下客位 20 个,蓄车场 60 车位,西侧上客位 3 个,下客位 10 个,蓄车场 24 车位,社会停车泊位 1200 个,占地 3.6 万 m²,为停车换乘提供了有利条件。

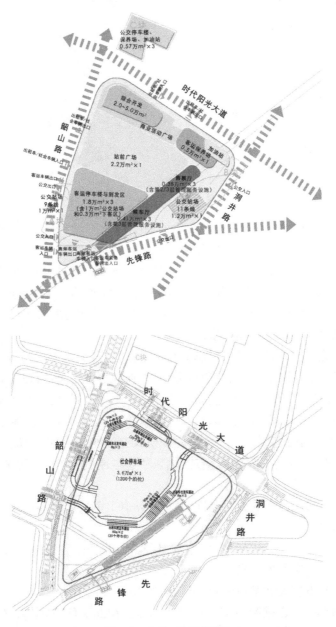

图 8-15　方案 1 设施布局图

(2)方案 2:主站房南侧布局方案(城际轨道车站无上盖),如图 8-16 所示。

与方案 1 相比,方案 2 的特点是:

城际轨道站点上方没有建筑物覆盖;

轨道交通东侧集中布置公交场站(20 条公交线),使乘客很方便地从公交换乘轨道或轨道换乘公交,公交集中布设方便乘客查询线路,但容易导致公交客流的拥挤;

主站房紧靠站前广场和客运停车楼到发区设计,缩小了站前广场的面积。

商业综合开发、社会停车场、出租车上下客点等功能模块的布局均与方案1相同。

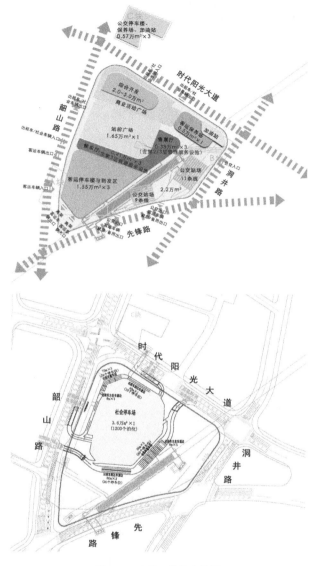

图 8-16　方案 2 设施布局图

(3)方案 3:主站房原地布局方案,如图 8-17 所示。

与上述方案相比,方案 3 的不同之处在于:

在南站现有布局基础上进行改良,改建费用大大节省,但主站房在地块中央,导致乘客进入南站后步行距离较长;

公交场站紧邻韶山路大门,方便乘客进出,但离主站房和轨道车站,不利于乘客换乘;

客运到发区布局在地块东侧靠近洞井路,给公路客运车辆进出南三环带来不便。

社会停车场、出租车上下客点等功能模块的布局均与方案 1、2 相同。

从三个方案的设施规模、设施及用地功能布局情况来看,在南站用地约束条件下,设施的紧凑布局,并增加空间的地上、地下的复合开发,使设施规模基本都能满足交通需求的要求。

根据上述设施导向布局的原则,对比三个方案可以看出:

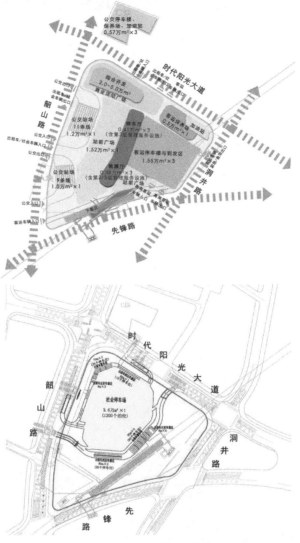

图 8-17 方案 3 设施布局图

集约用地方面,方案 1、3 都建造了城际轨道车站的上盖建筑,可以更有效的利用空间,而方案 2 没有建造车站上盖建筑,所能利用的面积减少,为保证设施规模只好缩减了站前广场的面积。

公共交通换乘方便性方面,方案 1 中的公交停车场紧邻轨道车站和公路客运,公交换乘比其他方案更加方便,并且公交客流分散,组织有序。

商业综合开发方面,方案 1、2 中商业开发紧邻南站大门和站前广场,为候车及专程购物的乘客提供方便,有助于提升南站的商业价值,其吸引客流与南站交通功能设施以站前广场分隔,不会干扰站点的交通功能,是比较明智的布局方式。并且,方案 1、2 的候车厅紧邻大门,比方案 3 的候车厅布局更加方便步行的乘客到达。

另外,在未来地铁开通的情况下,社会停车场作为停车换乘设施,有利于将小汽车出行控制在市中心外围,增加公共交通的出行选择;出租车也是一种特殊的公共交通方式,但其优先级显然不如常规公交,与社会停车场布局于地下一层的出租车设施是合理可行的。综上所述,最终确定方案1在集约用地、设施布局导向、商业综合开发布局等方面,是比较理想的,为推荐方案。

交通并不能孤立存在,而是要与用地、建筑、空间的紧密结合,既能满足功能性,又能体现艺术的美感,这也是"智慧型"交通体系所倡导的。南站枢纽的建筑方案就要体现用地集约、交通与建筑结合的思想。南站建筑进行地上地下综合开发,融合各种交通功能为一体,实现空间复合、功能混合的土地利用模式。南站主建筑中只有少量的零售商业,主要的商业则集中于商业综合开发的独立建筑中,以酒店功能为主,商场及娱乐功能为辅。这样,在紧凑的用地布局下,设计实现了建筑、空间、设施一体化的综合开发,体现了TDM的优化策略。

车站建筑方案是对用地规划方案的延伸,其建筑要满足各设施规模及功能。经过多轮的建筑方案竞标,南站最终拟定以下两个对比方案。

(1)方案A——"星云"式建筑,如图8-18所示。

方案A是以"星云"为构想的建筑,所有的枢纽转换功能集中于"星云"内完成,当然也伴有少量的零售业,以满足候车客流的购买需求。而主要的配套商业区和商务办公区设在"星云"外的26层商业商务开发的高层内。1~4层为枢纽的商业裙房,4层之上是酒店和办公写字楼。充分利用了南站集中地块,完成了枢纽功能与商业功能的结合,是复合型商业空间在狭窄用地中的体现。

图8-18 A设计方案

围绕着主建筑,按照设施规模与供给,方案A设计了合理的设施布局及清晰的流线组织,如图8-19所示,其中公交停车场安排在地下一层。各种市内交通设施能够较好地接驳公路客运与轨道交通。关于对外衔接道路,提出韶山路改造方案,利用韶山路已有地下隧道进行隧道拓宽及延伸,利于韶山路南北向过境的快速通行,适应与引导交通需求。远期连接南三环的先锋路设高架道路,作为长途公路客运的专用通道。

(2)方案B——"流水"式建筑,如图8-20所示。

方案B的建筑创造灵感来源于"行云流水"。相比于A方案,B方案留有更多的公共开敞空间,三条"流水痕"式建筑内部贯通,布局主站房及其他交通设施。内部设计通往各种交通方式的通透换乘大厅,形成换乘轴线,各种方式的人流围绕换乘轴线组织,在流量较大时公共设施(如电梯)的服务水平要进一步论证。商业综合开发布置在时代阳光大道的另一侧,与基地分设在两个地块内,意在减少购物客流与交通客流的冲突,但也增加了时代阳光大道上行人过街需求。同样,B方案也设计了合理的交通组织流线,使各种方式各行其道,减少冲突,其中公交场站设置在建筑外,提升了公路换乘客流的便捷性。交通网络的改造方面,拓宽并延长韶山路隧道,引导过境交通快速通过;在连接南三环的先锋路采取地面客运专用道结合局部高架方案,节省造价并为客运车辆减少道路干扰。

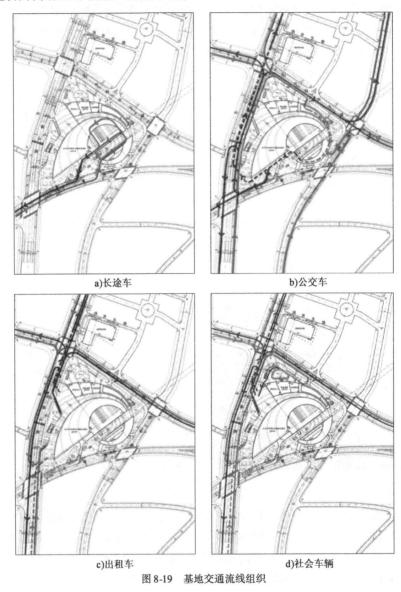

a) 长途车　　b) 公交车　　c) 出租车　　d) 社会车辆

图 8-19　基地交通流线组织

图 8-20　B 设计方案

第三节 港口枢纽

一、港口的基本概念

港口是位于河、海、湖、水库沿岸,有水、陆域及各种设施,供船舶进出、停泊以进行货物装卸存储、旅客上下或其他专门业务的地方。港口是水陆交通的集结点和枢纽,工农业产品和外贸进出口物资的集散地。

二、港口的分类

由于港口和港口之间的功能、位置、规模、能力、自然条件等方面的差异,不同的港口对国民经济发展的影响是不一样的。因此,世界上很多国家和地区都根据地理位置、用途功能、自然条件和层次地位对港口进行分类。

(一)按港口所在的地理位置分类

(1)海港:位于海岸、海湾或潟湖内,也有离开海岸建在深水海面上的。位于开敞海面岸边或天然掩护不足的海湾内的港口,通常需修建相当规模的防波堤,如我国的大连港、青岛港、连云港港、基隆港,意大利的热那亚港等。供巨型邮轮或矿石船停泊的单点或多点系泊码头和岛式码头属于无掩护的外海海港,如利比亚的卜拉加港、黎巴嫩的西顿港等。潟湖被天然砂嘴完全或部分隔开,开挖运河或拓宽、浚深航道后,可在潟湖岸边建港,如我国北海港。也有完全靠天然掩护的大型海港,如东京港、香港港、悉尼港等。

(2)河口港:位于河流入海口或受潮汐影响的河口段内,可兼为海船和河船服务。一般有大城市做依托,水陆交通便利,内河水道往往深入内地广阔的经济腹地,承担大量的货流量,故世界上许多大港都建在河口附近,如鹿特丹港、伦敦港、纽约港、圣彼得堡港、上海港等。河口港的特点是,码头设施沿河岸布置,离海不远而又不需建防波堤,如岸线长度不够,可增设挖入式港池。由于河港口所处的地域通常都具有经济发达、交通便利的优势,所以往往是国际上重要的贸易港。由于受潮汐和河道径流影响,进港航道一般容易出现泥沙淤积,形成拦门沙,因此航道的维护和治理往往是影响河口港发展的重要问题。

(3)河港:位于天然河流或人工运河上的港口,包括湖泊港和水库港。湖泊港和水库港水面宽阔,有时风浪较大,因此和海港有很多相似处,如往往需建设防波堤等,德国的汉堡港,苏联古比雪夫、齐姆良斯克等大型水库上的港口和我国的重庆港、徐州港、扬州港和万寨港均属此类。河道上游河港的特点是易受洪汛影响,不同季节水位落差很大,给船舶停靠和装卸带来困难。中、下游的港口受潮差和洪汛的双重影响,容易产生泥沙淤积问题。

(二)按港口用途分类

(1)商港:又称贸易港,是以一般商船和货物运输为服务对象的港口。作为商港,一般兼运各类货物,设有不同货种的作业区;不但要有优良的自然条件,还必须具备工商业比较集中、经济比较发达、交通便利等条件,并且具有用于海、陆、空联运的各种设施。如上海港、香港港、鹿特丹港、神户港、汉堡港和纽约港等,都是世界上著名的商港。

(2)工业港:主要供大型工矿企业输入原料和输出产品而专门设置的港口,又称业主码头。我国上海宝钢码头和武汉工业港即属此类。

(3)军港:为军用舰艇驻泊、给养、训练和作战设置的专用港口,在港口选址、总体布置和陆域设施等方面均有特殊要求。如美国的珍珠港和我国的旅顺港。

(4)渔港:供渔船停泊、修理、给养和渔货装卸、冷藏加工及保鲜储运的港口,须具有生产、贸易和分运的功能。如我国的舟山港、大连渔港。

(5)旅游港:专为游艇停泊和保管而设计的特定形式的港池、码头及陆域设施的港口,常称为游艇基地。如日本大阪港游艇基地,布置有防波堤、港池、码头艇库、停车场、俱乐部和绿地等;我国无锡太湖灵山大佛旅游区的旅游客运码头,码头平面为船锚型布置,且在大佛的视线上。

(6)避风港:专为船舶遇到突发性风暴时避风用的港口。

(三)按港口所在地自然条件分类

(1)天然港:具有天然的船舶停靠和避风条件,具有足够的水域面积和天然水深条件,地质适于锚泊的港湾。如我国的大连港、宁波港(北仑港区)、香港港,美国的旧金山港和日本的东京港等。

(2)人工港:经人工开凿的航道和港池,并建有防波堤的港口。如法国的勒阿弗尔港和我国的天津港。

(四)按港口的层次地位分类

这种分类是根据港口布局和港口在国民经济及综合运输体系中的地位、作用以及所处的地理位置与功能进行的,主要有5类。

(1)航运中心港:是港口高度集约化的产物,这类港口所在城市的经济、金融与贸易十分发达,有广阔的经济腹地,有众多固定航线通往国内外各主要港口。航运中心港一般都是集装箱枢纽港。

(2)主枢纽港:这类港口地理位置优越,辐射面广、货源充足、有较多的固定航线,设施与设备先进,是功能齐全的重要港口。其一般位于综合输运骨架的交会点,是客货集散中枢和各种运输方式的相互衔接处。

(3)地区性枢纽港:这类港口的服务范围主要是某个地区,其航线数量、服务功能、服务设施与设备等方面都不如主枢纽港,但它具有优越的地理位置、较先进的服务设施与设备以及较齐全的服务功能,是地区客、货集散中枢和综合运输的枢纽。

(4)地区性重要港口:在地区经济发展及对外开放中发挥重要作用的港口。

(5)其他中小港口:除上述以外的大量沿海中小港口,作为沿海地区交通基础设施的一部分,对所在地区经济发展起积极的促进和保障作用,也是完善沿海港口布局的重要补充。

(五)按集装箱运输份额分类

随着集装箱的运输发展,港口按集装箱吞吐量、服务范围、服务功能、服务设施与设备及现代化管理水平可分为三类。

(1)国际集装箱枢纽港:国际集装箱运输主干线的起始港、终点港或主要挂靠港,是所在地区集装箱及货物集散的枢纽。

(2)区域性枢纽港:国际集装箱运输主干航线挂靠港或区域性国际航线起始港、终点港,本地区及邻近地区集装箱货源较充足,并有一定数量的支线港(喂给港)。

(3)支线港(喂给港):区域性集装箱国际航线或分支航线的挂靠港,或是少数区域性国际航线及国内集装箱航线的起始港、终点港。

此外,港口根据装卸货物的不同还可以分为综合性港口和专业性港口。综合性港口是指能够装卸多种货物的港口。专业性港口是指专门或者主要从事某种货物装卸作业的港口,其特点是某种货物在其港口吞吐量中占有很大的比重,并具备装卸该种货物的先进专用装卸设备设施,如我国的黄骅港、八所港等。

三、港口的基本组成和功能

(一)港口的基本组成

从范围上讲,港口主要包括水域和陆域两部分。

1. 水域

水域通常包括进港航道、锚泊地和港池。

(1)进港航道要保障船舶安全方便地进出港口,必须有足够的深度和宽度、适当的位置、方向和弯道曲率半径,避免强烈的横风、横流和严重淤积,尽量降低航道的开辟和维护费用。当港口位于深水岸段,低潮或低水位时天然水深已经足够船舶航行需要时,无须人工开挖航道,但要标出船舶出入港口的最安全方便路线。如果不能满足上述条件并要求船舶随时都能进出港口,则必须开挖人工航道。人工航道分单向航道和双向航道。大型船舶的航道宽度为80~300m,小型船舶为50~60m。

(2)锚泊地只有天然掩护或人工掩护条件能抵御强风浪的水域,船舶可在此锚泊、等待靠泊码头或离开港口,如果港口缺乏深水码头泊位,也可在此进行船转船的水上装卸作业。内河驳船船队还可在此进行编、解队和换拖(轮)作业。

(3)港池指直接和港口陆域毗连,供船舶靠离码头、临时停泊和掉头的水域。港池按构造形式分为开敞式港池、封闭式港池和挖入式港池。港池尺度应根据船舶尺度、船舶靠离码头方式、水流和风向的影响及掉头水域布置等确定。开敞式港池内不设闸门或闸船,水面随水位变化而升降。封闭式港池内设有闸门或闸船,用以控制水位,适用于潮差较大的地区。挖入式港池在岸地上开挖而成,多用于岸线长度不足、地形条件适宜的地方。

2. 陆域

陆域指港口供货物装卸、堆存、转运和旅客集散之用的陆地面积。陆域上有进港陆上通道(铁路、道路、运输管道等)、码头前方装卸作业区和港口后方区。前方装卸作业区供分配货物,布置码头前沿铁路、道路、装卸机械设备和快速周转货物的仓库或堆场(前方库场)及候船大厅等之用。港口后方区供布置港内铁路、道路、较长时间堆存货物的仓库或堆场(后方库场)、港口附属设施(车库、停车场、机具修理车间、工具房、变电站、消防站等)以及行政、服务房屋等。为减少港口陆域面积,港内可不设后方库场。

(二)港口的功能

港口的功能具有多元性和发展性两大特征。多元性是指港口在社会经济运行过程中的许多方面都或多或少地发挥着一些作用;发展性是指港口具有功能不是一成不变的。随着经济运行方式的日趋复杂和世界科学技术水平的不断提高,港口的功能也是由少变多,由简单变复杂。

港口的功能依据用途、分类不同而不尽相同,这里只介绍商港或贸易港的主要功能。

1. 装卸和仓储功能

装卸和仓储是港口最基本的功能。主要包括对各种货物的装卸、搬运、储存、保管、分拨、配送等。

2. 运输组织管理功能

港口作为综合运输体系中的重要枢纽,需要以满足客户要求为目标,通过有效的运输组织管理,把各种运输方式有机地联系起来,从而使物流供应的全过程快速、经济、合理。

3. 贸易功能

随着市场经济的发展,港口逐渐发展成为对外交往和贸易的窗口,越来越多的贸易机构在港口或港口附近开辟专门的区域,从事商品贸易活动。港口不仅自身要具备这种功能,而且要为这种贸易活动创造良好的条件。

4. 信息功能

通信及信息服务系统是港口现代化的重要组成部分,也是形成物流服务中心及管理中心的重要基础。现代港口是多种信息的汇集中心,同时也是各种信息的服务平台,其主要信息包括以下内容:

(1)船舶与航线、货源与车源、车辆调度、货与车跟踪、仓储与库存控制、运输与配送计划、物流作业统计以及物流成本分析与控制等物流供应链上的各种信息;

(2)国内和国际商贸有关信息;

(3)"一关三检"(即海关、动植物检疫、卫生检疫和船舶检验)所需的服务信息;

(4)多式联运有关资料信息;

(5)信息服务与咨询。

作为大量车、船等交通工具的集散地和大量人流活动的聚集地,港口特别是现代化的主枢纽港必须能提供优质的口岸服务及生产服务、生活服务。除边防检查、"一关三检"及维修、海事服务外,还包括船、车燃物料供应,船员、客商及与港口服务相关的各类从业人员能够在港口得到良好的餐饮、娱乐、居住及其他生活服务等。

5. 生产加工功能

生产加工功能主要表现为两个层次:一是属于流通领域的货物加工,以及分选、换装、包装等。二是随着贸易自由化及现代物流的发展,国际和国内许多制造商或生产企业,为了降低原料运输成本,充分利用港口的综合优势,常常在港区或附近建立产品加工厂或装配厂,进行产品加工制造,然后通过港口外运或在当地销售。这种情况在建有港口保税区和开发区的港口已经十分普遍。

6. 辐射功能

随着港口功能的不断完善和现代物流业的发展,港口对其海外和内陆腹地辐射作用逐渐扩大和加深,而且对周边地区的带动作用也不断增强,不仅促进腹地经济的发展和对外交流,也使港口功能得以拓展和完善。

7. 现代物流功能

现代物流作为一种先进的组织方式和管理技术受到世界各国政府的高度重视,现代物流产业已在全球范围内迅速发展成为一个极具发展空间和潜力的新兴产业。为了充分发挥现代物流供应链的重要的节点作用,越来越多的港口正在向现代物流中心发展。除上述功能外,随着海洋石油、海洋渔业以及海洋资源的开发,现代港口正在向航运和海洋产业的服务中小心和后勤基地转化。港口功能的多样性还带动了其他具有诸多的贸易与产业活动,使港口的城市功能逐渐扩大。

港口就其功能而言,是交通运输枢纽、水陆联运的咽喉;是水路运输工具的衔接点和货物、旅客集散地。在世界经济一体化发展的新形势下,港口正向国际贸易的综合运输中心和国际贸易后勤基地的多功能方向发展。

四、港口设施布局规划

(一)港口陆域设施

陆域平面布置是根据港口生产环节的性质,合理安排陆域的装卸作业区、辅助生产作业区、铁路、公路等;另外,要合理确定港口的陆域规模。港口陆域平面布置应为港口的长远发展留有余地。

在研究港口平面布置方案时,应注意港口布置形式与自然条件的相互协调。依据不同的自然条件应选用不同港口布局类型。港口平面布置应力求巧妙地利用自然环境来满足港口营运上的要求,并节省建设投资。

港口陆域设施除库场等直接为生产服务的建、构筑物外,还应包括铁路、道路、给排水、供电以及为港口正常营运所需的各种设施。

(二)码头平面布置

1. 港口的平面布置形式

港口在平面上大致有如下三种基本布置形式:

(1)依自然地形的布置形式

依自然地形布置形式一般投资小,泊位基本沿岸线不直,船舶靠离比较方便。进出港航道和港池回淤常常被视为重要问题,疏浚往往是不可避免的。为了避免过大的维护性疏浚,要认真分析水动力条件和泥沙运移规律。所选择的理想位置,对防淤而言,一般要有利于加强港池的航道动力条件。这种布置形式一般在早期的港口选址时考虑较多,随着港口的建设,这种优良条件的港址会越来越少。

(2)填筑式的布置形式

填筑式是最常见的形式,如图8-21所示,大部分码头岸线伸出自然岸线,码头岸线主要以填方形成。把挖泥弃土与填土造地两种作业结合在一起，通常可以取得减少投资的效果，同时还可以减少弃土对海洋环境的影响。

（3）挖入式布置形式

挖入式多见于河港、河口港以及海岸带的潟湖洼地（如京唐港），如图 8-22 所示，港地由开挖陆域而形成。它适合于水体悬移含砂量较低或泥沙运移以推移质为主的地点。挖入式港口一般在入口处修建防波堤，既防波又防止沿岸泥沙入侵。

图 8-21 码头填筑施工图

图 8-22 挖入式港口布置

2. 码头平面布置形式

码头前沿的布置形式也应该按照地形因地制宜进行布置，应满足陆上集疏运和库场作业的要求。常见的布置形式有以下 5 种：

（1）顺岸式布置

码头的前沿与自然陆域岸线大致相同或呈较小角度时的布置形式称为顺岸式布置。顺岸式布置的优点在于后方可以有较大的陆域面积，以便布置堆场和仓库以及其他辅助设施。在大陆域面积的情况下，港口布置倾向于顺岸布置的优势越来越明显，如图 8-23 所示。

（2）突堤式布置

当码头岸线与自然岸线夹角较大时，这种布置形式称为突堤式布置，如图 8-24 所示。突堤式布置的最大优点是可以节省自然岸线，而且整个港区布置紧凑，易于管理。但随着现代码头所需堆场面积不断增大，宽突堤布置形式逐渐取代了过去的窄突堤布置，这一点在集装箱码头布置时尤为突出。窄突堤布置往往在突堤后方的陆域上布置二线库场，但一线库场的集疏运条件较差。在宽突堤码头有足够前方库场面积的情况下，可适当减少二线库场面积。

图 8-23 顺岸式布置

图 8-24 突堤式布置

(3) 挖入式布置

挖入式布置是指在向岸侧开挖港池和航道,港池深入到陆域内的布置方法,是一种适应特殊地形和要求的布置方案。开挖港池和航道的方量与回填造陆工程量对比,常成为选择此种布置方案的重要因素之一,如图 8-25 所示。

(4) 防波堤内侧布置

防波堤内侧布置是一种常见的布置方案,如图 8-26 所示。防波堤与码头布置在一起,可以节省工程量,一般适用于泊位较少或专业化港口。但对于有放浪要求的泊位,为防治越浪,防波堤也应有防越浪措施,但会增加工程量。在这种布置中,将泊位位置选在防波堤根部与后方衔接比较方便,但开挖量增加,布置在堤头可以减少挖方量,但码头与后方的衔接较差。

图 8-25 挖入式布置

图 8-26 防波堤内侧布置

(5) 岛式或开敞式布置

岛式或开敞式布置是一种为了适应现代港口深水化的发展趋势而将码头布置在离自然岸线较远的深水区的布置方案。码头结构一般为透空的墩式结构,为解决码头的输运问题,可采取栈桥或水下管线(油、气码头)与岸相接,堆场或罐区设在岸上。在一定的条件下为了节省投资不设防波堤,大风大浪天气码头不作业。这种方案特别适合大宗矿石码头、煤码头和石油码头。

(三) 码头前沿高程

码头前沿高程一般应考虑当地潮位特征,作业要求以及与后方地形衔接等几个方面的因素,并本着节省投资的原则综合确定。

有掩护情况下的码头高程一般应满足在大潮时不被淹没的要求,按基本与复核两个标准分别计算,并取最大值,具体确定方法见表 8-3。

有掩护情况下的码头前沿高程 表 8-3

基本标准		复核标准	
计算水位	超高值(m)	计算水位	超高值(m)
设计高水位(高潮累计频率10%的潮位)	1.0~1.5	极端高水位(重现期为50年的年极值高水位)	0~0.5

开敞式码头的前沿高程应满足水面不被波浪淹没的要求。开敞式码头一般为透空结构,由于波浪与码头上部结构作用时将产生较大波浪力,上部结构仅为承受这部分力而加大断面尺寸是不经济的。一般的做法是将上部结构的底缘高程抬高。由此,规定码头面的顶高程可

按式(8-1)计算：

$$E = \text{HWL} + \eta_0 + h + \Delta \tag{8-1}$$

式中：E——码头面高程，m；

　HWL——设计高水位，m；

　η_0——设计高水位时重现期为50年一遇静水面以上的波浪峰面高度，m；

　h——码头上部结构高度，m；

　Δ——波峰面以上到上部结构底缘的富裕高度，m，一般不超过1m。

(四)码头泊位尺度

码头泊位尺度包括码头岸线长度和码头前沿水域宽度。码头的岸线长度应满足泊位长度的要求，而泊位长度是指停靠一艘设计船型所占用的码头线长度。有掩护码头的泊位长度与系缆及工艺要求有关，开敞式码头除与上述因素有关外，还应考虑缆绳有足够的长度，以便吸收船舶动能。

单个泊位和多个泊位的码头长度的确定方法略有不同。考虑到系缆的要求，除泊位与泊位之间要留有一定间距外，端部泊位在外部也需要有一相当于泊位间距的富裕距离。富裕距离的大小与首尾缆绳长度和角度有关，一般与船体长短有直接关系。对有掩护港口的通用码头，单个泊位的长度可用式(8-2)计算。

$$L_\text{b} = L + 2d \tag{8-2}$$

式中：L_b——码头泊位长度，m；

　L——设计船长，m；

　d——富裕长度，m，采用表8-4中的数值。

富裕长度 d　　　　表8-4

$L(\text{m})$	<40	14~85	86~150	151~200	201~230	>230
$d(\text{m})$	5	8~10	12~15	18~20	22~25	30

码头岸线呈突堤式时，两突堤之间就形成了港池。随着港口装卸机械效率的提高，码头岸线布置越来越倾向于采用宽突堤布置。当突堤的宽度足够宽时，突堤一侧可布置多个泊位，形成泊位组，港池宽度应满足船舶航行和在泊位上掉头的需要(在特殊情况下亦可采取在港池外的连接水域掉头)。

开敞式码头岸线长度一般应按式(8-3)取值：

$$L_\text{b} = (1.4 \sim 1.5)L \tag{8-3}$$

码头前沿水域的宽度一般称为泊位宽度。泊位宽度是为了保证船舶在系泊、停靠过程中的安全而设置的水域宽度，一般取2倍船宽。

(五)仓库与堆场

仓库与堆场是供货物在装船前或卸船后短期存放使用的。多数较贵重的件杂货都在仓库内堆存保管；那些不怕风吹日晒雨淋的货物，如矿石、煤炭、钢铁和矿建材料等则放入露天堆场或货棚内保管，这种散装货物的堆场应远离码头，以免对环境有污染。对不同专业的码头，需建造不同的仓库，如散粮码头需造圆筒粮仓，而石油码头则需建造油库。

从港口库场至码头前沿为码头前方场地,又称码头前沿作业区。这里既要布置装卸机械,又要安排火车、汽车的通道,使货物转运方便,或是进入库场,或是直接运往港外。码头前方场地通常是港口最繁忙的地区。

在有旅客运输的港口,还需专门设立客运码头。在码头的附近建有港口客运站,供旅客候船休息以及购买船票、存取行李之用。客运站周围通常需要留有一定场地,供市内交通在此接送旅客,以及设置各种服务网点使用。

第四节 机场枢纽

一、机场的基本概念

机场是供飞机起飞、着陆、停驻、维护、补充给养及组织飞行保障活动所用的场所。机场、航路和机队构成了民航运输网络。机场是民航运输网络中的节点,是航空运输的起点、终点和经停点。从交通运输角度看,民航运输机场是空中运输和地面运输的转接点。它一方面要面向空中,送走起飞的飞机,引来着陆的飞机;另一方面要面向陆地,供客、货和邮件进出。机场可实现运输方式的转换,因此也可以称作航空站(简称航站)。大型民航运输机场又称为"航空港"。全国各类机场构成国家机场系统。民用运输机场的基本功能是为飞机的运行服务,为旅客、货物及邮件的运输服务。

二、机场的分类

(一)按服务对象划分

按服务对象划分,机场可以划分为军用机场、民用机场和军民合用机场。军用机场用于军事目的,有部分也用于民用航空或军民合用航空。民用机场又可分为商业运输机场(通常称为航空港)、通用航空机场以及用于科研、教学和运动的机场。

(二)按航线性质划分

按航线性质划分,机场可分为国际航向机场(国际机场)和国内航向机场。

1. 国际机场

国际机场有国际航班进出,设有海关、边防检查(移民检查)、卫生检查和动植物检疫等政府联检机构。国际机场又分为国际定期航班机场、国际不定期航班机场和国际定期航班备降机场。

2. 国内航线机场

国内航线机场是专供国内航班使用的机场。我国的国内航线机场包括地区航线机场。地区航线机场是指我国内地城市与港、澳等地区之间或不定期的航班飞行使用的机场,并设有相应的类似国际机场的联检机构。

(三)按机场在民航运输网络系统中所起的作用划分

按机场在民航运输网络系统中所起的作用划分,机场可分为枢纽机场、干线机场和支线机场。

1. 枢纽国际机场

枢纽国际机场指在国际航空运输中占核心地位的机场。这种机场无论是旅客的接送人数,还是货物的吞吐量,在整个国家的航空运输中都占有举足轻重的地位,其所在城市在国家经济社会中居于特别重要的地位,是国家的政治经济中心或特大省会城市,例如北京首都国际机场、上海浦东国际机场、广州白云国际机场、香港国际机场、重庆江北国际机场等。

2. 区域国际机场

其所在城市是省会(自治区首府)、重要开放城市、旅游城市或其他经济较为发达的城市,如宜宾宗场区域国际机场、无锡硕放区域国际机场等。对于人口密集的城市,无论是其旅客的接送人数,还是货物吞吐量都相对较大。

3. 支线机场

除上面两种类型以外的民航运输机场,如泸州机场、泉州晋江机场等。虽然它们的运输量不大,但作为沟通全国航路或对某个城市地区的经济发展起着重要作用。

(四)按机场所在城市中的性质和地位划分

按机场所在城市的性质和地位划分,机场可分为Ⅰ类机场、Ⅱ类机场、Ⅲ类机场和Ⅳ类机场。

(1) Ⅰ类机场。即全国经济、政治、文化地位特别重要的大城市的机场,是全国航空运输网络和国际航线的枢纽,运输业务繁忙,除直接承担客货运输外,还具有中转功能。北京、上海、广州三城市机场均属于此类机场,亦为枢纽机场。

(2) Ⅱ类机场。即省会、自治区首府、直辖市和重要的经济特区、开放城市和旅游城市,或经济发达、人口密集城市的机场,可以建立跨省、跨区域的国内航线,是区域或省会内民航运输的枢纽,有的可开辟少量国际航线,亦为干线机场。

(3) Ⅲ类机场。即国内经济比较发达的中小城市,或一般的对外开放和旅游城市,除开辟区域和省会内支线外,可与少量跨省区中心城市建立航线,故也可以称为次干线机场,如青岛、温州、三亚等机场。

(4) Ⅳ类机场。即省会、自治区内经济比较发达的中小城市和旅游城市,或经济欠发达但地面交通不便城市的机场。航线主要在本省区内或连接临近省区。这类机场也可称为支线机场。

(五)按旅客乘机目的地划分

按旅客乘机目的地划分,机场分为始发,终程机场,经停(过境)机场和中转(转机)机场。

(1) 始发、终程机场。始发、终程机场中,始发和终程旅客占旅客的大多数,始发和终程的飞机或掉头回程架次比例较高。目前我国机场大多属于这类机场。

(2) 经停(过境)机场。经停机场往往位于航线的经停点,没有或很少有始发航班飞机,只有比例不大的始发、终程旅客,绝大多数是过境旅客,飞机一般停驻时间很短。

(3) 中转(转机)机场。中转机场中,有相当大比例的旅客下飞机后立即乘其他航线的航班飞机飞往目的地。

除上述5种划分机场类别的标准外,从安全飞行角度考虑还需确定备降机场。备降机场是指在飞行计划中预定着陆机场不宜着陆时,飞机可前往预先规定的可以着陆的机场。在我国,备降机场是由中国民用航空局事先确定的,起飞机场也可以使用备降机场。

三、机场系统的组成和主要功能

(一)机场系统的组成

机场系统的组成可以简单地划分为供旅客和货物转入或转出的陆侧部分,以及供飞机活动的空侧部分。陆侧包括出入机场的地面交通设施、供旅客和货物办理手续和上下飞机的航站楼、各种附属设施三部分。空侧包括供飞机起飞和降落的航站区空域及供飞机在地面上运行的飞行区两部分。

机场系统也可以分为空域和地域两部分。空域即为航站区空域,供进出机场的飞机起飞和降落;地域由飞行区、航站区和进出机场的地面交通三部分组成。

飞行区为飞行活动的区域,主要包括跑道、滑行道和停机坪。

航站区为飞行区同出入地面交通的交接部。因而,它由以下三个主要部分组成:

(1)地面交通出入航站楼的交界面。包括公共交通的站台、停车场、供车辆和行人流通的道路设施。

(2)航站楼。用于办理旅客和行李从地面出入交界面到飞机起飞交界面之间的建筑物。

(3)飞机交界面。航站楼与停放飞机的联结部分,供旅客和行李上下飞机。

(二)机场的主要功能

机场的主要功能有:

(1)飞行区——能够保证飞机安全、及时起飞和降落;

(2)航站区——提供方便快捷的地面交通连接市区;

(3)地面交通——安排旅客和货物准时、方便地上下飞机。

四、机场的设施布局规划

飞行区的布局规划涉及跑道、滑行道、停机坪和航站区。

(一)跑道

跑道是机场工程的主体。机场的构型主要取决于跑道的方位、数量以及跑道与航站区的相对位置。跑道是供飞机起降的一块长方形区域,提供飞机起飞、着陆、滑跑以及起飞滑跑前(和着陆滑跑后)运转的场地。因此,跑道必须有足够的长度、宽度、强度、粗糙度、平整度以及规定的坡度。

1. 方位

跑道的方位即跑道的走向。飞机最好是逆风起降,而且过大的侧风将妨碍飞机起降。因此,跑道的方位应尽量与当地常年主导风向一致。跑道方向还受到周围地形、可用面积大小以及相邻机场状况、机场发展规划的影响。跑道的方位以跑道磁方向角度表示,由北顺时针转动为正。如北京首都机场的两条跑道方位均为179°~359°。跑道号按照跑道中心线的磁方向以10°为单位,四舍五入用两位数表示。如磁方向为267°的跑道,其跑道号为27,跑道号以大号字标在跑道的进近端,而这条跑道的另一端的方向是87°,跑道号为09。一条跑道的两个方向有两个编号,二者的方向相差180°;而跑道号相差18。如果某机场有同方向的几条平行跑道,就再分别冠以L(左)、C(中)、R(右)等英文字母,以示区别。如北京首都机场有两条平行的南北向的跑道,西边的一条它的跑道号是18L/36R,东边一条是18R/36L。

2. 数量与构型

跑道的数量主要取决于航空运输量。运输不繁忙,且常年风向相对集中的机场,只需要单条跑道。运输非常繁忙的机场,则需要两条或多条跑道。其基本构型可以是平行、交叉或开口V形(图8-27)。非平行跑道可以避开过大的侧风。平行跑道的间距、交叉跑道交叉点的位置对跑道容量(单位时间内可能容纳的最大飞机运行次数)是有影响的。

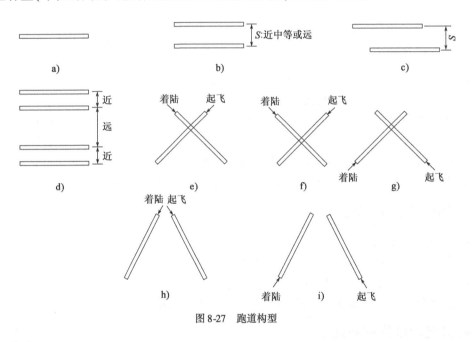

图8-27 跑道构型

3. 长度

跑道的长度是机场的关键参数,也是机场规模的重要标志,它直接与飞机起降安全有关。设计跑道长度主要是依据预计使用该机场飞机的起降特性(特别是要求跑道最长的那种机型的构形和性能特点)。此外,跑道长度还与下列因素有关:

图8-28 拉萨贡嘎机场

飞机起降质量与速度,飞机起飞(或降落)质量越大,离地速度(或接地速度)越大,滑跑距离就越长;跑道条件,如表面状况、湿度和纵向坡度等;机场所在环境,如机场的高程和地形;气象条件,特别是地面风力、风向和气温等。

当海拔高,空气稀薄,地面温度高时,发动机的功率就会下降,因而需要加长跑道。拉萨贡嘎机场的跑道长为4000m,是我国对外开放的机场中最长的跑道,如图8-28所示。

4. 宽度

飞机在跑道上滑跑、起飞、着陆不可能总是沿着中心线,可能会有偏离,有时还要掉头。因此,跑道应有足够的宽度,但也不宜过宽,以免浪费土地。跑道的宽度取决于飞机的翼展和主起架落的轮距,一般不超过60m。

5. 坡度

一般来说,跑道是没有纵向坡度的,这主要是为了保证飞机起飞、着陆和滑跑的安全。所以,应尽量避免沿跑道的纵向坡度及坡度的变化。当无法避免时,其最大值应尽量减小,且变坡间距离不应小于要求的值。在有些情况下,可以有3°以下的坡度,在使用有坡度的跑道时,要考虑对飞机性能的影响。

6. 道面

通常跑道道面是指结构道面,可分为沥青混凝土、水泥混凝土、碎石、草皮和土质等若干种。

跑道道面分为刚性道面和非刚性道面。刚性道面由混凝土筑成,能把飞机的载荷承担在较大的面积上,承载能力强,在一般中型以上的空港都使用刚性道面。我国几乎所有民用机场跑道均属此类。非刚性道面有草坪、碎石、沥青等各类道面,这类道面只能抗压不能抗弯,因而承载能力小,只能用于中小型飞机起降的机场。同时,水泥混凝土道面和沥青混凝土道面为高级道面。

跑道道面要求有一定的摩擦力。为此,在混凝土道面的一定距离内要开5cm左右的槽,并定期打磨,以保持飞机在跑道积水时不会打滑。当然,有一种方法就是在刚性道面上加高性能多孔摩擦系数高的沥青,既可以减少飞机在落地时的震动,又能保证有一定的摩擦力。

7. 强度

对于起飞质量超过5700kg的飞机,为了准确地表示飞机轮胎对地面压强和跑道强度之间的关系,国际民航组织规定使用飞机等级序号(Aircraft Classification Number,ACN)和道面等级序号(Pavement Classification Number,PCN)方法来决定该型飞机是否可以在指定的跑道上起降。

PCN数是由道面的性质、道面的基础和承载强度经技术评估而得出的,每条跑道都有一个PCN值。ACN数则是由飞机制造厂根据飞机的实际质量、起落架轮胎的内压力、轮胎与地面接触的面积以及主起落架轮间距等参数计算得出的。使用这个方法计算时,当ACN值小于PCN值时,这种类型的飞机可以无限制地使用这条跑道。在一些特殊情况下,ACN值可以在大于PCN值5%~10%时使用,但这会使跑道的使用寿命缩短。

(二)滑行道

滑行道是机场内供飞机滑行的通道。滑行道的主要功能是提供从跑道到候机楼区的通道,使已着陆的飞机迅速离开跑道,不与起飞跑道的飞机相干扰,并尽量避免对随即到来的飞机着陆产生延误。此外,滑行道还提供了飞机由候机楼区进入跑道的通道。滑行道可将不同的各功能分区(飞行区、候机楼区、飞机停放区、维修区及供应区)连接起来,使机场最大限度地发挥其容量潜力,并提高运行效率。滑行道应以实际可行的最短距离连接各功能分区。

(三)停机坪

停机坪也称为机坪,机坪是飞机停放和旅客登机的地方。停机坪的面积要足够大,以保证进行上述活动的车辆和人员的行动。机坪上用漆线标出运行线,使飞机按照一定线路进出滑行道。

机坪分为停放机坪和登机机坪。飞机在登机机坪进行装卸货物、加油,在停放机坪过夜、维修和长时间停放。

(四)航站区

航站楼作为机场的重要设施,是航站区的主体建筑,它的一侧连着机坪,用以接纳飞机;另一侧又与地面交通系统相联系。航站区的平面布局如图8-29所示。

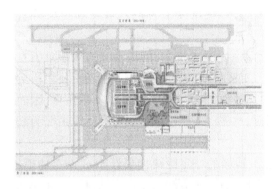

图8-29 航站区布局图

1. 航站区位置的确定

在考虑航站区具体位置确定时,尽管有诸多影响因素,但机场的跑道条数和方位是制约航站区定位的最重要因素。航站区-跑道构型,即两者的位置关系是否合理,将直接影响机场运营的安全性、经济性和效率。在考虑航站区的位置时,应布置在从它到跑道起飞端之间的滑行距离最短的地方,并尽可能使着陆飞机的滑行距离也最短,即应尽量缩短到港飞机从跑道出口至机坪、离港飞机至跑道起飞端的滑行距离,尤其是离港飞机的滑行距离(因其载重较大),以提高机场运营效率,节约油料。在跑道条数较多、构型更为复杂时,要争取飞机在离开或驶向停机坪时避免跨越其他跑道。同时,尽可能避免飞机低空经过航站上空,以免发生事故而造成重大损失。

交通量不大的机场,大都只设一条跑道。此时,航站区宜靠近跑道中部。如果机场有两条相互平行的跑道(包括入口平齐和相互错开)且间距较大,一般将航站布置在两条跑道之间。如机场的交通量较大,乃至必须采取三条或四条跑道。若机场具有两条呈"V"形的跑道,为缩短飞机的离港、到港滑行距离,通常将航站区布置在两条跑道所夹的场地上。

2. 航站楼

航站楼是航空港的主要建筑,特别是国际机场,航站楼在一定意义上就是一个国家的大门,代表着国家的形象。因此,在建筑上要求它具有一定的审美价值、地域或民族特色,并做豪华的装饰,这也是与航空旅行这种迄今为止最高级别的旅行方式相适应的,如图8-30所示。

(1)线形。线形是一种最简单的水平布局形式。航站楼空侧边不做任何变形,仍保持直线。飞机机头向内停靠在航站楼旁,旅客通过登机桥上下飞机,如图8-31所示。楼内有公用的票务大厅和候机室(也可以为每个或几个门位分设候机室,但此时要设走廊以连接各候机室)。

这类航站楼进深较浅,一般为20~40m。在机门位较少时,旅客从楼前车道边步入大厅办理各种手续后,步行较短距离即可到达指定门位。客流量增大时,航站楼可向两侧扩展,这样可同时增加航站楼的空侧长度(以安排机门位)和陆侧长度(延长车道边)。但扩建后,如果机门位较多,必然使旅客的步行距离增加很多。在这种情况下,可以考虑将航站楼分为两个大的功能区,如国际区、国内区,各有一套办理旅客手续的设施单元和若干个门位。

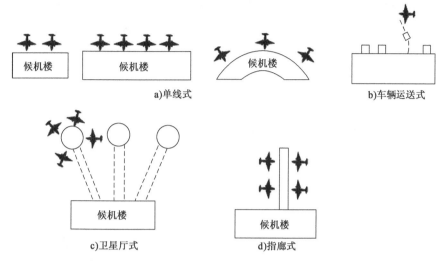

图 8-30　典型航站楼布局形式

目前,我国大多数机场客运量较少,因此普遍采用这种水平布局。

(2)卫星形。这种布局是在航站楼主体空侧的一定范围内,布置一座或多座卫星式建筑物。这些建筑物通过地下、地面或高架廊道与航站楼主体连接。卫星建筑物上设有机门位,飞机环绕在它的周围停放,如图 8-32 所示。

图 8-31　线形布局

图 8-32　卫星形布局

卫星形布局的优点是可通过卫星建筑的增加延展航站楼空侧。一个卫星建筑上的多个门位与航站楼主体的距离几乎相同,便于在连接廊道中安装自动步道接送旅客,避免因卫星建筑距售票大厅较远而增加旅客步行的距离。

最早的卫星建筑都设计成圆形,旨在使卫星建筑周围停放较多数量的飞机。但后来发现,圆形卫星建筑有一定的局限性。

首先,扩建较为困难。扩建时,要么拆掉旧的建一个直径更大的圆形建筑,这显然是不合理也不经济的;要么采用在已有圆形建筑旁附设圆形或者矩形建筑的做法。

其次,对圆形建筑旁两架相邻飞机进行地面服务时,往往非常拥挤。

再次，未来的大翼展飞机必须停在距圆形卫星较远的地方，才能满足飞机间距的要求。这样，登机桥就必须加长。因此，现在许多机场已采用矩形卫星建筑。

(3) 指廊形。指廊形也叫廊道形。为了延展航站楼空侧的长度，指廊形布局从航站楼空侧向外伸出若干个指形廊道。廊道两侧安排机门位，如图 8-33 所示。这种布局的优点是进一步扩充门位时，航站楼主体可以不动，而只需扩建作为连接体的指廊，因此在基建投资方面比较经济。缺点是当指廊较长时，部分旅客步行距离加大；飞机在指廊间运动时不方便；指廊扩建后，由于航站楼主体未动，陆侧车道边等不好延伸，有时会给交通组织造成困难。通常，一条指廊适合 6~12 个机位，两条指廊适合 8~20 个机位。机位超过 30 个时，宜采用多条指廊，如图 8-33所示。

(4) 转运车式。在这种布局下，飞机不接近航站楼，而是远停在站坪上，通过接送旅客的转运车来建立航站楼与飞机之间的联系，如图 8-34 所示。

图 8-33　指廊形布局

图 8-34　转运车

这种方案的优点如下：

可以高效率地使用航站楼，只需要供地面转运车辆用的门位，而不需要有供飞机用的门位，因而可降低基建和设备(登机桥等)的投资。如果采用可以升降的转运车，那么连舷梯车的费用都可以节省。提高了航站楼的利用率，增加了对不同机位、机型和航班时间的适应性，航站楼扩展方便。

但利用转运车，使旅客登机时间增加，易受气候、天气因素影响，舒适感下降。

航站楼为航站区域内最重要的设施，其规模的大小以及所需具备的功能随飞行活动的多少以及旅客的服务需要而定。一般而言，航站楼的规模应该至少满足以下几个目的：

①航站楼的规模至少应该满足未来十年内高峰小时旅客的需求，并且其设计能随着旅客数量以及飞机制造技术的演变而弹性地调整或者扩建。在此观点下，长方形的设计显然较为合理。

②由于航空旅客所携带的行李较多，因此航站楼的设计应尽量缩短乘客进出航站楼以及在航站楼内走行的距离。无论乘客是乘坐私家车还是公共交通，应使得能够停于接近售票厅的地方，其行李也可以在此处寄存，然后以较短距离到达候机厅。同样的，乘客下机后的地点应该靠近提取行李的地方，而紧邻此处有出租车以及私家车等交通方式。

③由于航站楼内各种商店的租金是机场收入的主要来源之一，因此其设计应该尽可能针对旅客的需要提供服务，以赚取较多的利润。

3. 航站楼规划流程

航站楼的具体规划过程大致可分为以下 4 个阶段：

(1)确定设计旅客量。根据机场总体规划时预测的年旅客量,可初步估计航站楼的规模。确定各项设施所需建筑面积时,应依据高峰小时旅客量计算。典型高峰小时旅客量与年旅客量有一定的比例关系,一般为年旅客量的 0.03% ~ 0.06%。表 8-5 是美国联邦航空管理局(FAA)给出的高峰小时旅客量与年旅客量的比例关系。

高峰小时旅客量与年旅客量的关系 表 8-5

年旅客量 (1000 人次)	高峰小时旅客量占年 旅客量的比例(%)	年旅客量 (1000 人次)	高峰小时旅客量占年 旅客量的比例(%)
≥20000	0.030	500 ~ 1000	0.050
10000 ~ 20000	0.035	100 ~ 500	0.065
1000 ~ 10000	0.040	<100	0.120

(2)估算面积。估算面积是为航站楼及其各项设施提出尺寸要求,并不要求确定各单元的具体位置。各项设施所需面积,应根据其功能和特点来确定。

航站楼的面积要求与预期达到的服务水平有关。美国 FAA 建议航站楼总面积要求为每个年登机旅客 $0.007 \sim 0.011 m^2$,每个设计高峰小时旅客 $14m^2$(国内航线)或 $20.5m^2$(国际航线)。我国目前的实际控制数为高峰小时旅客 $14 \sim 30m^2$(国内航线)或 $24 \sim 40m^2$(国际航线)。

(3)制订总体布局方案。估算出各单元设施面积后,结合匡算的航站楼总面积,按不同功能区对各项设施进行组合。组合时,应使旅客的流动路线简单、明确、短捷,各项设施的功能要分明。同时,根据总规模、预期的旅客舒适程度要求和方便运营等因素指定总体布局方案。

(4)提出设计方案。这一阶段是根据估计面积和总体布局方案,绘出航站楼的各项平、立面图。图上要表明各单元的位置、形状和尺寸,从而建立起各单元、各功能区间的联系,并按规定的要求进行评价。评价的内容主要包括:旅客和行李的流动路线是否短捷,有无其他流线的干扰或交织,是否有层位变化等;设立的检查或控制点是否有重复,可否减少;旅客能否依靠自己行进,能相继认清各种导向标志;各单元的容量能否满足具体需要,它们的流动速率是否相匹配等;可扩展性,即根据评价的结果和航站楼的具体功能要求,进行反复修改,方能得到较理想的方案。

4. 航站楼的竖向布局

单层方案:进、出港旅客及行李流动均在机坪层进行。这样,旅客一般只能利用舷梯上下飞机。

一层半方案:出港旅客在一层办理手续后到二层登机,登机时可以利用登机桥。进港旅客在二层下机后,赴一层提取行李,然后离开。

二层方案:旅客、行李流程分层布置。进港旅客在二层下机,然后下一层提取行李,转入地面交通。出港旅客在二层托运行李,办理手续后登机。

三层方案:旅客、行李流程基本与二层方案相同,只是将行李房布置在地下室或半地下室。

在实际应用中,除去旅客流程和行李流程的设计外,还要考虑到餐饮、酒吧、商店等特许经营,航空公司和联检机构必要的用房,有时把地铁和停放设施引入航站楼内。因此,航站楼的设计是一个非常复杂的过程。以上 4 种方式只是在竖向布局里的简化分类。现实中可能要复杂得多,但都是在这 4 种方式的基础上进行演变。

航站楼的总体布局,主要是指水平布局(线形、指廊形、卫星形、转运车式及其变形与组合)、竖向布局(层数、车道边层数)。显然,航站楼总体布局的确定涉及诸多因素,必须经过多方面的反复论证才能确定出可较好满足航站楼各方面功能要求的方案。

5. 机场货运站

货运站作为机场的一个有机构成部分,既要最大限度地实现机场的货运功能,还要与机场的其他功能区相协调,避免对机场的总体运营、发展构成干扰或障碍。因此,一个货运站要设计得非常成功,实属不易。由于机场货运站建筑设施不同于一般的工业、民用建筑,有比较成熟和系统的设计理论和方法,更给货运站设计带来了一定程度的难度。

为较好地进行货运站的设计,主要应考虑以下几个方面的问题:

(1) 货物种类及货流量特性。即货物的集装化程度,各类货物(国内、国际;货物、邮件;超大、超重货物;中转货物;危险、鲜活易腐、牲畜等特种货物)的比例,货流量逐时、逐月的大小和变化的统计、预测及分析。

(2) 运货飞机情况。即运货飞机的机型组合、飞机作业方式(货机和客货混装)、每天运行架次、机坪上需同时处理的运货飞机的最大数量。

(3) 货物处理的机械化程度选择。根据货物集装化程度、种类、流量以及劳动力价格、货运站投资、员工业务素质和运货飞机等情况,确定货运站货物处理的机械化程度(高、中、低三种类型)。货物处理包括机坪处理(装、卸、运输)和储存。

(4) 货运站站址选择及布局。货运站布局应特别注意有关流程的顺畅。站址应依据机场总体规划来确定,其具体位置应既不干扰旅客航站区,又便于机坪运货飞机的货运作业操作。货运站一般应设有供载货汽车、顾客汽车使用的停车场、综合办公楼(办理托运、提货、查询、海关等业务)、货仓(集装箱、集装板、散货、特种货物等)、装箱和拆箱区、运输车辆(叉车、铲车、拖车、升降平台车、吊车等)停放和维修区等。

货运站的占地面积,通常可以根据每年货物吞吐量并结合已有货运站的经验数据进行估算。表8-6给出了若干个机场的货运站平均每平方米占地每年可处理的货物量,可在估算货运站占地时参考。

货运站占地面积指标统计　　　　　　　　　　　　　表8-6

货运站所在机场名称(航空公司)	面积指标[t/(年·m²)]	货运站所在机场名称(航空公司)	面积指标[t/(年·m²)]
法兰克福(Lufthansa)	8	伦敦盖特威克(British Airways)	12~15
法兰克福(FAG)	6.5~7	伦敦满都(Katmandu)	3
伦敦希思罗(British Airways)	8	圣保罗(Viracopos)	3

(5) 货运站建筑设计。货运站建筑设计,必须充分而全面地考虑建筑物的使用功能。综合办公楼应考虑到各方面的业务和顾客的方便,与顾客有关的服务区,办理手续柜台应尽可能集中。货仓规模应与货流量和货流特性相适应,使之能发挥预期的调配空、陆侧货流量的作用。货仓应适合所存货物种类,便于仓储设备的安装、运行和维修,便于货物的运输、码放、保护和监管。除配有一般的建筑设备外,货仓还要做好防火、保安等方面的设计。对特别繁忙机场的大型货仓,应注意使货仓的位置、进出口、仓储设备与货物运输工具、车辆等能进行良好衔接、配合,以确保出现高峰货流时货仓有足够的吞吐能力。对特种货物,应考虑设计相应的建筑设施(如危险品库、冷库等)。

6. 机场陆侧交通系统

(1) 确定地面交通方式的原则方法。在确定采用何种交通方式或交通方式组合之前,必须知道在一定时间内旅客及迎送者、机场工作和服务人员、航空货运等的交通流量情况。然而,除非对已有机场做过详尽的调查,否则对于新建机场是无法用调查方法获取交通流量的。在这种情况下,可根据有关预测方法建立数学模型来估算。

先假定机场内外乘客集散点(站),如环绕机场的卫星式车站或市内车站。然后,根据预期的投资和服务水平等因素初选交通方式,并罗列出此种交通方式的优、缺点。下一步就是根据已有交通量数据或由模型估算的交通量数据进行各种运输方式的配流,并在此基础上对所选交通方式从社会、环境、经济、技术等方面进行评价。如果评价结果不理想,则改变初选方案,再继续选择交通方式,最后得出比较满意的结果。

(2) 地面交通方式。包括小汽车、出租车、包租公共汽车、公共汽车、机场班车、火车、城市接运公交系统、机场快轨系统和专用高速公路、直升机、水运。

(3) 机场停车场。机场如何合理地设置停车场是一个非常复杂的问题。停车场需求与许多因素有关,如进出机场的人数、类型、交通方式、停车费用、停车时间等。值得注意的是,中转、过境旅客根本不与地面交通发生联系,当然,这些旅客也无停车需求。因此,在考虑停车场时,务必将中转、过境旅客排除。表8-7给出了一些美国机场的中转、过境旅客所占的比例。从表8-7中可以看出,不同机场的中转、过境旅客比例相差悬殊。

机场的中转、过境旅客比例　　　　　　　　　　　　　表8-7

机场名称	中转、过境旅客比例(%)	机场名称	中转、过境旅客比例(%)
亚特兰大	67	旧金山	35
福特沃斯	64	迈阿密	30
芝加哥	48	明尼阿波利斯	49
费城	35	底特律	32
丹佛	57	波士顿	11
堪萨斯城	9	纽约	33

例如,亚特兰大机场每年运输众多的旅客,但据表8-7,其中有2/3的旅客是中转和过境的。另外,有些机场旅客只占进出机场人员的少数,大部分是机场工作人员。这种人员构成会对机场停车场的设置造成很大影响。

表8-8给出了一些机场的停车位数量。显然,对于相同数量的旅客所设的停车位数有很大差异。

机场的停车位数量　　　　　　　　　　　　　表8-8

机场	年旅客总数量 (百万人)	出港旅客量(不含国内航线)(百万人)	每千位旅客的停车位数(个)	年出港旅客每千个停车位数(不含国内航线)(个)
华盛顿区(DCA)	14.28	5.17	0.30	0.81
巴黎(CDG)	9.99	—	0.53	—
杜塞尔多夫(DUS)	6.85	3.24	1.21	2.56
法兰克福(FRA)	16.64	4.72	0.50	1.78

续上表

机　场	年旅客总数量（百万人）	出港旅客量(不含国内航线)（百万人）	每千位旅客的停车位数(个)	年出港旅客每千个停车位数(不含国内航线)(个)
伦敦盖特威克(LGW)	8.70	4.08	1.24	2.65
伦敦(LHR)	27.98	11.68	0.36	0.86
蒙特利尔多维多(YRL)	6.15	—	0.59	—
蒙特利尔米拉贝尔(YMX)	1.53	—	2.29	—
巴黎奥利(ORY)	14.78	5.96	0.53	1.32
东京(HND)	20.54	—	0.11	—
东京(NRT)	7.26	—	0.62	—
多伦多(YYZ)	13.71	4.92	0.62	1.73
维也纳(VIE)	2.77	1.09	0.69	1.74
苏黎世(ZRH)	7.51	2.54	1.11	3.27
巴尔的摩(BWI)	3.77	1.31	1.20	3.45
波士顿(BOS)	15.20	6.35	0.60	1.45
芝加哥(ORD)	47.84	11.98	0.36	1.42
达拉斯沃尔斯堡(DFW)	22.58	8.50	0.64	1.71
纽约(JFK)	26.98	9.72	0.49	1.36
洛杉矶(LAX)	34.92	13.17	0.57	1.51
迈阿密(MIA)	19.63	5.25	0.28	1.06
纽约(EWR)	9.30	4.30	1.24	2.62
奥克兰(OAK)	2.68	1.32	1.33	2.69
旧金山(SFO)	23.05	9.74	0.43	1.03

停车场的数量、大小、形状和类型与航站楼水平布局有关，航站区道路布局也会影响停车场的规划。但停车场配置没有绝对的标准，在很大程度上，通过停车费的浮动可以调节停车量。

如果航站区难以划出较大的停车场，而旅客的停车需求又确实较大，此时就可以考虑建设停车楼。其优点是在不增加占地的情况下，大幅地增加停车位数量，实现车辆的立体分层存放，并使车辆处于遮蔽之下免受雨淋、日晒。停车楼内应配有使车辆上下移动的设施、设备及坡道或升降机。

思考题

1. 为什么会存在不同交通方式和不同客流方向间的转换？如何实现交通方式的转换？举例说明。
2. 如何实现不同方向客流的转换？举例说明。
3. 简要叙述港口的分类。
4. 码头前沿的布置形式有哪些？请详述其优缺点。

第九章
城市公共交通枢纽功能布局设计

第一节 城市公共交通枢纽概述

一、城市公共交通枢纽概念

城市公共交通枢纽是以公共交通为主的城市多方式交通的集散地,是公交网络的锚固节点,是道路网、公交网、信息网"三网合一"的载体,提供出行方式转换与组合、客流集散等多元功能。

按照公交网络性质,城市公共交通枢纽可分为道路公共交通枢纽和轨道交通枢纽两大类型:

(1)道路公共交通枢纽是连接多条道路公共交通线路,实现公共交通线路之间转换的车站。根据《城市道路公共交通站、场、厂工程设计规范》(CJJ/T 15—2011),道路公共交通枢纽按照到达和始发线路条数可分为小型公交枢纽(2~4条线路)、中型公交枢纽(5~7条线路)、大型公交枢纽(8条线路及以上)。

(2)轨道交通枢纽是连接城市轨道交通和其他城市交通方式,在一定范围内能够满足乘客进行轨道交通与其他交通方式转换的综合性交通设施。城市轨道枢纽车站的主要功能是对枢纽的到、发客流按不同目的和方向,实现"换乘、集散、停车、引导"四项基本功能;核心功能在于换乘,其他为换乘衍生出的功能。

二、城市公共交通枢纽功能定位

交通枢纽作为锚固城市交通网络体系的基础及衔接各种客运交通方式的纽带,是公共交通网络中不同交通方式、不同方向客流的转换点,在城市和城市交通中的功能主要体现在以下两个方面:

(一)"点"上的交通衔接功能

衔接功能是指交通枢纽从整体上作为一个衔接点,根据居民的出行需求,把不同线路、不同交通方式的交通出行与运输活动连接成为整体。具体而言:一是枢纽可以和所服务区域内的需求点相连接,实现客流从需求点到枢纽中心的汇集和从枢纽中心到目的地的分散;二是枢纽和枢纽之间相连接,实现规模化的网络输送功能,降低客运成本;三是枢纽可以实现城市内外交通的衔接,有效改善内外交通由于运输组织方式差异造成的"瓶颈"现象。

(二)"面"上的客流集散功能

交通枢纽可以利用各枢纽场站系统及其连接的公交线路,实现"点"到"面"的功能扩张。枢纽的客流集散主要是针对运输对象而言,公共交通枢纽利用枢纽中心的吸引性,以扩大吸引面为目标,为公交网络提供客源和疏散客流,实现客流向公交干线的汇集和向公交支线的渗透。

三、TOD 理念下公交枢纽特征

TOD 理念在亚洲城市的成功推行,提升城市公共交通枢纽在城市规划设计中的地位,赋予其新的"职责"。所谓 TOD,是 20 世纪 90 年代初,新城市主义的代表人物美国规划学者 Peter Calthorpe 提出公共交通主导的发展理论(Transit Oriented Development,TOD),强调将单一中心的同心圆扩张的城市发展模式改变为多中心的网络化发展模式,有预见性地把城市发展方向和交通干线建设结合起来,依托大容量、快速交通系统,发展组团式新城。TOD 理念要求以城市公共交通枢纽车站为中心,包括城市轨道交通车站、大型枢纽、大型客运站点、BRT 站点,在以一定距离为半径的范围内建成的具有相对高密度、多功能混合和适宜步行、自行车及公交使用的非工业用地开发的地区。

TOD 理念充分发挥城市公共交通枢纽的"触媒效应"与"集聚效应"。

(一)城市公共交通枢纽的触媒效应

触媒(Catalyst),本意是一个化学名词,意为催化剂,是一种能显著提高反应速率的物质,其自身的化学性质和数量在反应前后均保持不变,但因参与反应而导致某些物理性质的改变,如图 9-1 所示。

城市触媒是一种城市设计的观念和方法。其基本观念是:城市中新元素的进入导致城市持续发展,以一项开发引起更多开发。其操作方式是政府通过建设一些具有催化作用的城市元素,作为引爆

图 9-1 城市触媒理论示意图

剂,引起一系列城市开发的连锁反应,从而把催化剂中具有的优秀城市元素推广到全市。

城市公共交通车站作为城市的"触媒点"具有一定的影响范围,其影响力以城市公共交通车站为中心向四周辐射,呈递减趋势。TOD发展模式理论将触媒影响范围分为两个层次,即半径300m范围内为触媒作用强区,300m范围以外到500m范围为触媒作用弱区。在这两个区域里,由于作用力的不同,其产生的触媒效应也是不同的,因而在城市开发过程中,开发强度和内容也存在着差异。在触媒作用强区里,高强度、高质量的开发建设很容易使该地区的人们在视觉上、心理上形成强烈的归属感,从而强化了城市公共交通车站在人们心目中的形象特征。

(二)城市公共交通枢纽的集聚效应

集聚效应决定着枢纽辐射区域内土地的开发模式、人口空间分布模式以及居民出行模式,主要表现在以下三个方面:

(1)刺激土地的再开发。在土地机制和人为规划的双重作用下,车站附近土地开发速度和强度都较高,因此,公共交通建设将成为土地开发和旧城改造的有机组成部分。

(2)改变人口空间分布模式和居民的出行模式。大容量公共交通(轨道或BRT)以其快捷、安全、大容量、舒适等特点对居民产生巨大的吸引力,更多的居民愿意居住在车站附近,而不是市中心。同时由于车站与城市其他地区有较方便的联系以及较好的换乘条件,许多居民在出行时愿意选择不同的接运交通方式,向车站集聚后再换乘公共交通,从而达到快速出行的目的。

(3)促进城市形态发展。车站附近土地的高密度开发以及大量住宅小区向公共交通沿线集聚,形成城市中密集的带状中心,促进城市形态和土地使用格局相应的调整,促进城市向多中心状态过渡。

车站的"触酶"与"集聚"效应是具有共性的,在本质上是一致的。正是由于枢纽车站的"触酶-集聚"效应,使公共交通具有带动城市发展的导向作用。因此,有条件的城市公共交通枢纽被赋予新的"职责":城市公共交通枢纽将成为城市发展的"引擎",带动周边用地开发,以公共交通(指大中容量公共交通方式)线路为连接,形成"串珠+走廊"式城市发展格局,推动城市交通的良性发展与循环。需要注意的是,并不是所有的城市公共交通枢纽都可以成为集聚发展的"节点"。

第二节 常规公交场站设施及功能布局设计

常规公交是指公共交通车辆按照指定线路行驶在城市道路上,在固定站点停靠。为常规公交车辆提供存放、停靠、调度与保养等功能的场所为常规公交场站。公交场站根据服务对象与服务功能,可分为中途停靠站、首末站、枢纽站、停车场、维修保养场、培训场和服务设施。一处场站往往同时具备多个功能而形成综合场站。公交场站设计标准参照《城市道路公共交通站、场、厂工程设计规范》(CJJ/T 15—2011)。

一、中途停靠站

中途停靠站根据与道路的关系,可以分为直线式和港湾式,如图9-2所示。简单的公交中途站的设置,能够容纳的线路数相对较少,而对于公共交通站点的衔接公交中途车站,可以采用双港湾或深港湾的公交中途站设置方法。站台长度由停靠线路数和高峰时段停靠车辆数确定。

图 9-2　直线及港湾式停靠站

中途站候车廊前必须划定停车区。在大城市,线路行车间隔在 3min 以上时,停车区长度宜为一辆 670 型铰接车车长加前后各 5m 的安全距离;线路行车间隔在 3min 以内时,停车区长度为两辆 670 型铰接车车长加车间距 5m 和前后各 5m 的安全距离;若多线共站,停车区长度最多为三辆 670 型铰接车车长加车间距 5m 和前后各 5m 的安全距离,停车区宽度一律为 3.5m。在中小城市,停车区的长度视所停主要车辆类型而定。通过该站的车型在两种以上时,均按最大一种车型的车长计算停车区的长度。

二、公交首末站

首末站是公交线路的始发站或终点站。公交首末站的选址宜靠近人口比较集中、客流集散量较大而且周围留有一定空地的位置,如居住区、火车站、码头、公园、文化体育中心等。位置宜选择在紧靠客流集散点和道路客流主要方向的同侧,并在城市道路以外的用地上。

公交首末站的规模应按所服务的公交线路所配营运车辆的总数来确定。一般配车总数(折算为标准车)大于 50 辆的为大型站点,26~50 辆的为中型站点,小于 26 辆为小型站点。

常规公交首末站的停车位设计的基本形式有直线式、锯齿式、斜排式和通过式,其设置形式及特点见表 9-1。

常规公交首末站的停车位设计基本形式与特点分析　　表 9-1

形式	图示	特点
直线式		直线式车位单位车位占地面积小,但由于车辆相互干扰,相对效率较低,在公共汽车短时间占有一个车位时,或有较长的停车位长度时,才使用该形式
锯齿式		锯齿式车位可以保证车辆随意地驶进驶出,适用于枢纽的公交首末站,而单位车位的占地面积相对较大,适合作为上下客车位,不适合作为蓄车位
斜排式		斜排式车位能够最大限度地利用车道边,但车辆只能后退驶出车位,对其他车辆干扰较大,只有当车辆占有车位时间很长,且车流量较低时才采用此形式
通过式		通过式斜排车位便于公共汽车站设置在拥挤的地方,公交车面对乘客到达方向,是现状比较常用的形式,但是公交车辆驶出与乘客的相互冲突较大

在基本布置形式的基础上,枢纽公交首末站停车位的布置可改造如下。

并行排列式:基于公交通过式停车位,各线路站台平行设置,车流进出站台比较方便,但是乘客对于公交线路和站台的选择,将导致换乘人流与公交车之间的冲突,如图9-3所示。

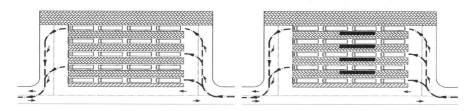

图9-3　枢纽公交首末站并行排列式停车位设计形式示意图

岛屿集中式:基于锯齿式停车位,轨道和公交的换乘可以通过地道或者是二层行人走廊,通过楼梯与"岛屿"连接,如图9-4所示。

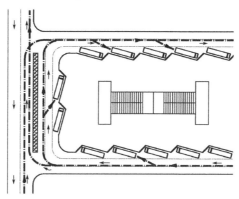

图9-4　枢纽公交首末站岛屿集中式停车位设计形式示意图

周边分布式:基于锯齿式停车位,上车位和到达车位分散在周边,中间部分为蓄车位,可以完全避免人车冲突,如图9-5所示。

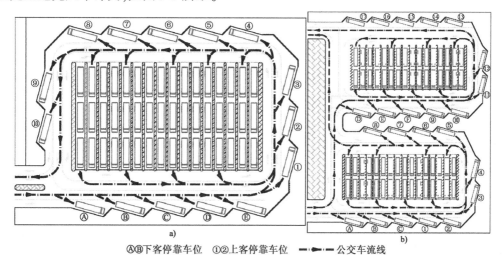

Ⓐ Ⓑ 下客停靠车位　①②上客停靠车位　——▶ 公交车流线

图9-5　枢纽公交首末站周边分布式停车位设计形式示意图

三、公交首末站规模

常规公交场站面积主要考虑公交车辆供乘客上下车时停放和在场站内运行所需面积以及乘客集散和候车所需面积,可以根据式(9-1)计算确定。

$$S_b = \left(\frac{60 \cdot N_b}{t_d} + \frac{60 \cdot N_b}{t_u}\right) \cdot s_b + \frac{L_k \cdot N_b \cdot P_b \cdot (\eta_s + \eta_a)}{3600 \cdot s \cdot v} + \frac{N_b \cdot P_b \cdot \eta_s \cdot s_h}{t_w} + s_y \quad (9\text{-}1)$$

式中:S_b——枢纽内常规公交场站所需面积,m^2;
N_b——高峰小时内集结到枢纽的常规公交车辆数,辆/h,与高峰小时内的发车数相等;
t_d、t_w——常规公交车辆在下客站和上客站的停车时间,min;
s_b——常规公交车辆停车时的平均占地面积,m^2;
L_k——到达和离开客流在常规公交场站内的平均步行距离,m;
s——平均行人密度,人/m^2,通常取 1.2 人/m^2;
v——平均步行速度,通常取 1.1m/s;
η_a、η_s——常规公交车辆到达和始发时的满载率;
P_b——一辆常规公交车辆的平均额定载客量,人/辆;
s_h——人均候车面积,m^2/人;
s_y——常规公交车辆在公交场站内运行所需空间的面积,m^2。

四、公交枢纽

枢纽站为三条以上主要公交线路的首末站,或与其他重要交通设施的交会处,或多条公交线路的交会处。公交枢纽站主要分布在火车站/轮渡码头旁、公寓、商业/购物区、旅游区等地,其规划设计除主体工程外,还应该包括公交停靠港湾,专线小型公共汽车停车港湾,出租汽车、私家车停车港湾等。公交枢纽站规划应将地铁、公共汽车、出租车、私家车等多种交通方式有机地整合在一起,使之发挥最大效能。

(一)整合目标

(1)为轨道交通或铁路车站提供接驳公共汽车服务,发展无缝式接驳系统;
(2)为乘客提供合适的上落客区;
(3)为公交乘客提供合适的排队区域;
(4)避免阻碍交通;
(5)为公交集团提供首末站停泊区。

(二)整合原则

(1)布局方面:方便公交车停泊;保证公交车及其他车辆安全驾驶;提供足够及安全的乘客候车区;避免人车冲突;提供方便及安全的车辆及乘客通道,例如人行通道、楼梯、电梯以及扶梯。
(2)环境方面:保证足够的照明和通风。
(3)乘客及营运设施方面:提供无障碍设施给予一般乘客及残疾人士使用,例如等候区护栏、公用电话、斜坡、升降梯、盲道、盲人点字板等;提供足够空间方便营运服务,例如乘客服务中心、站长室、驾驶员休息室及洗手间等;提供保安及安全装置,例如灭火装备、闭路电视等。

(4)乘客信息方面:提供清晰、足够的乘客信息设施,例如指示牌、路线/目的地展示板、离站时间显示屏等。

(三)公交枢纽换乘形式

为了使换乘安全舒适,应尽量缩短换乘距离和时间。为了缩短换乘距离,单独的站点应尽可能相邻。换乘距离不超过50m。有多条线路的大型公交场站,应把那些具有紧密换乘关系的线路设在一个换乘区,使之有良好的衔接关系。公交枢纽目前常用的换乘形式有平行式停车场设计、锯齿式停车场设计,如图9-6所示。

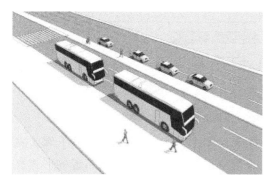

a)传统平行式停车场

b)锯齿式停车场

图9-6 公交枢纽换乘形式

公共交通枢纽与轨道车站衔接布局可以分为平面式布局、立体式布局和复合式布局三类。例如,香港的轨道衔接设施采用紧凑的复合式布局,公交车站一般紧靠轨道车站出入口设置,使公交-轨道换乘的乘客可以很方便地使用公共交通设施,有利于提升轨道交通出行的吸引力。图9-7为香港轨道车站外的公交停靠站。

公交车站、出租车停靠站与轨道车站一体化设计是一种进一步整合交通设施的设计方法,将公交车站和出租车上客区布置在最靠近轨道车站出入口的车道边,同时利用剩余车道布置蓄车泊位,从而尽可能地利用潜在供给效用最大的交通设施,这样可以减少人车冲突,提高设施的利用程度,以及轨道车站衔接设施的服务水平。其布局图9-8所示。

图 9-7 香港轨道车站的公交换乘站

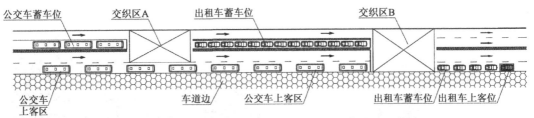

图 9-8 轨道枢纽车站公交车站与出租车上客区的一体化布置示意图

该形式是在内侧的车道边上串联布置公交车站和出租车上客区,将出租车的上客区布置在前面;在外侧布置为公交车和出租车的蓄车位,采用隔离带分离,即将平行布置的形式改为了内侧为上车区,外侧为蓄车区的布局形式。

在出租车上客区与公交上客区之间设置交织区 B,公交车驶出时,交织到外侧车道或内侧的第二条车道离开,出租车从外侧车道的蓄车位中进入内侧车道的蓄车位,然后进入到出租车的上客位。为满足出租车的供给需求,在内侧车道边,除布置上客车位外,也同时布置几个蓄车位。

在外侧车道,出租车的蓄车位与公交车蓄车位之间也布置了交织区 A,满足公交车从蓄车位进入到上客区的需求,同时在交织区 A 后的公交上客区的车辆,也可以通过上客区直接进入到外侧车道驶离,减少内侧车道的交通流量。

为满足车辆的交织需求,且车辆是由停止下的交织,因此交织区的长度宽度应不小于 25m。对于交织区 B 的出租车上客区,最好能够有专人管理;也可以在交织区 B 设置信号灯控制,利用出租车上客的时间长度,交替放行外侧出租车进入内侧车道以及内侧公交车进入外侧车道驶离。

第三节 BRT 换乘枢纽设施及功能布局设计

BRT 是一种介于快速轨道交通(Rapid Rail Transit,RRT)与常规公交(Normal Bus Transit,NBT)之间的新型公共客运系统。它是利用现代公交技术配合智能交通和运营管理,开辟公交专用路和建造新式公交车站,实现轨道交通式运营服务,达到接近轻轨服务水准的一种独特的城市客运系统。

目前,BRT 系统已经在国内外得到了广泛应用,还有相当多的城市在进行 BRT 的规划建设。BRT系统未来发展的主要方向在车辆的清洁燃油技术方面。目前,BRT在国际上的发展趋势是使用铰接型无轨电车,如美国俄亥俄州 Clevland 市的 Euclid 走廊 BRT 和田纳西州的 Nashiville 核心城区 BRT 在规划时拟考虑采用铰接型无轨电车,最后采用油电、气电混合动力公交车系统。主要原因在于铰接型无轨电车目前车辆性能还存在不足,有待改进,但显然是国际 BRT 车辆技术发展的一个方向。

BRT系统通常由专用车道、专用车辆、专用站台和智能信息四部分组成。BRT车道可以是路侧式专用车道,也可以是路中式专用车道。对应 BRT 车道,BRT 站台也可以分为路中式和路侧式两种形式,如图9-9、图9-10所示。

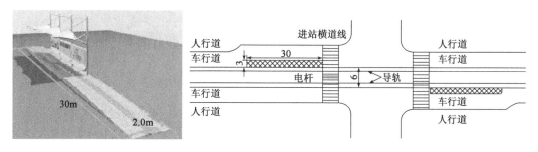

图9-9 路侧式公交站台(尺寸单位:m)

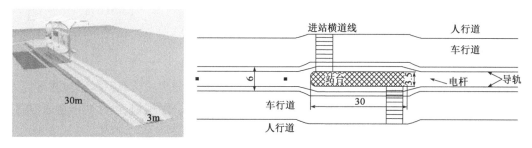

图9-10 路中式公交站台

另外,BRT 站台根据其管制形式,分为开放式和封闭式两种。开放式站台不采取进出管制,与常规公交站台类似,配合公交专用道或公交专用路的设站地点,提供乘客所需候车空间。因此,可以保持原有公交线路的班次、收费等管理模式(图9-11)。为了节约公交车在车站的停站时间,封闭式站台的设计考虑了以下因素:对车站进出进行管制,设置收费设施以节省收费时间;站台高度与公交车辆底板齐平,以节省乘客上下车时间;配合车辆停站定位,引导站台上乘客在车门位置候车,提高上下车效率(图9-12)。

BRT 的车站和枢纽设施应具备方便乘客上下、集中换乘,以减少换乘距离和时间的功能。BRT 车站包括了许多轨道交通车站(如岛式站台)的特性,在车站上设置收费系统和公交运营的信息管理系统,设置高站台以便于乘客上下车等。

如有可能,BRT 车站建筑应设计明显特征,

图9-11 开放式 BRT 站台

以体现出与普通公交车辆的区别,便于乘客识别 BRT 车站的位置。例如,巴西库里蒂巴的 BRT 车站(图 9-13)设计比较特殊,它像一根管子,巴士停靠时,管式站台折叠板会自动放下;巴士站内设计舒适,里面有座椅、书报亭、巴士时刻表等。这种管式站台,不仅标识明显,而且增加城市美观,进一步吸引乘客的乘坐。

图 9-12　封闭式 BRT 站台　　　　　　　图 9-13　巴西库里蒂巴 BRT 管式站台

第四节　轨道交通枢纽设施及平面布局设计

一、基本概念

城市交通枢纽是指城市客、货流集散和转运的地方,可以分为城市客运枢纽和城市货运枢纽。城市客运枢纽是乘客集散、转换交通方式和线路的场所,合理规划、设计城市客运枢纽,是改善公交系统,解决出行换乘,提高公交服务和运营效率的重要环节。

城市轨道交通枢纽作为城市客运枢纽的一种重要形式,是指集多条城市轨道交通线路、不同交通方式,具有必要服务功能和控制设备的为城市对内对外交通、私人交通与公共交通以及公共交通内部转换提供场所的综合性市政设施。城市轨道交通枢纽把私人交通、常规公交和城市轨道交通三个独立的系统组合成一个有机的客流运输整体,其一般是由城市轨道交通、常规公交、换乘通道、站厅、停车场、服务设施 6 个子系统组成,如图 9-14 所示。各子系统作为城市轨道交通枢纽的有机组成部分,相互区别、相互联系、相互作用,为实现出行者换乘舒适、安全和换乘时间最短这一总体目标而服务。

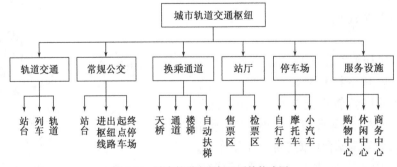

图 9-14　城市轨道交通枢纽系统构成图

地铁和轻轨均属于城市快速轨道交通的一部分。城市轨道交通还包括单轨铁路、自动导向系统(AGT)、市郊铁路、橡胶轮胎铁路等交通系统。地铁和轻轨交通客运量大、速度快、安全、正点、污染小、能耗低、方便舒适,世界上又称为"绿色交通"。地铁和轻轨车站主要解决乘客在该服务系统中的汇聚与疏解,使乘客在短暂的移动过程中充分享受到车站所提供的舒适服务,有很强的时效性,如图9-15所示。

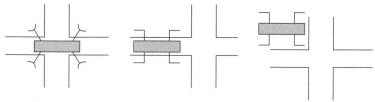

图9-15 地铁车站与路口关系

地铁或轻轨车站在城市中大约间隔1000m,其分布应满足以下原则:应尽可能靠近大型客流集散点,为旅客提供方便的乘车条件;与城市道路网及公共交通网应密切结合,为乘客创造良好的换乘条件;应与城市建设密切结合;尽量避开地质不良地段,尽可能减少对周围环境的干扰;兼顾各车站间尽量的均匀性;车站可分为跨路口、偏路口一侧和两路口之间三种设置方式。

城市轨道交通车站的分类如下。

1. 按车站和地面的相对位置分类

按车站和地面的相对位置,车站可分为地下车站、地面车站和高架车站,如图9-16所示。

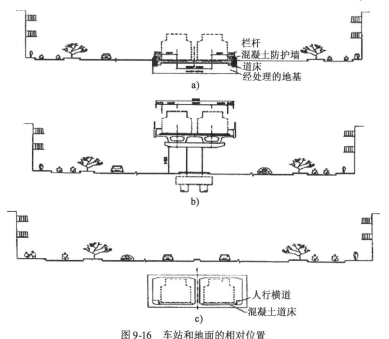

图9-16 车站和地面的相对位置

2. 按车站运营性质分类

按车站运营性质,车站可分为中间站、区域站、联运站、换乘站、枢纽站、终点(始发)站、车辆段。
(1)中间站:是轨道交通路线中最常见的一种车站,仅供乘客上、下车使用,功能单一。
(2)区域站:是设在两种不同行车密度交界处的车站,设有折返线和相应设备。区域站设置除根据客流的需求和满足行车组织需求外,还应考虑乘坐折返列车的乘客换乘的方便性。

(3) 联运站:是指单向具有一条以上停车线的中间站,各站台之间可用天桥或隧道相连,因此亦可起换乘站的作用。

(4) 换乘站:是位于两条及两条以上线路交叉点上,能够使乘客从一线到另一线转乘的车站。

(5) 枢纽站:位于轨道交通两条或多条线路交叉的地方,可以在两个或多个方向上接车和发车,用于多条线路之间的换乘,以及轨道交通与其他交通方式之间的换乘。

(6) 终点(始发)站:终点(始发)站除了供乘客上、下车外,还可用于列车折返及停留,因此终点(始发)站一般设有多股停车线。

(7) 车辆段:分为检修车辆段(简称车辆段)或停放车辆段(简称停车场)。在车辆段配备了必要的停车线及检修设备,列车可以在这里进行试运转、段内编组、调车、停放、日常检查、一般故障处理和清扫洗刷,还可以进行车辆的技术检查、月修、定修、架修和临修等作业。

3. 按站台形式分类

(1) 岛式车站:站台位于上下行车线路之间的站台布置形式称为岛式站台。具有岛式站台的车站称为岛式站台车站,一般常用于客流量较大的车站。

(2) 侧式车站:站台位于上下行车线路两侧的站台布置形式称为侧式站台。具有侧式车站的车站称为侧式车站,其多用于两个方向客流量较均匀(或流量不大)的车站或高架车站。

(3) 岛、侧混合式车站:将岛式站台、侧式站台同设在一个车站内,称为岛、侧混合式车站,主要用于两侧站台换乘或列车折返,其站台可布置成一岛一侧式或一岛两侧式。

轨道车站站台形式如图9-17所示。

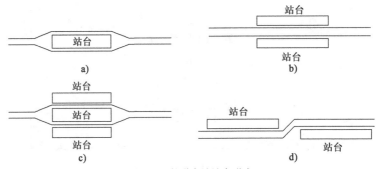

图9-17 轨道车站站台形式

4. 按车站规模分类

在进行车站总体布局之前,要确定车站的规模。车站规模直接决定着车站的外形尺寸及整个车站的建筑面积等。轨道交通车站的规模主要是根据车站设计客流量(容量)确定的。一般可以参照日均乘降客流量和高峰小时客流乘降量来综合决定,见表9-2。

表9-2 车站规模分级

车站规模	日均乘降量	高峰小时乘降量
小型站	<5万人次/d	<0.5万人次/h
中型站	5万~20万人次/d	0.5万~2.0万人次/h
大型站	20万~100万人次/d	2.0万~10.0万人次/h
特大型站	>100万人次/d	>10.0万人次/h

注:特大型站的日均乘降客流量为多条线路合计量。

二、换乘车站类型

换乘站是线网中各条线路的交叉点,是轨道交通网络中的重要节点。它除了供乘客乘降外,还要满足两线或多线车站站台之间的换乘。换乘站一般为两线交会,少数有三线、四线交会的。换乘站可以由中间站(或终点站、折返站)补充换乘设备而成,或者一开始就建成为供两条相交线路使用的联合车站。换乘站的类型与换乘方式关系密切。换乘方式跟线网规划、线路敷设方式、地上及地下周边环境、换乘量的大小等因素有关,其首先取决于两条线路的走向和相互交织的形式,一般有直交叉、斜交叉及平行等多种形式。

(一)换乘站形式

按换乘方式分为同站台换乘、节点换乘、站厅换乘、通道换乘、站外换乘5种基本类型。

1. 同站台换乘

同站台换乘,又称为"零距离换乘",是指乘客通过同一站台或相距很近的两个平行站台即可实现转线换乘。乘客只要走到车站站台的另一边或与之相当的距离就可以换乘另一条线路的列车。在建设同站台换乘站时,往往需要花费较大的工程投资,因为这种换乘方式要求两条线具有足够长的重合段,线路交叉复杂,施工难度大,因此应尽量选择建设期相近或同步建设的两条线的换乘站上。

同站台换乘的基本布局是双岛式站台的结构形式,可以在同一平面上布置,也可以双层布置,如图9-18所示。这两种形式的换乘站都只能实现4个换乘方向的同站台换乘。

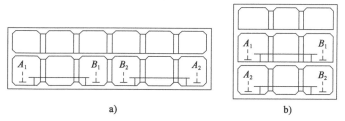

图9-18 同站台换乘车站形式

2. 站厅换乘

站厅换乘是指乘客由一个车站的站台通过楼梯或自动扶梯经由另一个车站的站厅或两站的共用站厅到达另一车站站台的换乘方式。乘客下车后,无论是出站还是换乘,都必须经过站厅,再根据导向标志出站或进入另一站台继续乘车。

这种换乘站设置两线或多线的共用站厅,或相互连通形成统一的换乘大厅。站厅换乘站可采用同层并列侧式站台、同层并列岛式站台和上、下层平行侧式站台形式,如图9-19、图9-20所示。

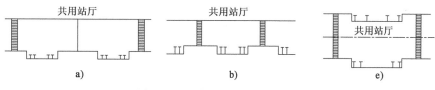

图9-19 站厅换乘的三种形式示意图

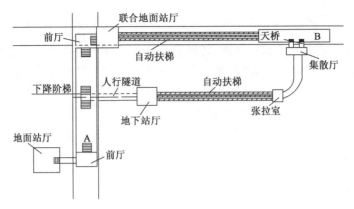

图 9-20 联合地面站厅的换乘站

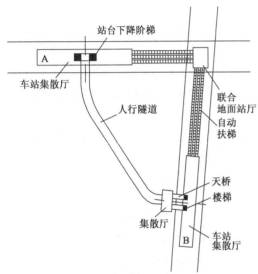

图 9-21 通道换乘方式的地下换乘站

3. 通道换乘

在两线交叉处,车站结构完全分开,当车站站台相距稍远或受地形限制不能直接通过站厅换乘时,可以考虑在两个车站之间设置单独的连接通道和楼梯,供乘客换乘,这种换乘方式称为通道换乘。连接通道一般设于两站站厅之间,也可以从站台上直接设置,如图 9-21 所示。

通道换乘方式布置较为灵活,对两线交角及车站位置有较大的适应性,预留工程少,甚至可以不预留,容许预留线位置将来可以少许移动。通道宽度按换乘客流量的需要设计。换乘条件取决于通道长度,一般不宜超过 100m,这种换乘方式最有利于两条线工程分期实施,预留工程最少,后期线路位置调整的灵活性大。

4. 节点换乘

节点换乘是指在两线交叉处,将两线隧道重叠部分的结构做成整体的节点,并采用楼梯将两座车站站台连通,乘客通过该楼梯进行换乘,换乘高差一般为 5~6m。

一般节点换乘站的换乘能力较小,但是若换乘站布置设计合理,也能达到较大的换乘能力。节点换乘方式的关键是要注意上、下楼的客流组织,避免进、出站客流与换乘客流的交叉。

节点换乘方式依两线车站交叉位置的不同,分为"一""十""T""L"及"H"形布置形式。在两条交叉的线路上一般采用"十"字形换乘、"T"形换乘或"L"形换乘;在两条平行的线路上,可选择"一"字形换乘或"H"形换乘。

(1) "一"字形换乘。

两个车站上下重叠设置构成"一"字形组合的换乘车站,如图 9-22 所示。一般采取相同站台直接换乘或站厅换乘。

(2) "十"字形换乘。

两个车站在中部相立交,在平面上构成"十"字形,如图 9-23 所示。一般采用站台直接换乘或站厅加通道换乘。

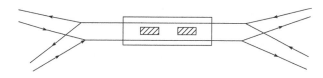

图 9-22 "一"字形换乘

①岛式与侧式换乘。岛式站台与上层侧式站台换乘，具有两处换乘点，如图 9-23a)所示。

②岛式与岛式换乘。利用上、下两层岛式站台的"十"字交叉点，进行站台与站台之间直接换乘，如图 9-23b)所示。

③侧式与侧式换乘。利用上、下两层侧式站台的"十"字交叉点(4 处)来完成站台与站台直接换乘，如图 9-23c)所示。

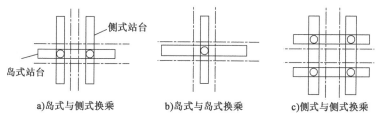

图 9-23 "十"字形换乘形式

（3）"L"形换乘。

两个站台平面位置在端部相连构成"L"形，如图 9-24 所示。高差要满足线路立交的需要。一般在相交处设站厅进行换乘，也可根据客流情况，设通道进行换乘。

（4）"T"形换乘。

两个车站上下相交，其中一个车站的端部与另一个车站的中部相连，在平面上构成"T"形，如图 9-25 所示。一般可采用站台或站厅换乘。

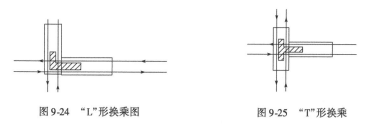

图 9-24 "L"形换乘图　　　　图 9-25 "T"形换乘

（5）"H"形换乘。

两个车站在同一水平面设置，以换乘通道和车站构成"H"形，如图 9-26 所示。一般采用站厅换乘或站台到站台的通道换乘。

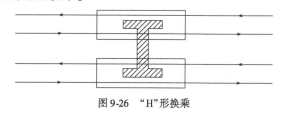

图 9-26 "H"形换乘

5. 站外换乘

站外换乘是乘客在车站付费区以外进行的换乘,是没有专用换乘设施的换乘方式,出现在下列情况中:

(1)高架线与地下线之间的换乘,因条件所限,不能采用付费区内换乘的方式。

(2)两线交叉处无车站或两车站相距较远。

(3)规划不周,已建线未作换乘预留,增建换乘设施又十分困难。

站外换乘往往是没有很好的轨道交通线网规划而造成的后遗症,是一种系统性的缺陷。由于乘客增加一次进出站手续,步行距离长,再加上在站外与其他人混合,因而显得很不方便。站外换乘方式在路网规划中应尽量避免。

6. 组合换乘

在换乘方式的实际应用中,若单独采用某种换乘方式不能奏效时,则可采用两种或多种换乘方式组合,以达到完善换乘条件、增强换乘功能、方便乘客使用、降低工程造价的目的。例如,同站台换乘方式辅以站厅或通道换乘方式,使所有的换乘方向都能换乘;在岛式站台中,必须辅以站厅或通道换乘方式,才能满足换乘能力;站厅换乘方式辅以通道换乘方式,可以减少预留工程量。

(二)换乘方式的选择

任何换乘站的换乘方式都应以满足换乘客流功能需要为第一要素,再考虑其他相关因素,如换乘站各条线路的修建顺序,换乘站两条线路的交织形式和位置,换乘站的换乘客流量和客流组织方式,换乘站的线路及结构形式、施工方法,换乘站周围的地形条件、地质条件以及城市规划的地面及地下要求。

(三)换乘站的分布原则

换乘站分布的一般原则有:

(1)线网中任意两条线路有可能尽量相交一次或两次。

(2)换乘站应适当分散,避免过分集中在城市中某个狭小区域。

(3)换乘站最好为两线交叉,以利于分散换乘客流,合理控制换乘站规模,简化换乘站客流组织,降低工程施工难度,节省工程造价,维持车站良好乘车秩序,组织高密度行车,提高运行质量。

(4)换乘站应尽量避免三条以上线路交叉于一点,以减少换乘客流干扰,降低工程难度。

(5)换乘站应主要分布于城市重点区域,如中心区或外围特大型客流集散点。

三、车站主要设施及功能

对城市轨道交通系统来说,轨道车站主要由出入口及通道、站厅层、站台层、车站用房四部分组成,其中供乘客使用的部分主要有地面出入口、通道设施、站厅、售票厅、检票处、站台等(图9-27)。

车站平面布置主要是根据车站所在地周围的环境条件、轨道交通运营要求、城市有关部门对车站布置的要求、车站类型等因素来确定车站中心位置及车站外轮廓范围,合理布置车站出入口及通道、通风道等设施,同时还要处理好车站、出入口及通道、通风道及地面通风亭与城市建筑物、道路交通、地下过街通道或天桥、绿地等的关系,使其相互协调。

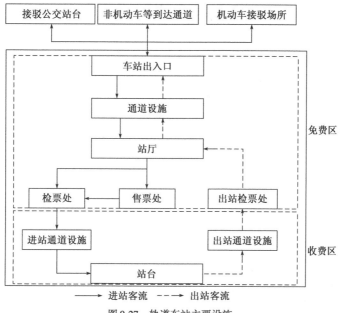

图 9-27　轨道车站主要设施

(一)出入口及通道

出入口对车站平面布局影响很大,有时甚至是决定性影响。出入口是乘客出入轨道交通车站的咽喉和由地下向地面逃生的最主要通路;另外,出入口所处的位置好坏会影响集聚客流的数量,涉及城市轨道运行的效益;同时出入口的设置还有利于周边地面的商业兴旺,所以许多商厦可以直接从地铁出入口进入,如图 9-28 所示。

出入口一般布置在街道交叉口或者建筑物内,视情况带有自动扶梯(如地下通道出入口可带有出向自动扶梯,高架通道出入口可带有入向自动扶梯),以便能大范围地吸引和疏解客流。

出入口及通道规模与总设计乘客流量相关,一般以车站超高峰小时客流量乘以 1.1~1.25 的不均衡系数确定,一个车站一般不少于 2 个出入口。

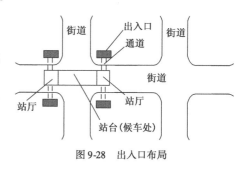

图 9-28　出入口布局

(二)售票设施

售票设施设置的位置与站内客流路线组织、出入口位置、楼梯和自动扶梯的布置密切相关,一般应沿客流进站方向纵向布置在便于购票、比较宽敞的地方、尽量减少与客流路线的交叉干扰,如图 9-29 所示。

售票形式可以分为人工售票、半人工售票及自动售票三种。售票设施的周转容量规模为:

$$M = \frac{(N_i \times m_i) + (N_j \times m_j)}{k} \qquad (9\text{-}2)$$

图 9-29 轨道车站售票设施

式中：M——售票设施的周转能力（按高峰小时计算）；
　　　k——超高峰系数，选用 1.2～1.4；
　　　m_i——人工售票机每小时售票能力，取 1200 人/(h·台)；
　　　m_j——自动售票机每小时售票能力，取 600 人/(h·台)；
　　　N_i——人工售票机数量，台；
　　　N_j——自动售票机数量，台。

（三）检票设施

进出口检票口（机）应分设在付费区和非付费区之间的分界线上，且应垂直于客流方向。为了分散进、出站客流，避免相互干扰拥挤，通常进站检票口（机）布置在通往站台下行客流方向一侧；出站检票口（机）布置在站台层上行客流方向的一侧。

自动检票机的阻挡装置可分为杆式和启门式。在我国地铁设计规范中，检票设施的通行能力，符合表 9-3 的设计标准。

自动检票机的最大周转能力表　　　　表 9-3

部位名称			周转能力（人/h）
人工检票			2600
自动检票	三杆式	磁卡	1500
		非接触 IC 卡	1800
	门扉式	磁卡	1800
		非接触 IC 卡	2100

（四）站厅

站厅除了为乘客提供售票、检票等服务，布设售票、检票等部分服务与控制设备的场所，还需为停留/滞留客流提供休闲空间，其作用是迅速、安全、方便地引导进站乘客到达站台乘车和下车乘客从车站出入口离开车站，如图 9-30 所示。

站厅是乘客上下车的过渡空间，在一定程度上会形成乘客聚集，起到分配和组织人流的作用。

站厅有付费区和非付费区的，在两区域的分界线上分设有进出站检票闸机。付费区是指乘客需经购票、检票后方可进入的区域，设置有通往站台层的楼梯、自动扶梯、补票处等，在换乘车站，尚需设有通向另一车站的换乘通道；非付费区也称为免费区或公共区，乘客可以在该区域内自由通行。

站厅的周转能力 $C_{站厅}$ 可以根据站厅的人均密度进行服务水平划分而计算。

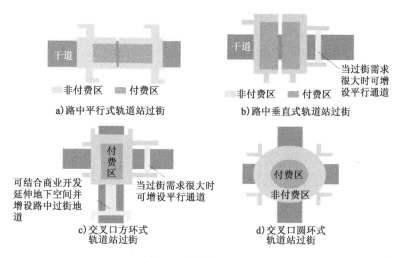

图 9-30 站厅布局形式

$$C_{站厅} = \frac{L}{V_i} + \frac{S}{T_{排i}} \tag{9-3}$$

式中：L——人行通道长度；

V_i——人行通道流率；

S——排队区空间面积；

$T_{排i}$——排队区行人密度。

服务水平划分标准可以采用 HCM2000 中的人行道服务水平，见表 9-4。

HCM2000 中人行通道和排队区域服务水平 表 9-4

服务水平	人行通道		排队区域
	人均占有空间(m²/人)	流率[人/(min·m)]	人均占有空间(m²/人)
A 级	>5.6	≥16	>1.2
B 级	3.75~5.6	16~23	0.9~1.2
C 级	2.2~3.7	23~33	0.6~0.9
D 级	1.4~2.2	33~49	0.3~0.6
E 级	0.75~1.4	49~75	0.2~0.3
F 级	≤0.75	不定	≤0.2

(五)站台

站台是供乘客上下车及候车的场所，是轨道交通系统基础设施最重要的组成部分。站台的作用是提供乘客上下车或候车的平台，是分散上下客流，供乘客乘降的场地。

站台的形式与其宽度、长度和车站的规模、单位时间上下客流量等因素有关。站台的服务能力与其服务面积有关，其计算公式如下：

$$C_{站台} = S \times V_i \tag{9-4}$$

式中：$C_{站台}$——站台的服务能力；

S——站台的有效面积；

V_i——第i级服务水平站台上乘客的空间密度,见 HCM2000 中通道空间行人密度等级划分标准。

站台的长度由列车编组的计算长度决定:

$$L = n \times l + \Delta l \tag{9-5}$$

式中:L——站台有效长度即站台计算长度;

l——车辆长度,包括车钩长度;

n——远期列车的车辆编组数;

Δl——停车误差,在我国规定为 1~2m。

侧站台宽度与客流规模有关,其计算公式为:

$$B_c = \frac{Q_{上、下} \times \rho}{L} + M_0 \tag{9-6}$$

式中:B_c——侧式站台宽度,m;

$Q_{上、下}$——远期每列车高峰小时单侧上、下车设计客流量,人;

ρ——站台上人流密度,m^2/人,一般为 0.33~0.75m^2/人,通常取 0.5m^2/人;

M_0——站台屏蔽门立柱内侧的距离,m,无屏蔽门时 $M_0 = 0$;

L——站台有效长度(站台计算长度),指能够集散乘客的有效长度,m。

地铁设计规范规定侧站台宽度为 2.5~3.5m,故 B_c 按规范最小值取 2.5m。

四、车站平面布局设计

车站总平面布局包括车站中心的位置(站位)、车站的外轮廓范围以及出入口风亭的确定等,它是车站设计的关键环节。由于影响因素甚多,车站总平面布局在设计中往往很难落实,一般需反复研究论证,才能获得较好的设计方案。

(一)车站平面布置原则

(1)站厅层布置应分区明确,依据出入口的位置和数量、楼梯与扶梯的位置和数量、售检票系统的位置和数量以及换乘要求对客流进行合理地组织,避免和减少进出站客流的交叉,合理布置管理、设备用房,应满足各系统的指标要求。

(2)站台层布置需以车站上下行远期超高峰小时设计客流量来计算站台宽度,根据线路走向及换乘要求确定站台形式。根据车站客流量布置设备或管理用房区。

(3)车站出入口应设置于道路两边红线以外或城市广场周边,需具有标志性或可识别性,以利于吸引客流、方便乘客。有条件的出入口可兼有地面人行过街的功能。出入口规模应满足远期预测客流量的通过能力,并考虑与其他交通的换乘和接驳大型公共建筑所引起的客流量。

(4)车站主要服务设施应包括自动扶梯、电梯、售票机、检票机、空调通风设施等。

(二)车站总平面布局设计的步骤

为尽可能减少方案的重复,车站总平面布局的设计可按以下步骤进行。

1. 分析影响因素

影响车站站位和总平面布局的因素主要有以下几个方面:

(1)周围环境。主要包括:现状道路及交通条件、公交及其他交通方式站点设置、周围建筑物功能性质及基础、规划落实情况以及文物古迹和可能的山地、河流等自然条件。

(2)建筑物拆迁和管线改移条件。主要包括：车站周围现状建筑物和地下管线的使用情况、拆迁改移条件以及规划建筑物和管线方案及可能的实施时间。

(3)施工方法。不同的施工方法对车站站位和总平面布局影响甚大，要结合地质条件和周围自然状况，提出可能的施工方法，结合总平面方案一同考虑。

(4)客流来源及方向。车站的主要功能是最大限度地吸引客流，要根据主要客流的来源及方向考虑站位和出入口通道的位置。

(5)综合开发的条件。结合城市轨道交通车站建设进行综合开发越来越引起人们的重视，尤其在城市密集区，寸土寸金，应寻求一切可能条件，使车站与其他建筑物相结合。

上述因素是确定车站总平面布局最主要的因素，哪些是作为边界条件确定下来的，哪些应该在方案比较中进行取舍的，都要一一落实清楚，只有弄清这些，方案设计才有坚实的基础。

2. 根据功能要求构思总体方案

在构思总体方案时，只有首先弄清车站整体的功能要求，弄清车站的特点与性质，才能有的放矢地进行总体方案设计。不同的车站，除提供乘客上下车场所这一相同的功能外，还各有特点，大致可分为以下几种具有某种典型功能的车站：

(1)以换乘为主要功能的车站。主要应考虑乘客的换乘条件，以尽可能减少换乘距离为主要因素进行设计，并留有足够的换乘能力。

(2)接驳大型客流集散点的车站。要考虑突发性客流特点，留有足够的乘客集散空间，并创造快捷的进出站条件。

(3)有列车折返运行需要的车站。以列车在车站的营运能力为主，考虑车站配线的设置以及由此带来的车站站位及平面布局的变化。

(4)有与建筑物开发结合要求的车站。应考虑结构的统一性，并分清各种客流的流向，要使进出站客流有独立的通道并尽量减少与其他客流的交叉干扰。

(5)有其他特殊功能需要的车站。包括远期需进一步延伸的起点站、与其他交通系统的联运站等。

当然，车站的功能需要远不止以上几种，一般是以上几种或其他功能需要结合在一起的组合，在确定站位和布局时，对此都要加以细致的考虑。

3. 确定出入口与风亭的数量及位置

在总体构思完成，站位大致确定后，最重要的工作就是确定车站出入口和风亭的数量和位置。车站出入口和风亭位置的确定，往往对总平面布局有很大影响，有时甚至是决定性的影响，"有出入口才有车站"在某种意义上也反映了出入口的重要性。

车站的出入口数量可根据进出站客流的数量以及方向确定。首先要满足进出站客流的通过能力；其次，应尽可能照顾各个方向的客流，以方便乘客进出站。《地铁设计规范》(GB 50517—2013)规定："车站出入口的数量，应根据客运需要与疏散要求设置，浅埋车站不宜少于4个出入口。当分期修建时，初期不得少于2个。小站的出入口数量可酌减，但不得少于2个。"

风亭的数量与采用的空调和通风设备方式有关，一般由环控专业确定。出入口和风亭位置的选择应注意以下几点：

（1）单独设置的车站出入口的位置一般选在城市道路两侧、交叉口及有大量人流的广场附近，出入口宜分散均匀布置，以最大限度地吸引乘客。

（2）单独修建的地面出入口和地面通风亭，其位置应符合当地城市规划部门的规划要求，一般设在建筑红线之内。如有困难不能设在建筑红线以内时，应经过当地城市规划部门的同意，再选定位置。地面出入口的位置不应妨碍行人通行。

（3）要考虑城市人流流向设置出入口，不宜设在城市人流的主要集散处，以免发生拥堵。

（4）车站出入口应设在较明显的位置，以便于识别。

（5）车站出入口和地面通风亭不应设在易燃、易爆、有污染源并挥发有害物质的建筑物附近，与上述建筑物之间的防火安全距离应符合有关规范的规定。

（6）应尽可能创造条件使车站出入口、风亭与周围建筑物结合，尽可能减少用地和拆迁。

（7）车站出入口应尽可能与城市过街地道、天桥、下沉广场结合，以方便乘客、节约投资。

4.绘制车站总平面图

在以上工作的基础上，要根据设计方案进行车站总平面布置图的绘制。根据设计阶段的不同，图纸内容深度也不同。平面图一般在1：500地形图上进行，主要应包含以下内容：

（1）车站中心的详细位置，包括线路里程、坐标等；

（2）车站主体的外轮廓尺寸，包括端点的线路里程、关键点的位置坐标等；

（3）出入口、风亭通道的位置、长度、宽度；

（4）出入口、风亭的详细位置、尺寸、坐标等；

（5）车站线路及区间的连接关系；

（6）车站周围地面建(构)筑物情况、地形条件等；

（7）与车站相关的设施情况等。

在换乘方式的实际应用中，若单独采用某种换乘方式不能奏效时，则可采用两种或多种换乘方式组合，以达到完善换乘条件、方便乘客使用、降低工程造价的目的。例如，同站台换乘方式辅以站厅或通道换乘方式，使所有的换乘方向都能换乘；在岛式站台中节点换乘方式，必须辅以站厅或通道换乘方式，才能满足换乘能力要求；站厅换乘方式辅以通道换乘方式，可以减少预留工程量等。这些组合的目的，是力求车站换乘功能更强，既保证具有足够的换乘能力，又使得工程实施及乘客使用方便。

思考题

1.谈谈你对TOD发展前景的认知。

2.BRT的发展优势有哪些？

3.简述地铁、轻轨等不同城市轨道交通类别的优缺点。

参 考 文 献

[1] 张超,李海鹰.交通港站与枢纽[M].北京:中国铁道出版社,2004.
[2] 周爱莲.交通枢纽规划与设计[M].北京:人民交通出版社,2013.
[3] 何世伟.综合交通枢纽规划——理论与方法[M].北京:人民交通出版社,2012.
[4] 胡永举,黄芳.交通港站与枢纽设计[M].北京:人民交通出版社,2012.
[5] 胡伶俐.城市综合交通枢纽评价指标与方法研究[D].武汉:武汉理工大学,2008.
[6] 田园.综合交通枢纽客运站布局评价的定量优化方法研究[J].交通标准,2006,13(5):32-36.
[7] 王晖,陈丽,陈垦,等.多指标综合评价方法及权重系数的选择[J].广东药学院学报,2007,23(5):583-589.
[8] 刘江.基于层次分析法的企业运输方式的选择[D].北京:对外经济贸易大学,2006.
[9] 马会.河南省综合交通运输体系规划研究[D].北京:中央民族大学,2016.
[10] 张思家.城市综合交通枢纽与邻接区协同规划评价指标体系研究[D].成都:西南交通大学,2016.
[11] 王倩.综合客运交通枢纽交通系统协调性评价方法研究[D].北京:北京交通大学,2015.
[12] 周英南.锦州市公路运输货运枢纽布局规划及评价研究[D].长春:吉林大学,2011.
[13] 田仪顺,李莲莲.综合交通规划设计方案评价探析[J].交通科技,2013.
[14] 张小辉,过秀成,杜小川,等.综合客运枢纽内涵及属性特征分析[J].现代城市研究,2011,26(4):78-82.
[15] 张小辉,过秀成,杜小川,等.综合客运枢纽布局规划要点及编制指引[J].现代城市研究,2013(10):115-120.
[16] 周舒雅.基于层次分析法的物流中心选址研究[J].物流工程与管理,2017,39(07):68-69.
[17] 曾琛.物流配送中心选址理论研究综述[J].现代营销(下旬刊),2017(03):182-183.
[18] 刘杰,吕杰,黎浩东,等.新形势下物流园区及物流中心选址之影响因素分析[J].综合运输,2017,39(03):77-81.
[19] 成诚,杜豫川,刘新.考虑节假日效应的交通枢纽客流量预测模型[J].交通运输系统工程与信息,2015,15(05):202-207,215.
[20] 王晶,陆化普.城市客运交通枢纽与周边用地一体化建设研究[J].城市交通,2015,13(05):43-50,58.
[21] 夏胜利,杨浩.铁路客运综合交通枢纽流线设计理论研究[J].综合运输,2015,37(09):34-40.
[22] 孙雪松.铁路客运综合交通枢纽布置的探讨[J].铁道运输与经济,2015,37(08):60-63,73.
[23] 谢文良.城市综合交通枢纽规划与设计浅析[J].交通科技,2015(01):164-166.
[24] 李国礼,刘强,杜荣春.城市综合交通枢纽的考察与思考[J].公路,2015,60(01):133-136.

[25] 葛亮,王炜,邓卫,等.城市公共交通枢纽客流量预测实用方法研究[J].公路交通科技,2005(08):110-113,117.

[26] 陈富昱.城市公交枢纽布局方法研究[J].城市,2004(04):32-35.

[27] 江丽炜,邬万江,韩明辉,等.城市公共交通换乘枢纽布局优化方法浅析[J].科技创新导报,2015,12(29):161-162.

[28] 尹若伊.城市大型综合交通枢纽的旅客换乘方式探讨[J].山西建筑,2016,42(07):11-13.

[29] 赵鹏林,刘永平.综合交通枢纽现状、困境及解决途径——以深圳市为例[J].城市交通,2016,14(03):54-60.

[30] 姜子扬.城市综合交通枢纽智能交通信息化管理模式研究[J].黑龙江科技信息,2016(23):171.

[31] 朱胜跃,赵慧,吴海俊.综合客运交通枢纽分类分级研究[J].铁道经济研究,2012(02):23-29.

[32] 钱坤.城市公共交通枢纽规划设计方法研究[J].山西建筑,2012,38(20):27-28.

[33] 李代坤,何世伟,申永生.综合交通枢纽布局方案优化思路[J].综合运输,2011(12):30-33.

[34] 文国玮.城市综合客运交通枢纽规划探讨[J].规划师,2011,27(12):29-33.

[35] 朱颖,金旭炜,王彦宇,等.铁路交通枢纽与城市综合体设计初探[J].铁道经济研究,2011(06):15-22.

[36] 陈云飞,吴晓磊.构建以港口为枢纽的综合交通运输体系[J].水运工程,2010(02):16-19.

[37] 叶冬青.综合交通枢纽规划研究综述与建议[J].现代城市研究,2010,25(07):7-12.

[38] 潘涛,程琳.对高铁客站综合交通枢纽地区规划与建设的思考[J].华中建筑,2010,28(11):128-129.

[39] 肖红.港口枢纽集疏运对城市交通影响分析[J].中国水运(学术版),2007(04):16-17.

[40] 刘建军,崔鹏.建设以港口为主体的综合交通枢纽[J].中国港湾建设,2008(06):66-68.

[41] 王雪标.城市综合交通枢纽的分类与布局[J].综合运输,2008(05):24-26.

[42] 孙婷,马妍妍,林晶晶.国家交通控制网建设背景下港口发展的思考[J].珠江水运,2014(12):75-76.

[43] 夏胜利.我国高铁客运枢纽交通流线设计工程实践解析[C]//中国铁道学会运输委员会.第十八届站场与枢纽年会论文集.中国铁道学会,2017,4.

[44] Jian Jia, Yingang Fang. Underground Space Development in Comprehensive Transport Hubs in China[J]. Procedia Engineering,2016,165.

[45] Muna Norkhairunnisak Ustadi, Nor Atiqah Mohammad Shopi. A Study towards the Efficiency of Public Transportation Hub Characteristics: A Case Study of Northern Region, Peninsular Malaysia[J]. Procedia Economics and Finance,2016,35.

[46] 刘明皓,关平,邱继勤,等.综合交通枢纽地下空间集约利用评价研究综述[J].可持续发展,2016,06(03).

[47] Jie Lv, Jianmin Guo, Jin Li. From "Comprehensive Transportation Hub" to "City New Sitting

Room"—Overall the design about Jinan East district comprehensive transportation hub[J]. IOP Conference Series：Earth and Environmental Science,2017,81(1).

[48] 袁虹,陆化普.综合交通枢纽布局规划模型与方法研究[J].公路交通科技,2001(03)：101-105.

[49] 邱丽丽,顾保南.国外典型综合交通枢纽布局设计实例剖析[J].城市轨道交通研究,2006(03):55-59.